思想政治课程与信息技术
深度整合研究

石翠华　著

东北大学出版社
·沈 阳·

ⓒ 石翠华 2023

图书在版编目（CIP）数据

思想政治课程与信息技术深度整合研究 / 石翠华著
. — 沈阳：东北大学出版社，2023.12
ISBN 978-7-5517-3472-1

Ⅰ. ①思… Ⅱ. ①石… Ⅲ. ①高等学校—思想政治教育—教学研究—中国 Ⅳ. ①G641

中国国家版本馆 CIP 数据核字（2023）第 256038 号

出 版 者：东北大学出版社
　　　　　地址：沈阳市和平区文化路三号巷 11 号
　　　　　邮编：110819
　　　　　电话：024-83680176（总编室）　83687331（营销部）
　　　　　传真：024-83687332（总编室）　83680180（营销部）
　　　　　网址：http: // www. neupress. com
　　　　　E-mail: neuph@neupress.com
印 刷 者：辽宁一诺广告印务有限公司
发 行 者：东北大学出版社
幅面尺寸：170 mm×240 mm
印　　张：15.5
字　　数：304千字
出版时间：2023年12月第1版
印刷时间：2023年12月第1次印刷
责任编辑：潘佳宁
责任校对：郎　坤
封面设计：潘正一
责任出版：唐敏志

ISBN 978-7-5517-3472-1　　　　　　　　　　定　价：78.00元

前　言

随着大数据和人工智能时代的来临，信息技术的应用已深入人们生活的各个领域，教育领域也不例外，"信息化对教育发展的革命性影响是不容忽视的"，这一点在《国家中长期教育改革和发展规划纲要（2010—2020年）》中已得到充分的体现。现代信息技术对学科课程整合有着重要的作用，本书以思想政治课程为研究对象，围绕思想政治课程与信息技术的深度整合，对新课程理念下思想政治课的教学模式进行创新，以提高教师的教学效率、改善教学效果、提升教师的信息技术教学能力、促进教师的专业成长与发展、提升学生的道德素质为目标，使其达到国家教育改革和发展规划纲要的要求，最终完成思想政治课立德树人的根本任务。

本书内容共分为八章。

第一章　思想政治课程概述与培养目标。主要介绍了思想政治课程含义和课程标准、思想政治课程培养目标、中外思想政治教育比较。

第二章　思想政治课程与信息技术深度整合的背景。主要介绍了思想政治课程与信息技术深度整合的时代背景、深度整合的必要性和原则、深度整合的内容和意义、深度整合存在的问题。

第三章　思想政治课程与信息技术深度整合的理论基础。主要介绍了建构论的基本观点、新课程改革理念、多元智能理论在思想政治课程与信息技术整合中的运用。

第四章　思想政治课程与信息技术深度整合的内涵和教学模式。主要介绍了思想政治课程与信息技术深度整合的内涵与目标、思想政治课程与信息技术深度整合的教学模式、多媒体课件在思想政治课程教学中的应用。

第五章　思想政治课程与信息技术深度整合的教学案例。这是本书的重点章节，以《政治经济与社会》教材为例，介绍了"价值规律基本内容和表现形式""中国共产党领导的多党合作和政治协商制度""银行的分类及其职能"三个教学案例。

第六章　思想政治课程与信息技术的深度整合创新教学模式。这也是本书的重点章节，主要介绍了思想政治课程的网络教学模式、思想政治课程移动课堂模式的运用、思想政治课程与信息技术的深度整合创新教学案例、在思想政治课程教学中培养学生创新思维能力。

第七章　思想政治课程与信息技术深度整合促进教师专业化发展。主要介绍了思想政治课程教师职业素质的培养、思想政治课程教师专业化发展、思想政治课程教师专业发展的思考、运用信息技术推动思想政治课程教师的专业成长。

第八章　思想政治课程与信息技术深度整合分析与总结。主要内容是实验效果分析和研究思想政治课程与信息技术深度整合的总结与展望。

思想政治课程与信息技术深度整合，为思想政治课教师提供了大数据时代下思想政治课程创新教学模式的参考，为广大教育工作者提升信息化教学能力起到借鉴作用，对提高教学质量、提升师生信息技术能力、学生健康成长具有重要意义。

目前国内有关思想政治课程与信息技术整合的著作还不是特别多，希望本书的出版能够推动思想政治教育领域的创新发展，为探索思想政治课程与信息技术深度整合提出自己的一些见解，给读者带来一些启发。学术研究需要理论创新，教育研究更需要在理论创新的基础上产生一些科学务实的研究成果，因此，本书致力于为思想政治课程提供有效的理论指导和切实可行的操作技术与方法，也可视作对思想政治教育教学改革新模式的探究。本书在撰写过程中得到了大家的鼎力支持，在此深表感谢！由于时间仓促，不足之处敬请批评指正。

石翠华

2023 年 6 月

目 录

第一章　思想政治课程概述与培养目标

第一节　思想政治课程含义和课程标准

◆〉 一、思想政治课程含义

思想政治课程也叫德育课，是学校教师按照社会和国家当前政治经济形势的要求，有目的、有计划、系统地对学生施加思想道德、生涯规划、法治文明、经济与政治、社会主义核心价值观等方面的影响，使学生在思想、认知、行为等方面符合社会规范及国家的要求。该课程是研究马克思列宁主义、毛泽东思想、邓小平理论、"三个代表"重要思想、科学发展观、习近平新时代中国特色社会主义思想在中国的具体实施和运用。它是探究思想政治课程的教学规律及教学方法的一门课程。

思想政治课程在我国各级各类学校均有开设，如小学阶段开设"品德与社会"课程，讲述有关认识自我、提升信念、学习做力所能及的劳动、了解家庭、关心父母、热爱我们的学校、热爱家乡、热爱祖国等关于思想品德方面的内容；初中阶段称"思想品德"课程，讲述有关诚信为本、政治、经济、法律、发展科技等方面的基础知识；在普通高中阶段称"思想政治"课程，讲述与高中生活息息相关的经济、政治、文化、哲学等领域较深层次的知识；而职业院校开设德育课是关于职业生涯规划、就业与创业、心理健康、政治经济与社会方面的教育。总之，思想政治课程在小学、中学、大学采用由近及远、从具体到抽象、由基础到深奥的递进方式介绍了思想政治课程中热爱家庭、热爱家乡、热爱祖国、贯彻国家政治经济等方面的方针政策、社会主义核心价值观、哲学与人生等方面的问题。思想政治课程内容贴近学生、贴近实际、贴近社会。

◆◇ 二、思想政治课程的发展

思想政治课是落实立德树人根本任务的关键课程。新中国成立后，在中国共产党正确领导下的学校教育中是非常重视思想政治教育课程的。

在新民主主义革命时期，中国共产党在中国革命根据地就开设了以马克思主义为指导的政治课程，宣传马克思列宁主义在中国的发展。新中国成立后，在我国小学、中学、大学中普遍开设了思想政治课，对学生进行马克思列宁主义、毛泽东思想及思想政治道德教育。

从1949年至1966年，初中、高中思想政治课程的分科名称和内容体系不断发生变化，这十几年是中学思想政治课的建设阶段，确定了思想政治课在教育教学中的地位，并颁布了教学大纲，制定了统一的教材。

1977年，教育部重新确定了初中、高中思想政治课程的内容；1980年教育部印发《改进和加强中学政治课的意见》，对中学政治课的开设进行了微调；1982年，教育部制定了初中、高中政治课的教学大纲，并编写了相应的教材。

自党的十一届三中全会以来，国家教委颁布了《关于落实中学思想政治课改革实验的通知》，把中学政治课改名为中学思想政治课，并规定了思想政治课程设置方案。1992年，国家教委颁布了《全日制中学思想政治课教学大纲（试行稿）》，教学大纲首次分别规定了初中和高中思想政治课的教学目标，不分年级统称为"思想政治"。

1997年，国家教委把小学和初中思想品德课和高中思想政治课作为一个整体考虑，将教学大纲改为课程标准。关于课程标准的具体内容将在后面单独介绍。

20世纪八九十年代，研究者大多研究思想政治课的教学方法，到了最近20年，研究者不仅研究教学内容、教学方法、教学目标、教学评价等，还突出研究思想政治课现代信息化教学设计，本书就是结合国家提出的教育信息化促进学科的信息化，把现代信息技术与思想政治课程有效整合，探究思想政治课信息化教学设计，这是教师从事思想政治课教学工作及高等师范学院思想政治教育专业大学生必须掌握的知识和技能。

目前，对于思想政治课程与信息技术整合内容的研究并不多，学习这部分内容能更好地促进思想政治课程信息化教学改革，提升思想政治课课堂效率，激发学生学习思想政治课的兴趣。

◆〉三、思想政治课程的研究任务

思想政治课程主要是对小学、中学、中等职业学校、高校进行的马克思主义在中国的具体实践，即建设新时代中国特色社会主义事业伟大理论的教育，并培养学生良好的道德品德行为，全面提高学生的思想觉悟，从而树立正确的世界观、人生观、价值观。本书是根据职业院校学生的特点，来论述思想政治课程的研究任务。

（一）思想政治课程研究思想政治学科教学的一般规律

思想政治学科教学在学校教育中居于十分重要的地位，是培养学生道德品质的主要途径，它通过有目的、有计划、有组织地开展思想政治教学活动，探索思想政治学科教学的一般规律，包括思想政治课程培养目标、教学原则、教学方法、学生的学习方法及各阶段课程内容的设置等，均在思想政治课程研究的任务范围内。

（二）思想政治课程研究"培养什么人、怎样培养人、为谁培养人"的根本问题

习近平总书记在2019年3月18日主持召开的学校思想政治理论课教师座谈会上指出，办好思想政治理论课，最根本的是要全面贯彻党的教育方针，解决好培养什么人、怎样培养人、为谁培养人这个根本问题。思想政治课程就是要培养实现中华民族伟大复兴的社会主义建设者和接班人，使受教育者掌握马克思主义理论、习近平新时代中国特色社会主义思想，践行社会主义核心价值观，培养学生品德，将贯彻落实国家大政方针与学生的实际生活紧密结合起来，解决好思想政治课程培养人的问题。

（三）思想政治课程研究思想政治课教师的教和学生的学之间的关系

教师的教与学生的学之间的关系是学科教学活动的主要研究内容。思想政治课程教师可以根据学生的特点、教学内容等选择合适的教学方法，引导学生采用与教法相对应的学法来彼此呼应，及时发现学生学习过程中遇到的问题，适时调整预设的教学方法。教师的教学是为了学生更好地学习，实现教学相长。教师给学生提供创造性学习的方法和策略，使学生能够自主地学习，达到

不教而教的效果。因此，思想政治课教师的教学方法与学生的学习方法之间有着紧密的关系，学生的实际学习情况是教师采用何种教学方法的依据和出发点。

◆ 四、思想政治课程标准

（一）课程标准概述

课程标准是由国家教育部门组织制定并发布的，具有法律效力。课程标准并不给出具体内容，而是给出具体的范围以及学生所要达到的标准。课程标准是教材编写、教师教学以及考试命题的依据。它是国家管理评价课程的基础，并对学生在知识目标、情感目标、运用目标方面所要达到的标准提出具体的要求。思想政治课程标准主要是根据学生身心发展的特征，对其进行中华传统美德教育、爱国主义教育、中国特色社会主义事业的教育、思想品德和道德方面的教育，引导学生树立正确的世界观、人生观、价值观，培养学生良好的道德行为能力和创新实践能力。

思想政治课程标准分为小学、初中、普通高中、中等职业学校、高校各阶段课程标准。这里以2020年中等职业学校思想政治课程标准为例来做以下介绍。

（二）中等职业学校思想政治课程标准

2008年，教育部先后印发了中等职业学校德育课程教学大纲，指导了中等职业学校十多年来的思想政治课程改革实践。

2014年，教育部启动了中等职业学校思想政治课程标准研制工作，充分借鉴普通高中课程改革的成果，努力使中等职业学校思想政治课程标准既符合中等职业教育实际，又能衔接义务教育，能为培养担当民族复兴大任的时代新人打下基础。2020年，教育部颁发《中等职业学校思想政治课程标准（2020年版）》，下面从四个方面加以介绍。

1. 思想政治课程指导思想与基本思路

思想政治课程的指导思想是以习近平新时代中国特色社会主义思想为指引，以立德树人为根本任务，提升思想政治课思想性、时代性、科学性，深入贯彻社会主义核心价值观，培养学生成为德、智、体、美、劳全面发展的社会主义建设者和接班人。

思想政治课程的基本思路是坚持马克思主义指导地位，充分挖掘思想政治学科独特的育人功能，在知识传授过程中，实现价值观引领，在义务制教育基础上，做好学生文化基础教育，培养学生综合素质，同时与职教特色相结合，融入职业道德、职业精神来满足学生未来职业的发展。着重厚植爱国主义情怀，培养适应时代发展需求的复合型创新人才。

2. 思想政治课程目标

通过思想政治课程学习，培育学生的思想政治学科核心素养。

① 培养学生具有政治认同素养。学会运用马克思主义立场观点和方法，观察分析政治经济社会中的现象等。

② 培养学生具有职业精神素养。正确认识劳动在人类社会发展中的作用，懂得职业理想、职业道德在职业与人生发展中的重大意义。

③ 培养学生具有法治意识素养。树立法律至上的观念，形成让人们的生活更美好的情感，养成依法行使权利的行为习惯。

④ 培养学生具有健全人格和公共参与素养。使学生树立积极向上的良好心态，具备良好的心理素养，选择符合自身实际的正确的人生发展道路，热心公益事业，发扬集体主义精神，有序参与社会公共事务。

3. 思想政治课程基础模块

(1) 中国特色社会主义。

了解党带领全国人民完成新民主主义革命、成立中华人民共和国、确立社会主义基本制度的历程，理解社会主义基本制度的历史必然性；认识改革开放是中国人民和中华民族发展史上的一次伟大革命；明确习近平新时代中国特色社会主义思想的指导地位和社会主义基本经济制度；等等。

"中国特色社会主义"课程以培养学生的政治意识为主线，将"专业精神""法治意识""健全人格""公众参与"等素质贯穿到课程的各个环节。从培养政治身份的角度来看，其具体表现如下。

第一部分，论述中国新时代的内涵，习近平新时代中国特色社会主义思想表明，"新思想"体现了"新方位"的发展规律，"新方向"是产生"新思想"的现实依据。通过课堂教学，学生可了解习近平新时代中国特色社会主义思想是马克思主义在中国发展的新阶段，是全党和全国人民在新形势下，在新的历史条件下，在建设中国特色社会主义道路上的新实践，是我们党和政府在新形势下的一项重要任务。

第二部分，论述了为什么要坚持党的领导，以及新时期党的任务是什么。

通过课堂教学，学生能够认识到坚持中国共产党的领导才是中国特色社会主义最根本的特征，才是中国特色社会主义最大的优越性；通过对新时期党的建设任务的了解，加深对坚持党的领导的认识，加强对党的领导的拥护。

第三部分，论述了中国特色社会主义的成因和中国特色社会主义的建设。通过课堂教学，学生能够了解到中国选择社会主义制度，走出一条具有中国特色的社会主义道路，是中国现代化进程中的一项历史任务；引导学生以中国特色社会主义思想为指导，认识中国特色社会主义建设的优越性，坚定维护中国特色社会主义建设的信念，为中国的发展和进步服务；引导学生自觉培养和实践社会主义核心价值观；在实现自我价值方面，引导学生在中国梦这一伟大事业的实践过程中，树立自己的理想和追求，创造美好的生活。

（2）心理健康与职业生涯。

阐释心理健康知识，掌握正确的调适心理及制订职业生涯规划的有效方法。根据社会发展需要和学生心理特点进行职业生涯指导。

从"心理健康和职业生涯"的学习需求来看，"心理健康与职业生涯"需要中职学生通过参加各种校内及社会活动，了解心理健康、职业生涯的基础理论，加强对心理健康的认识，学会心理健康的调节手段，建立与时代发展相适应的职业理念和职业发展理念，寻找自己与社会发展相一致的积极人生追求，培养自立自强、敬业乐群、自尊自信、理性平和、积极向上的心理素质，增强面对挫折和社会变化的应变能力，学会制订和实施职业生涯计划，提高专业素质，为职业生涯的顺利开展奠定基础。具体来说，"心理健康"是指能够坦然面对自己的精神和行为问题，学会接纳自己、欣赏自己，勇于面对生活中的困难，充实自己的精神生活，实现自己的生命价值；寻找人际关系问题和社交障碍产生的原因，懂得和他人关系融洽、幸福生活的重要性，提倡尊重、平等、谦逊、友好、宽容的人际关系，反对以自我为中心、恃强凌弱、仇视他人的不良行为，提倡健康的人生态度；理解如何提高学习兴趣与学习积极性，并在学习中体会乐趣，学会科学的学习方式和学习策略，不断提升自己的学习能力，战胜考试焦虑，培养终身学习的观念，并在工作中不断学习。

在"职业生涯"上，主要是通过对自己所学习的专业、相应的职业群体、相关产业的认识，以及对不同职业的个人需求和自身特征的认识，确立"行行出状元"的职业价值观，实现"中国梦"与"职场梦"的有机结合。要根据自己的专业背景，对自己的职业发展目标进行初步界定，了解目标与发展状况、长期目标与近期目标、发展目标与发展手段之间的关系。能够按照自己的现实情况和发展需要，建立起发展的台阶，制定出发展的措施；认识经济发展、社会发展和科学技术进步对职业规划的作用，认识职业规划的管理、调整和评价的重要性，树立关于职业的正确理念，掌握职业规划的管理、调整和评价的手段及方法，形成自强、自信的求职和就业心理，为实现职业理想而不懈努力。

　　学科核心能力的培养以及课程内容、课程要求、课程质量是课程改革的主要内容。"政治认同""职业精神""法治意识""健全人格""公众参与"这5项核心素养的培养状况，可以从"政治认同""职业精神""专业素质"这3个方面来理解。中职学生的生命成长已进入"拔节孕穗期"，是塑造生命理想和职业理想的重要阶段，新时代是个人发展的大舞台，中职学生的个人理想和职业理想必须顺应新时代的发展，融入国家和社会发展的大环境中去，方能乘风破浪，扬帆远航。中职学生正处在一个非常时期，在其身心发展的各个方面都存在着较多的问题和矛盾，尤其是在毕业后更是要面对就业的抉择。因此，培养中职学生的职业素质应包括：积极的劳动态度，良好的劳动习惯；正确的职业理想，科学的职业观念；良好的职业道德，良好的职业操守；理性思考、批判质疑、勇于探索的科学素养；正确地把握和对待社会发展和自身发展之间的关系；正确的价值判断，正确的行为选择。

　　要遵循以人为本的育人原则，充分考虑中职学生的身心发展特征，遵循教育、教学的基本原则。要树立社会主义法治理念，树立正确的权利和义务意识，做到尊法、信法、守法、用法、护法，以维护宪法的尊严，使自己成为社会主义法治的一分子。一是对中职学生的学习态度和学习兴趣给予应有的重视，积极开展多元化的实习活动，加强对中职学生的法制教育。二是与职业院校学生的人格现状、职业现状相适应，培养其自尊、自信、理性、平和、乐观、积极的人格特质，并能调整和控制自己的情感，养成自立、自强、乐观、坚韧的品格，促进其人格和职业素质的发展。学业需求的确定，以中职学生的实际生活经历为依据。例如，中职学生被要求选择他们所熟悉的和能成为模范的当代人物，进行个性分析，并提交个性的个案报道；结合自身的职业背景，开展实地考察、学习实践活动，形成法治观念、人格特征调查报告。

　　心理健康的培养和事业的发展并非一朝一夕的事情，它需要一个不断观察、不断学习、不断探索、不断尝试的过程，需要社会的参与。在此过程中，需要不断自我调整和自我反省。因此，在制定课程标准时，并不只局限于传统的测验模式，更注重实际经验的运用，并以多种活动模式为基础，由观察学生的提问、分析、解决等行为，来判断他们的学习成效。以访谈、座谈、小组讨论、角色扮演、戏剧、社会调查、研究性学习、情景剧等形式，让学生在体验、理解、反思中，对公众参与能力的发展状况、发展程度等方面进行考察。

（3）哲学与人生。

了解马克思主义哲学是人类认识史的变革。中职学生要学会辩证地看问题，懂得世界是永恒发展的，要脚踏实地走好人生之路，做到知行合一，在实践中增长才干，学会具体问题具体分析，处理好人生问题。

马克思主义的基本理念是引导学生形成正确的世界观、人生观、价值观，培养学生全面发展和健康成长的根本途径和基础。

第一，马克思主义的基本理念为中职学生准确把握"出彩人生"这个命题提供了理论依据。中职学生在社会生活中的精神支柱是对社会、人生、自我的正确认知。他们必须用一种高效的方法去了解这个社会的性质与发展，了解生活的真谛与价值。这些都必须通过学习本部分内容完成。可以说，这一部分的论述，为中职学生对"出彩人生"的理解和把握，打下了坚实的理论和实践基础。

第二，马克思主义的基本理念是建立中等职业学校学生正确人才观念的理论基础。要坚持正确的人才观，坚持和发展社会主义核心价值体系，加强和改进人才队伍建设，弘扬"劳动光荣、技能宝贵、创造伟大"的时代精神，为千千万万有能力、有技能的劳动者创造更加有利的条件。为此，我们应充分发挥中职院校的思想政治教育职能，发挥其对学生的指导和教育功能。通过本课程的教学，学生能够对马克思、恩格斯提出的辩证唯物主义理论，以及社会主义核心价值体系有较为全面的理解，从而为他们确立正确的人才观提供理论依据。在马克思主义的基本理念教学中，要使学生牢固地树立起对马克思主义的信念，使他们能够正确地理解和把握其基本理论和思想要义。"马克思主义哲学是科学的世界观与方法论""物质世界与精神世界的统一原则""唯物辩证法和形而上学的根本对立面""实践至上论""人的存在和人的自觉之间的辩证关系"是其中重要的组成部分，也是马克思主义哲学研究的重点和核心问题。同时，在这一部分，我们还应当注重"应知应会"和"学以致用"两个方面的教育，把基本的哲学原则和生活中的重大问题融为一体。因此，在教学过程中应根据中职学生的实际情况，采取相应的教学策略，帮助他们克服思想上的困难，从而取得正确、高效的教学效果。

第三，马克思主义的基本理念是我国建立工人阶级队伍的需要。党的十九大报告指出："建设知识型、技能型、创新型劳动者大军，弘扬劳模精神和工匠精神，营造劳动光荣的社会风尚和精益求精的敬业风气。"完成这一使命，既要重视专业课和实践课的学习，也要重视思想政治课的教学。只有把这一课程学好，才能更深入地了解职业精神的内涵和外延，从而更好地认同、实践、倡导、引导和弘扬职业化的社会风尚和敬业精神。

（4）职业道德与法治。

学生通过这部分的学习要掌握职业道德和法律规范，了解家庭美德、社会公德、个人品德，了解我国法律体系，了解宪法是我国的根本大法，要做守法公民。

第一，把握"职业道德与法治"与高校思想政治理论课核心能力的关系。"职业道德与法治"应以培育核心素养为主导，课程的目标是培养学科的核心素养。思想政治课程的各个环节都肩负着培养学生核心素养的使命。但是，由于课程内容不同，思想政治教育在培养学生核心能力上的侧重点也不同。"职业道德与法治"在培养专业精神、法治意识和核心能力等方面发挥了很大的作用。首先，从课程的名称和课程的目的出发，"职业道德与法治"的内容是以培养学生的职业道德和法律素养为主要目标的，也是以培养学生的职业精神和法律意识为核心的。其次，从内容要求上看，"职业道德与法治"课程的六大单元中，第一、二、三单元是道德教育，第四、五单元是法治教育，无论是从内容要求上，还是从教学方法上，都是直接着眼于培养学生的职业精神、法治意识和核心素养，培养学生的劳动观、职业观和成才观，培养学生的社会主义法治观念，培养学生的权利、义务观念，培养学生的主体意识和主体能力，培养学生的社会实践能力。最后，从教学质量和教学评估两个方面，引导学生遵守道德规范，尊法、信法、守法、用法、护法，成为遵守道德规范的好公民。

在"职业道德与法治"课程的教学过程中，要把培养学科核心素养贯穿于整个教学过程的各个环节。课堂教学是培养学生学科核心素养的重要手段，它包括课前、课中和课后三个环节。

课前环节，要在备课过程中注意每一学时的学科核心素养的落实。在备课过程中，既要进行学情分析，又要根据课程标准的要求制定课堂教学目标。例如，在进行"职业礼仪的内涵和职业礼仪对职业操守的影响"的教学时，应根据学生的专业特征、对课程的了解和掌握程度、兴趣和关注点，准确把握学生的学情，确定学生在这门课程中应具备的核心素养。从体现"爱岗敬业"的职业礼仪出发，构建"自觉践行"社会主义核心价值的行为规范，着重实现"政治上的认同"的核心素养；也可从职业操守对职业道德形成的影响出发，培育正确的职业操守，注重职业精神核心素养的实现；还可以在日常生活中有意识地养成良好的职业礼仪习惯、积极的心理素质，形成完善的人格和核心素养；也可以根据专业要求，进行志愿者工作，参加社团、社区服务等公益活动，从而培养公众参与的核心素养。

课中环节，在实施课堂教学的过程中，要将学科核心素养的培养贯穿于课堂教学的全过程，创设情境、解释内容、选择案例、提出问题、师生交流。例如，在进行"掌握职业道德建设的基本途径"的教学时，可以在课堂上设置一些问题情境，例如：创造生活情境，运用社会现实情景，模拟某些特殊情景等。可以从现实生活中选取案例进行教学，比如，可以从学生所关心的社会现实问题入手，把案例和教学任务有机地结合起来，使学生能够更好地分析和解决问题。

课后环节，在教学反思部分，对课程核心素养的实现效果进行总结。例如，教学目标的设定是否符合核心素养的要求，教学过程的重点是否在核心素养的实现上有所突破，互动环节的活动设计是否符合核心素养的实现，案例的选择是否符合核心素养的要求，等等。

第二，了解道德与法治的关系，在教学过程中引导学生对道德与法治在治国与人的发展中的作用有一个清晰的认识。

正确认识道德和法治之间的关系，对于理解这一部分的内容具有重要意义。"职业道德与法治"的第一部分"了解道德与法律的关系"，"理解我国坚持依法治国和以德治国相结合的意义"，"领悟提高职业道德素质和法治素养对学生成长和成才的意义"，既是全文的起点，也是全文的基础。

2019年10月，中共中央、国务院印发《新时代公民道德建设实施纲要》，明确了在新的历史时期，加强公民道德建设的重要意义，并提出了"社会公德""职业道德""家庭美德""个人美德"等方面的具体内容。这些要求不仅为新时期的道德建设指明了方向，而且为正确把握道德与法治之间的关系奠定了基础。

道德和法律作为社会生活的两个基本规范，是一种相互依存、相互支持、刚柔相济、内外兼备的社会规范，对人的行为起约束和指导作用，对各种利益关系起调节作用，对社会秩序起维护作用。法治昌盛，则国家昌盛；法治强，则国强。这是强调法治对于国家兴衰的重要性。法律的有效执行依赖于道德的支持，而法律的约束又是道德实践的前提。法治与德治是不可分割的。

4.课程实施教学要求

（1）坚持正确育人导向，强化价值引领。

结合中职院校学生年龄特征、专业特点、职业发展，强化社会主义核心价值观引领。

（2）准确理解学科核心素养。

制定思想政治课程教学目标，准确理解五个核心素养要素之间各有侧重又相互联系的关系，让核心素养目标在教学中落实。

（3）注重探讨式的体验性学习。

围绕主要议题设计教学，促进学生学习方式的改变，创设生动直观的情境，发挥学生主体作用，让学生在互动体验、合作探讨中提升学习能力。

（4）加强社会实践活动，打造社会大课堂。

使学科内容与实践相结合。号召引导学生参加社会活动，如参观访谈、志愿服务、实习实训等，从学生和职业实际出发，获得直接的体验，培养学生实践及创新精神。

（5）运用现代信息技术，提高教学效率。

合理利用信息技术与思想政治课教学整合，形成有意义的互动学习环境，探索思想政治课整合教学改革。

◆ 五、利用现代信息技术来促进思想政治理论课教学的有效性

信息化时代的"网络+教育"对思想政治课程提出了新的挑战，同时为提高思想政治课程的实效性提供了新的机遇。信息化教学的特点是教学个性化、学习自主化、活动合作化、管理自动化、资源全球化、信息表征多样化，这些特点与培养学科核心素养的要求非常吻合。在教学过程中应充分发挥信息技术的作用，为学生提供学习支持，以达到最佳的教学效果。具体而言，可以通过以下方式来实现。

将信息技术应用于课堂教学中，构建有意义的交互式学习环境，利用信息资源促进学生的有效学习，提高课堂教学效果。基于建构主义理论的信息技术教学模式的学习环境由情境、合作、对话和意义构建四部分组成。信息技术的应用可以为教学提供一个崭新的环境。一是创设多样的，生动的，有趣的，集图形、文字、声音、图像、网络等为一体的教学情境，激发学生的学习积极性；二是通过虚拟社区、虚拟法院、虚拟企业等虚拟环境的建立，学生能够在

虚拟的环境中进行模拟实践；三是能够与世界各地的教育资源进行链接，使教师和学生能够分享资源，从而为学生的自主学习提供强有力的信息支撑；四是可以通过信息技术来改变课堂教学的交流模式，实现师生、生生、校外专家之间的多渠道、无障碍交流，特别是建立"智能教室"，为实现个性化教学、自主学习、协作活动、自动化管理和评价打下良好的环境基础。

以信息技术为手段，在信息化的环境下，构建与之相适应的课堂教学生态，实现思想政治课高效课堂的构建。当前，我国已基本实现"宽带网校校通""精品资源班班通""人人享有网上学习空间"的建设目标，"校校通平台""班班通资源""人人享有网上学习空间"正对我国的教学生态产生深刻的影响。可以利用信息技术来收集关于教学目标的信息。一方面通过收集、整理、分析数据，找出学生已知的、能做到的，以及学生在学习过程中遇到的困难、感兴趣的地方等，使教学目标在实践中得到验证；另一方面可以适当引进关键字索引技术，利用现有的网络平台对关键字进行索引，从而更好地把握中国特色社会主义建设和发展过程中的新形势、新问题。

"研究课题"，由学生组成小组，通过网络平台共同完成，在课堂上进行分组报告，并通过与老师及同学的沟通，不断完善教学计划；"课后实践计划"，即在网络平台上发布实践成果，接受学生、老师、家长的评估，从而达到理论与实践相结合，自主学习、合作学习的目的；"教学管理"，即在数字教育资源平台和网上学习空间的构建和应用的基础上，运用大数据和云计算等现代信息技术，将教学内容进行结构化、动态化和形象化的表达，全方位、实时化地采集教学信息，实现网上考试和评分；"数据分析"，实现学习问题的诊断、学习任务的分配、教学管理的自动化和智能化；"数据智能化"，实现基于数据的个性化教学管理和基于数据的精确教学，从而提高教学质量和教学效率。

利用信息技术进行教学形式的创新，探索以信息为基础、网络为依托，以线上为基础、线下为依托的新型教学模式。有了信息技术的支撑，思想政治课教学就可以突破传统教学的时间、空间和资源的局限，并在此基础上探索出一种新型的思想政治课教学模式。教师应积极参与高质量教学资源的共享和共建，使网络智能学习功能得以充分发挥，并指导学生在网络环境下进行自主学习，提高学生的学习能力。在设计课程实施模式时，应将网络学习与教学有机结合，设计混合式教学模式，以互动式网络学习空间为依托，探索远程协同学习、实时互动学习、课堂翻转学习、混合式教学和移动学习等新型教学模式，充分利用现代信息技术手段，以提高教学效率，实现线上与线下协同教学。例如，可以将课程内容录制成微视频，通过网络进行传播，让学生在任意时间、任意地点都可以通过网络学习，教师可以在线解答问题，并通过网络对学习质量进行在线监控；而在线下课堂上，教师可以集中精力解决学生的知识难点，同时激发生成点、落实行为动力，主要采用小组讨论、交流等方式，在合作学习过程中产生积极的情感，培养学生的行为能力，从而达到培养学科核心素养的目的。由此而来的线上与线下的"混合式"综合学习环境，一方面为教师教学提供更有力的支持，也为各地区的学生提供了平等享受高质量教育资源的机会；另一方面，能引导学生在网络环境下进行开放式学习，充分发挥学生的主动性，实现教与学、学与学之间的全方位互动，真正做到因人而异、因地制宜、因材施教，实现思想政治课教学的效益最大化。

以上是对中等职业学校思想政治课程标准的主要部分的提炼，如需进一步深刻了解，请参阅教育部印发的《中等职业学校思想政治课程标准（2020年版)》。

第二节 思想政治课程培养目标

◆ 一、课程培养目标内涵

课程培养目标是指教育工作者在教学过程中明确设定的预期结果或期望达到的目标。它描述了学生所应具备的知识、技能和能力，以及他们在学习过程中应达到的水平。课程培养目标通常是基于特定学科领域的教学内容和学习标准来确定的。为学生提供的学科和综合素养方面的目标，旨在系统地、有序地塑造学生的知识、能力和态度。下面将详细阐述课程培养目标的几个方面。

学科知识与理解：目标是帮助学生建立扎实的学科基础知识，并帮助学生对学科核心概念、原理和方法进行深入理解。学生应该能够掌握学科领域的基本知识结构，形成知识体系，逐渐培养专业素养。

学科能力与技能：目标是培养学生在学科中运用知识解决问题的能力和技能。包括分析和解释信息、运用逻辑思维进行推理、实验和观察、数据分析和处理、运用数学和统计方法等。学生应该具备独立思考的能力和批判性思维，能够灵活运用学科知识解决实际问题。

创新与实践能力：目标是培养学生的创新思维和实践能力。学生应具备问题意识和创造性思维，能够提出新的观点、解决实际问题并应用所学知识进行创新。他们应该能够设计和实施实践项目，运用学科知识进行实践探究，并通过实践经验不断改进和迭代。

社会交往与合作能力：目标是培养学生的社会交往和合作能力。学生应该能够有效地与他人沟通、协商和合作，包括在团队项目中展示领导能力和团队合作精神。他们还应具备跨文化交流和合作的能力，能够尊重他人、包容不同观点，并在多元环境中展现良好的人际关系。

价值观与道德素养：目标是塑造学生的良好价值观和道德素养。学生应该有正确的价值取向，包括尊重他人、关心社会、追求公正和贡献社会等。他们应该具备强烈的责任感和良好的道德品质，能够做出正确的道德选择。

综合素养与个人发展：目标是培养学生的综合素养和个人发展。学生应该具备自主学习和持续学习的能力，能够灵活应对变化和挑战。学生还应该积极参与体育、艺术、文化等综合素质培养活动，培养健康的生活方式和全面发展的个人特质。

通过实现课程培养目标，学校可以为学生提供更全面的教育，促进他们全面发展并适应未来社会的需求。这将有助于学生成为具有批判性思维、创新能力和社会责任感的终身学习者和积极的社会参与者。

◆ 二、思想政治课程培养目标

思想品德课程以社会主义核心价值体系为导向，意在促进学生正确思想观念和良好道德品质的形成与发展，为使学生成为有理想、有道德、有文化、有纪律的合格公民奠定基础。思想政治课程标准规定了课程的性质，是进行马克思列宁主义、毛泽东思想、邓小平理论、"三个代表"重要思想、科学发展观和习近平新时代中国特色社会主义思想的基本观点的教育，以社会主义物质文明、政治文明、精神文明建设常识为基本内容，引导学生紧密结合与自己息息相关的政治、经济、文化、生活。领悟辩证唯物主义和历史唯物主义的基本观点和方法，切实提高参与现代社会生活的能力，逐步树立建设中国特色社会主义的共同理想，初步形成正确的世界观、人生观、价值观，为学生终身发展奠定思想政治基础。思想政治课程作为一门重要的教育科目，其培养目标主要包括以下几个方面。

（一）培养爱国主义情感

思想政治课程旨在通过宏观历史、国际关系、国家建设等内容，培养学生对祖国的深厚情感和对中华民族的自豪感，使他们具备爱国主义情感并树立正确的国家观念。培养爱国主义情感是思想政治课程的重要任务之一，主要包括以下方面。

1. 增强国家认同感

教师通过教授学生丰富的国家历史、文化传统，增强学生对祖国的认同感。教师通过讲授历史故事、英雄事迹等，展示民族精神和民族自豪感，使学生能够了解和珍视中华文明的卓越贡献，从而培养其对国家的热爱和认同。

2. 弘扬优秀的传统美德

思想政治课程注重传承和弘扬中华民族的传统美德，如勤劳、诚信、友善、孝顺等。教师通过讲述先贤事迹、传统文化等，激发学生对这些传统美德的认同和尊重，并将其内化为身体力行的行为准则，使他们成为具备高尚品德的公民。

3. 提升国家荣誉感

教师通过介绍国家的发展成就、科技进步、经济实力以及在国际舞台上的地位和影响力，让学生了解到国家的辉煌与强大。同时，还要引导学生关注国家面临的挑战和困难，激发学生为国家的繁荣富强贡献自己的力量的意愿。

4. 思考民族命运

思想政治课程还要引导学生思考中华民族的历史命运、民族复兴的道路，并让他们认识到作为中华民族的一员，肩负着传承和发展民族事业的责任。通过深入了解国家的发展战略和政策，学生能够形成对国家未来的期待和愿景，培养对国家的使命感和责任感。

5. 实践体验和社会参与

思想政治课程应鼓励学生参与各种实践活动，如社区服务、志愿者活动等，让学生亲身感受到为国家、为社会做出贡献的价值和意义。通过亲身经历，学生能够深刻体会到爱国主义情感在行动中的具体体现。

通过上述方式，思想政治课程能够激发学生的爱国情感，培养他们对祖国的热爱和认同。这将有助于他们形成正确的国家观念，增强社会责任感，积极参与国家建设，为实现中华民族伟大复兴贡献自己的力量。

（二）培养正确的世界观、人生观、价值观

思想政治课程鼓励学生对人类社会、自然界、科学知识等进行深入思考，引导他们形成正确的世界观、人生观、价值观。同时，培养学生对以正义、公平、共享、自由为核心的现代价值观念的理解和尊重。

培养正确的世界观、人生观、价值观是思想政治课程的一项重要任务，主要包括以下几方面。

1. 广泛视野的开阔

思想政治课程应当引导学生了解多元化的世界，包括不同国家、不同文化、不同社会制度等。学生通过学习世界历史、国际关系、文化交流等内容，打破狭隘的思维限制。培养学生具备开放的视野和宽广的胸怀。

2. 科学知识的普及

思想政治课程应当注重科学知识的传授，包括自然科学、社会科学等领域的基础知识。教师通过系统性的科学教育，培养学生形成客观、科学的思维方式和判断能力，避免其盲从和迷信，并提倡用科学的方法认识和解决问题。

3. 尊重与包容的价值观

思想政治课程应该倡导尊重与包容的价值观念，理解和尊重不同的民族、文化、宗教和思想。教师通过教育学生关于平等、多样性、互助和共存的价值观念，培养他们具备包容心与宽容度，进而构建一个和谐、和平的社会环境。

4. 独立思考和创新精神的培养

思想政治课程应鼓励学生独立思考，培养其批判性思维和创新精神。通过教授辩证思维、逻辑思维等思维方法和技巧，引导学生分析问题、评估信息，并锻炼其解决实际问题的能力。同时，培养学生积极面对挑战、勇于创新的勇气和态度。

5. 基于现代价值观的人生观

思想政治课程应当传达给学生现代价值观念，如正义、公平、自由、人权等，引导学生树立正确的人生观。教师通过讲授人生规划、职业道德、心理健康等方面的知识，帮助学生形成积极向上、健康的人生态度和价值取向。

通过上述方式，学校能够培养学生拥有正确的世界观、人生观、价值观。学生将具备开放的心态，对多元文化保持包容和尊重，善于独立思考和创新，

树立积极向上、健康的人生目标。这将为学生未来的成长和社会交往提供坚实的基础，使他们能够适应多变的社会环境，并为社会进步做出积极贡献。

（三）培养道德品质和思想道德意识

思想政治课程注重培养学生的道德品质，通过对人伦关系、道德行为规范等的教育，学生能够具备正确的行为准则和道德判断能力。同时，还要引导学生形成社会责任感和公民意识，提高他们的思想道德意识。

培养学生道德品质和思想道德意识是思想政治课程的一项重要任务，主要包括以下方面。

1.道德知识的传授

思想政治课程应当注重传授基本的道德知识，包括道德准则、价值观念、道德规范等。学生通过学习道德理论和道德经典，了解道德发展的历史进程和主要观点，培养其对道德的认知和理解。

2.道德实践的引导

思想政治课程应该通过案例分析、小组讨论和实践活动等形式，引导学生将道德知识运用到实际生活中。通过参与公益活动、社会实践等方式，培养学生关爱他人、尊重他人、守信用等良好的道德习惯和行为。

3.道德情感的培养

思想政治课程应该注重培养学生的良好情感品质，如同情心、责任感、正义感等。通过教育学生理解和体验道德情感，如同情他人的困境、感受受害者的痛苦等，引导他们形成关爱他人、助人为乐的道德品质。

4.道德判断能力的培养

思想政治课程应当培养学生独立思考和判断的能力，使他们在面对复杂的道德问题时能够进行分析和判断。通过讲解道德决策的原则和方法，并提供具体的道德困境案例，引导学生进行道德思考和抉择。

5.思想道德意识的培养

思想政治课程应该提高学生的思想道德意识，使他们明确自己的社会责任和使命。通过启发学生思考社会问题、人生意义等深刻的话题，促使他们思考自身的价值观和行为准则，并树立正确的人生目标和追求。

通过上述方式，学校能够培养学生的道德品质和思想道德意识。学生将具备良好的道德习惯和行为，懂得关心他人、尊重他人，具备正义感，同时还能独立思考、判断和解决道德问题。这将为学生个人的品德塑造和社会交往提供重要支持，使他们成为道德意识强烈、品德高尚的公民，为社会和谐稳定与进步做出积极贡献。

（四）培养社会责任感和公民意识

思想政治课程旨在培养学生的社会责任感和公民意识。教师通过教授相关法律法规和公民权利义务的知识，引导学生树立正确的法治观念，增强他们的社会责任感和公共事务参与意识，培养他们积极参与社会实践的能力。培养社会责任感和公民意识是培养学生全面发展的重要任务，主要包括以下几方面。

1. 法律法规教育

教师通过思想政治课程讲授，向学生普及国家法律法规以及社会规范，帮助他们了解作为公民应该遵守的法律和规章制度。这种教育可以增强学生的法律意识，使其明白自己在社会中的权利和义务，并且能够合法合规地行使和维护这些权益。

2. 社会实践活动

教师通过组织学生参与社会实践活动，让他们亲身体验社会问题和需求，培养其对社会的关注和责任感。这些活动包括志愿者工作、社区服务、环保行动等，让学生切实感受到自己所做的努力对社会产生的积极影响，从而增强他们的社会责任感。

3. 公民教育

思想政治课程应当加强公民教育内容，向学生介绍个人权利和义务，培养他们作为公民的自觉意识和责任感。这包括学习公民权利、参与政治活动的渠道与方式，以及了解公民在社会中的角色和责任等方面的知识。

4. 认同国家和社会价值观

教师通过思想政治课程的讲授，引导学生对国家和社会价值观的认同。教师通过讲授使学生了解国家历史、文化传统以及社会进步的方向，培养其为国家和社会的发展做出贡献的意识。这有助于塑造学生的公民意识，使他们关心国家和社会的发展，并积极参与到国家建设中去。

5. 民主意识的培养

思想政治课程应当培养学生的民主意识，使他们理解和尊重不同的意见和观点，学会通过合理的方式表达自己的观点和倡议。学生需要明白自己在社会中具有话语权和参与权，并以负责任的态度参与社会讨论和决策。

通过上述方式，学校能够培养学生的社会责任感和公民意识。他们将具备识别社会问题、关心社会发展的能力，积极履行个人社会责任，为社会进步和公共利益贡献自己的力量。他们也将以尊重法律、关爱他人、积极参与社会事务的态度成为有担当、有爱心、有责任感的公民。这有助于构建和谐稳定的社会环境，促进社会的可持续发展。

（五）培养创新精神和实践能力

思想政治课程鼓励学生勇于创新、开拓进取，培养他们的实践能力和解决实际问题的能力。教师运用案例分析、讨论辩论等教学方式，提升学生思考问题、解决问题的能力，提高他们的创新意识和实践动手能力。培养创新精神和实践能力是培养学生全面发展和适应未来社会需求的重要任务，主要包括以下几方面。

1. 培养问题意识

教师通过思想政治课程的讲授，培养学生对周围环境和社会问题的观察和思考能力，鼓励他们提出问题并寻找解决方案。这包括激发学生的好奇心和求知欲，培养他们主动思考和提出质疑的能力。

2. 鼓励创造性思维

教师通过启发性教育和开放式问题的探究，培养学生的创造性思维能力。教师可以鼓励学生尝试不同的解决方法，提供多样的学习资源和刺激学生想象力的课程设计，以激发学生的创新思维和动手实践能力。

3. 提供实践机会

学校可以为学生提供各种实践机会，如科技竞赛、工程设计、创业实践等。通过参与实际项目和活动，学生能够将理论知识应用到实践中，培养解决问题的能力和创新思维。此外，学校还可以与企业、社会组织等建立合作关系，让学生有机会参与真实的社会实践和创新项目。

4. 强调团队合作

教师通过思想政治课程的讲授培养学生在团队中合作解决问题的能力，通过小组活动、项目合作等方式，鼓励学生进行集体智慧的开发和团队协作。这有助于培养学生的沟通、协作和领导能力，进而提高他们的实践能力和创新精神。

5.提供科技支持

学校应该提供现代化的科技设施和资源，为学生的创新实践提供支持。例如，学校可以提供实验室、创客空间、计算机设备等，让学生有条件进行科学研究、工程设计和数字创新等实践活动。

6.鼓励接受失败并进行反思

学校应该鼓励学生接受失败，并引导他们从失败中汲取教训。失败是创新过程中不可避免的一部分，通过对失败进行反思和总结，学生能够不断改进自己的实践过程和提升自己的创新思维。

通过上述方式，学校可以全面培养学生的创新精神和实践能力。他们将具备解决问题的能力、创新思维和团队合作能力，在未来的社会生活中能够适应和应对各种挑战。同时，他们也将成为推动社会进步和创新发展的重要力量。

总之，思想政治课程的培养目标是全面培养学生的国家观念、世界观和人生观，提高他们的道德品质和思想道德意识，培养他们的社会责任感和公民意识，同时促进学生的创新精神和实践能力的发展。通过这些培养目标的实现，学生能够成为关爱他人，具备社会责任感、创新意识和实践能力的新时代公民。

第三节 中外思想政治教育比较

思想政治教育是维持社会秩序、维护社会稳定的重要力量。思想政治教育是人类社会各个民族、各个阶层人们思想观念形成过程中的一个重要环节，它是一个社会或一个群体，通过对其成员进行有目的、有计划、有组织的思想政治观点和道德规范的影响，使成员的思想观念、政治观点和道德规范与社会或阶级的要求相一致的思想和道德规范的过程。思想政治教育是一种普遍性的社会活动。

◆ 一、中国思想政治教育的内涵和发展

中国学校思想政治课是一门研究思想政治课教学规律和方法的学科。通过

马克思主义、社会主义的思想道德观念，社会主义核心价值观等教育对学生产生有目的、有计划、有系统的影响，使学生的思想认识和行为与社会主义国家的标准相一致。

马克思和恩格斯都认为，思想政治教育的基本原则是：实事求是，理论与实践相结合，在实践中把握规律，在规律中行事。列宁认为，思想政治工作必须坚持两个基本原则：共产主义的方向和集体主义的原则。而毛泽东和邓小平则是立足于中国的实际，提出了在思想政治教育中要坚持政治正确、理论与实践相结合、爱国主义教育与艰苦奋斗精神教育相结合的思想。中国共产党领导的中国思想政治工作的理论依据，是以马克思主义为核心的，是以中国国情为依据的，是以唯物、辩证的思想为基础的，是以马克思列宁主义、毛泽东思想、邓小平理论、"三个代表"重要思想、科学发展观和习近平新时代中国特色社会主义思想为指导的，是以中国人民为主体的，是以社会主义意识形态、思想道德规范和无产阶级思想观念为主导的，是以国家认同、政治认同、道德标准为指向的，是以社会发展规律为实践的，是以全体人民的利益为宗旨的。中国思想政治教育的目标是普及全民，坚持理论联系实际，以习近平新时代中国特色社会主义思想为指导，树立正确的世界观、人生观、价值观，培养和造就有理想、有道德、有文化、有纪律的社会主义接班人。

新中国成立后，在中国共产党的正确领导下，学校教育的历史进程中对思想政治理论课给予了高度重视。中国共产党早在新民主主义革命时期就在中国革命根据地为中国的马克思列宁主义发展开设了马克思主义政治课。新中国成立后，我国中小学普遍开设了以马列主义、毛泽东思想为主要内容的思想政治课。从1949年到1966年，思想政治课在初中和高中两个阶段的教学内容和课时等方面都有了很大的改变。1979年，教育部对初中和高中的思想政治课的讲授内容进行了调整。1992年，国家教委颁布《全日制中学思想政治课教学大纲（试行稿）》，第一次对初中思想政治课和高中思想政治课的教学内容、课时等方面进行了规定，思想政治课程不分年级，统称"思想政治课"。2020年12月，教育部制定了《新时代学校思想政治理论课改革创新实施方案》，把握新时代，坚持用习近平新时代中国特色社会主义思想铸魂育人，加强"四个自信"教育，将学习贯彻习近平新时代中国特色社会主义思想体现在大中小学各学段一体化的课程目标、课程教材内容中。

综上所述，中国的思想政治教育就是对马克思主义的继承和弘扬，培养学生的世界观、人生观、价值观和社会责任感，提高学生的道德品质。同时，通过对学生进行社会主义核心价值观、中国特色社会主义发展道路、中国梦等方面的教育，培养学生的民族自豪感和爱国主义精神。

◆ 二、国外学校思想政治课的内容和类型

国外思想政治教育的实质是在教学中对学生进行伦理学、政治学、哲学、社会学等多方面的思想认识与分析教育，培养学生独立思考、批判思考、价值判断的能力。本书对"国外的思想政治教育"进行了论述与比较，"国外"是指本书所选择的若干个国家和它们的思想政治教育工作。本书选择美国、日本、新加坡等作为比较对象，主要是因为各国文化背景不同、发展类型和阶段不同，具有代表性和可比性。通过对不同国家和地区进行比较分析，以期对世界各国和地区的思想政治教育发展的历史脉络和发展轨迹有所了解和透视，从而为我们的思想政治教育工作提供有益的启示与借鉴。

思想政治教育就是以特定的思想观念、政治观点、道德标准，有目的、有计划、有组织地对社会各阶层的人进行教育。国外对大学生的思想教育就是这样。本书所选择的一些国家，在没有形成统一理念的情况下，对思想政治教育都给予了高度的重视，在没有确定具体的学科和课程的情况下，对政治学、社会学、历史学、教育学、哲学、伦理学等各个领域都进行了深入的研究。这些课程，其实都是以各国的思想政治教育观念为基础的，在思想政治教育和政治社会化两个观念的基础上，通过公民、道德、法治、宗教、历史等课程，以思想政治教育、政治道德教育为内容，逐步向社会的各个阶层，尤其是各个层次、各个年级的学生渗透。

◆ 三、中外学校思想政治课教学内容与教学模式的对比

（一）中外学校思想政治课教学内容比较

各国的国情不同，其哲学依据和发展状况也不尽相同，但其思想政治教育的具体内容却有许多共同之处。

1. 中外思想政治教育的内容存在着显著的阶级差异

思想政治教育的政治性，不论在任何国家都是不可避免的。思想政治教育的目的，当然是要维持自己的国家体系，维持自己国家的主流意识形态。因

此，每个国家的思想政治教育都有其自身的特点，其主要任务就是对其国家体制和意识形态进行宣传和倡导，从而使国家体制和意识形态得到巩固和发展。

2. 中外学校普遍注重对学生进行爱国主义教育和国家意识的培养

思想政治教育的目的是保护国家的利益，因此，它的第一步就是要让国民认可并保持其政治主流。思想政治教育是能让人们树立对自己的国家有很强认同感和自豪感的思想观念和价值体系。中国的爱国主义教育、美国的国民教育等，都是为了培养国民的爱国情操，培养国民的民族价值观。

3. 法治教育在世界各国都得到高度重视

法治教育是为了使人民群众自觉遵守法律，保持社会的正常和稳定，保障国家和人民安全的教育。法治教育使统治阶级的意志得以实现，保证了国家的政治、经济、文化的长期安定与发展。

4. 思想政治工作和心理健康教育相结合是世界各国普遍关注的问题

世界各国的思想政治教育都在与时俱进地进行着新的变革，其中的共同点是，各国都把思想政治教育和心理健康教育有机地联系在一起。很多国家都因为本国政治经济的发展、社会环境的日益复杂以及人与人之间关系的日益功利性，产生了诸多社会问题，尤其是青少年心理健康问题。这使得心理健康教育成为当前各领域的重要课题。

（二）中外学生思想政治教育模式与主体比较

1. 引导模式

日本和新加坡的思想政治教育工作都是国家主导的。日本政府对学生进行意识形态教育，文部省要进行具体操作，政府要采取一系列的行政干预措施，并制定相应的政策。其具体表现就是思想政治教育体制的建立和教科书审定制度的实施。新加坡政府对思想政治教育和精神文明建设实行统一指导和干预，政府制定具体的方案和步骤，提出实施的保证措施。

从总体上看，日本、新加坡这些亚洲国家，主要是由政府直接领导，由国家教育行政管理机构对学校进行管理。美国则是通过各州自行决定教学内容和教学方式、方法，实行的是政府的间接管理。

2. 显性教学模式

我国的思想政治教育基本上是以讲授为主，采用显性的即以"理论"为主的教育方法。思想政治课教学是把社会主义道德、法治等理论知识的各个层面，从课堂中直接传递到学生的头脑中，并以书面考试的方式，对知识进行直接或间接的巩固，从而使知识内化成自身的品质。同时，我国也更注重以身作则和自学成才。这两种不同的教学方法，也正是我国德育教育的独特之处。通过对各种先进典型形象的宣传，可以调动人民群众的积极性，提高人民群众的创造力，并可以把教育内容用先进典型形象的表现形式体现出来，对传统的教育有一定的补充作用。自我教育是指受教育者在接受教育过程中自身的不断学习和思维的不断提高，从而达到教育的目的。自我教育虽然注重受教育者的自觉与主动，但实际上，它也是一种以受教育者为中心的教育。

美国和新加坡在德育的直接性教学方面，普遍采用价值观明晰的教学方法。在教学中主要采用交互式、演示式的教学方法，在知识的直接性教学后，再通过师生交互、情景分析和案例教学等方法进行进一步加深。与之相比，日本则是以灌输式来进行教学，在德育课程中进行政治思想的培养。在选择和使用直接和间接两种教育方式时，各国的侧重有所不同：中国、日本、新加坡等国家更侧重于直接，美国更侧重于间接。

3. 潜移默化的教育模式

各国高校思想政治工作中的隐性教育存在着明显的差异，主要是其侧重点不同，体现在对教育资源的选择上。中国、俄罗斯等国注重课堂外的隐性资源利用，美国则注重课堂内的隐性资源利用，日本更注重体制化的隐性资源利用，新加坡则比较成熟，注重课堂外与体制化的隐性资源利用。

中国的大学尤其注重社会实践的组织和开展。中国的大学重视与社会、组织的关系，学生参与各类社会实践，培养其自主性和解决问题的能力。将社会实践作为一项重要的思想政治工作来抓，有助于提高学生对社团的认识。因此，中国大学对课外隐性教学资源给予了更多的关注。在杜威看来，思想品德教育的内容应该融入校园生活中，融入各个学科的教学中。美国思想政治课的教学目标是使学生在课堂上的学习与在校园中的环境教育相结合。因此，美国隐性教学重视课堂教学中的隐性教学资源的使用。日本尤其重视教师的言谈举止和学校的风气。日本的大学对教师的专业标准要求很严，如学历、仪表、举止等都有很严格的规定，对学生各个方面的行为也有很严格的要求，这样才能培养出优的学校风气和学术风气。教师在严格要求自己的言行，使学校风气变得严谨、庄重的同时，也使学生受到这种风气的潜移默化的教育作用，从而达到了一个良性循环。这说明日本更注重系统的隐性资源。新加坡大学在思想政治教育工作中，尤其注重社会角色与大学角色的匹配，重视社会因素对学校德育的作用。因此，要注意利用课外的隐性教育资源，加强对学生的制度化教育。

4. 教育主体

从教育的宏观角度看，当前，世界各国都在教育实践中强调学校、家庭、社会三者之间的紧密结合。就目前国内外的情况来看，学校无疑是思想政治教育的主要执行者，且职业学校也越来越强调与家庭、社会的协调配合。

中国的思想政治教育，主要是通过专业教师进行的，也就是思想政治课教师、辅导员、心理辅导教师等，他们是思想政治教育的主力军，从课程教学、生活管理和心理咨询等方面，对学生在校期间进行全过程的指导和教育。

此外，中国学校还重视"全员育人"，即强调全校教职员工总体的育人效果，强调教书育人、管理育人和服务育人，要求全体教职工热爱本职工作，使学生从中受到感染、激励和教育。因此，中国的教育主体呈现出多样化和专业化的特征。

美国思想政治课的教学对象比较广泛。美国思想政治教育是一种多学科、多领域、多层次的思想政治教育，其主要特点：一是思想政治教育者对学生进行道德、法律等方面的教育；二是思想政治教育者对学生进行思想政治教育。日本、新加坡的高校思想政治课教学的主要内容与中国比较接近，具有一定的职业性，但其主要内容仍停留在道德修养课程上，师资力量比较单一，不具有多样性。

◆ 四、全球思想政治教育的发展动向及其对我们的启示与借鉴

（一）全球职业院校思想政治教育的发展动向

随着互联网和信息技术的发展，各国在思想政治教育方面的问题呈现出更多的共性。面对政治、经济、文化等诸多社会要素快速发展所带来的诸多思想品德问题，世界各国在政治、经济、文化等领域的思想品德教育都呈现出不同于以往的特点。

1. 职业院校思想政治理论课师资队伍专业化倾向明显

随着我国职业院校思想政治教育的不断深入和世界各国对职业院校思想政

治工作的认识程度不断提高，各国的职业院校思想政治工作都有了新的发展，对职业院校思想政治教育队伍建设给予了极大的关注，专业化水平不断提高。国外的职业院校思想政治课师资和管理者都是专业的，都有相应的学历；而中国的职业院校虽已经形成了一支专职的思想政治课师资队伍，但并没有进行专门的师资培养，而是把重点放在师资的专业化上，并在这方面进行了探索和尝试。

2.世界各国职业院校普遍加强了对学生的网络思想政治教育

网络时代的到来，给世界各国和我国的职业院校德育工作带来了新的机遇和挑战。随着互联网的普及，网络已经成为青年人生活中不可或缺的一部分。网络信息的传播是一种无拘无束的、快速的、广泛的、影响深远的信息交流方式，它对职业院校的思想政治教育来说既是一种挑战，又是一种机遇。正确的指导，正确的处置，对开展好网络思想政治教育具有重要意义。反之，则会对现行的德育内容和制度进行解构，导致学生的政治、道德和思想观念混乱。为此，世界各国纷纷采取措施，加强校园网络文化建设，加强校园舆论引导，加强对网络主流意识形态的监督。

（二）国外思想政治教育内容与方式对我国的启示与借鉴

国外思想政治教育内容具有较强的多元性与开放性，包括对各种学术思潮的研究与探讨，这就给了学生一个开阔的思考和学习的空间，也培养了他们的批判精神和创造精神。我们可以从中汲取经验教训，重视在职业院校思想政治课教学中引进多种思想观念和理论方法，使学生的知识面更加宽广。

国外的思想政治教育往往注重实践与参与，通过模拟演习、辩论、社会实践等形式，将所学理论运用到实践中，提高学生的领导水平和团队协作能力。我们可以借鉴国外的经验，将实践教学融入思想政治教育之中，使学生能够在现实生活中体验和参加社会实践，从而提高他们的实践能力，增强他们的社会责任感。

国外的思想政治教育重视教学方式的革新，在教学方式上采取互动教学、小组讨论、专题研究等方式。这种教学模式有利于培养学生自主、协作的学习习惯，增强他们学习的积极性和主动性。我们可以通过对国外教学方式的学习和研究，探索出合理的思路，将互动与实践相结合的思想政治教育模式应用于教学中，促进学生的主体意识与创新能力的培养。

　　国外的思想政治教育重视对个体差异与多元文化的尊重，这可以帮助学生发展包容性、跨文化沟通技巧以及对世界的看法。因此，我们应该着眼于学生的个性，重视在思想政治教育工作中进行多元文化的交流与沟通。

　　总之，从开放性、参与实践、创新教育方式、尊重个体差异、重视多元文化的角度来看，国外的思想政治教育内容和方式对我们有一定的启示和借鉴意义。通过开展中外德育的比较研究，推进中国德育的创新与发展，借鉴国外的经验，实现在研究不同德育理论和实践中，把握德育发展规律，推进德育改革，创建具有中国特色的现代德育实践体系。

第二章　思想政治课程
与信息技术深度整合的背景

社会在发展，教育也在不断发展创新，教育如果不突破传统，就不可能跟上时代发展的步伐，更不可能得到创新和发展。因此，在传统教育基础上，针对当今信息化时代的特点对教育进行改造和更新，适应社会对教育发展的要求，现代信息技术开创了一个崭新的历史纪元。在迎接知识经济的挑战中，教育应当成为先导性、全局性的知识产业，并且应将其置于国家优先发展的战略地位。我国包括课程教学改革在内的教育改革，必须是面向素质教育的，必须是基于信息技术的。因此，思想政治课程与信息技术的深度整合，是基于网络信息化条件下的思想政治课程教育教学改革，促进了网络时代下思想政治课程发展创新研究。

第一节　思想政治课程与信息技术深度整合的时代背景

现代科学技术的迅猛发展，特别是计算机网络技术、通信技术和多媒体技术在教育中的应用，使思政教育面临着严峻的挑战，同时给其带来了前所未有的机遇。不断进步的社会对人才的规格提出了更高的要求，传统的知识应用型人才已经不能适应信息化的社会发展。

◆ 一、教育改革发展的需要

教育改革是指对教育系统进行全面的、深入的变革和改进，以适应社会发展的要求、提高教育质量和公平性，它具体包括以下几个方面。

第一，个性化教育。传统的教育模式往往以教师为中心，忽视学生的个体差异和潜力。个性化教育强调根据学生的特点和需求，提供个性化的学习内容、教学方法和评价方式，使每个学生都能够发挥自己的优势和潜力。

第二，创新能力培养。随着科技的快速发展和社会的变革，未来社会对人才的需求也越来越多样化。因此，教育改革需要注重培养学生的创新能力、问题解决能力和团队合作能力，使他们能够适应未来的工作和生活需求。

第三，核心素养的培养。除了专业知识外，教育改革还应注重培养学生的核心素养，如批判思维、沟通能力、人际关系、情商等。这些素养能够帮助学生更好地适应社会、解决问题和与他人合作。

第四，教育信息化发展。信息技术的快速发展为教育带来了新的机遇和挑战。教育改革需要推动教育信息化发展，利用数字技术和在线学习平台，提供更广泛、更便捷的学习资源，支持远程教育和个性化学习。

第五，优质教育资源均衡分配。当前，教育资源的分配存在着城乡差距、地区差异等问题，导致了教育质量的不均衡。教育改革需要通过政策和措施，促进优质教育资源的均衡分配，减少教育差距，提高教育公平性。

第六，教育评价体系改革。传统的考试评价方式往往偏重于记忆和应试能力，无法全面评估学生的综合素养和能力。教育改革需要建立多元化的评价体系，包括项目作业、实践表现、综合评价等，以便更全面、更客观地评估学生的学习成果和能力。

第七，跨学科教育。在现实生活和职业发展中，往往需要综合运用多学科知识解决问题。因此，教育改革需要鼓励跨学科教育，打破学科壁垒，培养学生的综合思维和创新能力。

第八，教师专业发展。教师是教育改革的核心力量，他们需要具备专业知识和教育技能，能够适应不断变化的教育需求。因此，教育改革需要加强对教师的培训和专业发展支持，提高他们的教学能力和创新能力。

综上所述，教育改革需要关注个性化教育、创新能力培养、核心素养的培养、教育信息化发展、优质教育资源均衡分配、教育评价体系改革、跨学科教育、教师专业发展等八方面的需求。教育的信息化改革将有助于提高教育质量、促进人才培养和社会发展。

教育必须要改革，为了适应信息化社会，"全国中小学信息技术教育工作会议"提出，要"努力推进信息技术与其他学科教学的整合"，这是首次从政府的角度提出"课程整合"的概念。现代信息技术和课程整合，突出培养了人的信息素养、创新能力及实践能力。

信息技术的深度应用要求我们变革传统的教育观念、教育思想、教育模式，代之以尊重人的主动性、合作性、反射性以及人类强大学习潜能的全新的现代教育观念、教育思想和教育模式。因此，把思想政治教育理念和现代信息技术有机结合，做好思想政治课程内容及目标与现代信息技术深度整合，对教育观念进行更新，才能从根本上完成一场具有划时代意义的教育改革。现代信息技术全方位影响着人类的生产方式、学习方式、工作方式，教育和其他领域一样也受到冲击。现代信息技术的发展，为思想政治教育创造了更为广阔的空间，也提出了新时代的挑战和新的要求。思想政治教育必须跟上科学技术的发展步伐，必须随着时代的潮流，从理论和实践上深入探讨思想政治教育与信息技术的关系，这既是时代的呼唤，也是思想政治教育者的共识，还是当今世界各国思想政治教育改革的重要课题。目前，信息技术与学科教学整合已成为我国基础课程改革的重要的内容。教育部颁布的《基础教育课程改革纲要（试行）》明确指出，大力发展推进信息技术在教学过程中的普遍应用，促进信息技术与学科课程的整合，逐步实现教育内容的呈现方式、学生的学习方式、教师的教学方式和师生互动方式的变革，充分发挥信息技术的优势，为学生的学习和发展提供丰富多彩的教育环境和有力的学习工具。

信息技术与学科课程教学深度整合，其核心内容是培养学生的创新精神和思维。信息技术已成为创新型学习强有力的催化剂，在教育领域中的任何改革，都与信息技术相关，包括课程与教学改革在内的变革都不能置它于不顾。现代信息技术在这场教育教学改革中的运用和发挥，对于思想政治课程教育教学实践具有重要的指导意义。

◈ 二、国外教育信息技术发展

（一）20世纪90年代的基础设施建设时期

20世纪90年代教育信息化的核心是教育信息化的软、硬件建设，包括国家教育网络、校园网、远程教育网络、多媒体课室、电脑室等；教师在课堂上的运用还比较少，且运用的重心也没有明确。

（二）20世纪90年代末至2008年底，注重教学的实践性

教学的实践性包括课后应用和课堂应用两部分。这一时期课外教学应用的

主要特点：一是以教育信息化的硬件和软件建设为重点，逐步向各种教育类型的教学资源和各种学科的教学资源平台发展；二是随着对教育教学管理应用研究的不断深入，教育信息化应用研究的侧重点逐渐形成；三是教育信息化的应用重心，从整体应用转向了教学过程应用，但仍集中于课前、课后的应用，在"课堂教学应用"阶段，信息技术和课程整合的方式也从全球范围内一边倒的"课后"整合方式，逐步转向了教师、学者日益重视的"课堂内"整合方式。

（三）世界各国信息化发展现状

美国教育技术 CEO（首席执行官）论坛提出："在学科课程的教学中，通过整合现代信息技术和学科课程，有效地整合信息内容，创建数字化学习环境，将信息资源融入学科课程的教学中，使学生能够更好地利用各种现代信息技术手段，在学习方式上实现革命性的转变。"可见，国外已开始对信息技术环境下的课堂教学进行整体的重构与设计，并且在运用信息技术提升教师教学效率和促进学生的探究学习方面取得了一定的成果，信息技术在学科教学的整个过程中都能自然流畅地渗透。

1. 美国

信息技术和学科课程整合的研究在美国处于领先地位，1985年美国加利福尼亚州立大学颁布的关于社会学科的课程标准明确规定，学生必须将课本中的内容与计算机数据库中存储的数据相结合，才能进行学科的学习。从2000年开始，美国教育部先后发布了学生标准、教师标准、教育管理人员标准、教育技术人员标准等一系列的美国国家教育技术标准，要求并指导各州政府在决策过程中加强将信息技术与学科教学一体化的力度和强度。在美国《教育技术白皮书》中，对 e-Learning（Electronic Learning）的概念进行了较为全面的阐述，认为 e-Learning 的内涵是：运用现代信息技术，将信息技术与学科、课程有机地结合起来，为学生创造理想的学习环境，采用全新的学习方式，充分发挥学生的主体性，对传统的教育结构和教育性质进行革命性的变革，从而培养出适应21世纪的高素质人才，即创造型人才。从信息技术与课程整合执行成效的观点出发，美国信息技术教育应用领域的教育学家一般认为信息技术的运用主要在教学的前后阶段，也就是课前及课后阶段，如资料查询、学生—教师—家长的沟通与协作。然而，在短短的几十分钟的课堂上，通常很难发挥出信息技术的优势，仍然依赖于教师的知识传授。美国学者对于信息技术和课程整合的研究更多地集中在课前和课后，而不是在课堂上进行深入的探讨、创新和归纳。

2. 加拿大

信息技术和课程整合在加拿大的应用试验从 20 世纪 90 年代中期开始增多，并取得了较好的教学效果。正如温哥华学区在 1998 年 2 月发表的《资讯科技报告》中所说："信息技术可以以创造一个以学生和老师为主、与广大社群联结的学习环境为目标。"报告认为，信息技术和课程相结合，可以有效地提高课程教学质量，达到以下目的：提高学生的批判思维能力，提高学生的合作能力，提高学生的问题解决能力；将信息技术应用于学习过程中，从而使学生能够更好地掌握信息采集、信息检索、信息分析、信息评价、信息传递和信息利用等方面的知识；信息技术不但可以促进班上同学之间的合作沟通，还可以促进学生与世界各地的学习团体之间的合作沟通，从而拓宽学生的眼界。

3. 日本

1998 年 7 月，日本教育课程评议会在题为《提高教育课程标准的基本方向》的咨询报告中提出两点要求：一是在小学、初中和高中的所有级别的所有科目中，积极使用计算机等信息装置（即将以计算机为中心的信息技术融入到所有科目的课程中）；二是在小学"综合学习"课程中就应充分利用计算机等信息技术，在初中则应将"信息基础"课程作为必修课程，在高中应开设"信息"课程（以计算机获取信息、分析信息、利用信息为主要内容的课程）。

4. 英国

1995 年，英国在教学大纲中明确规定，在教学中要充分利用信息技术，除体育外，其他科目都要充分利用信息技术和通信技术，充分利用各种资源和工具，培养学生的应用能力。

5. 澳大利亚

澳大利亚的网络学习研究大致可分为三个阶段：兴起时期（1985—1991）、发展时期（1992—1997）、媒介研究发展时期（1998—2005）。澳大利亚信息技术和课程一体化的研究主要集中在高等教育领域。根据《阿德莱德宣言》，澳大利亚的教育目标是让学生在毕业时能够相信自己的能力，具有创造力和创造性，能够使用新技术，特别是通信技术，并具备相应的能力。

从国外对信息技术与课程整合研究的发展历程来看，从最初单纯的专业领域整合，到现在的全面整合，已经从单纯的辅助教学和辅助学习转变为重视信息技术的认知功能和激发学生学习动机的功能。充分发挥学生的主动性和积极性，充分利用信息技术营造的自主探究、多层次互动、协作学习和资源共享的学习环境，在整合的过程中有效地锻炼学生的创新思维和实践能力，是培养创新型人才的必然要求。信息技术和课程整合在各国的具体实施方式不尽相同，这与各国的教育理念、教育制度等有密切的关系。信息技术在教育领域的影响和作用，从以信息技术为学习内容到以信息技术为教和学的手段，即信息技术和学科课程整合，一直是人们关注的焦点。不可否认的是，在教育领域，信息技术日益成为一种不可或缺的手段，发挥的作用也日益重要。

◆〉 三、教育信息化在我国的发展现状

在国内，教育信息化发展相对滞后，教育部于2000年召开了全国教育信息化工作会议，并于2002年颁布教育信息化工作规范，推动了教育信息化的发展。教育部在2003年举办了第一届"校校通"项目评价大会，并提出加强教育信息化建设的建议。随着"校校通"工程在全国范围内深入开展，信息技术与学科课程的整合在我国的信息化建设中开始发挥重要作用。

2012年全国教育信息化电视电话会议对"三通、两平台、两重点"工作进行了具体部署。"三通"指"宽带校校通""优质教育资源班班通""网上学习空间人人通"；"两平台"指教育数字化资源公共服务平台、教育信息化管理平台；"两重点"指提高教学场地的数字化水平、全面覆盖教学场地的数字化资源，加强对教师的信息化应用能力培训。

教育部于2012年3月20日发布了《教育信息化十年发展规划（2011—2020年）》（以下简称《规划》），并对教育信息化的发展提出了建议。《规划》对之后10年的教育信息化从国家层面进一步推进，进行了总体设计和全面部署，提出了下一步发展方案。《规划》把推进城乡融合作为重点。编制《规划》的专家组认为，从教育信息化应用的阶段来看，我国的教育信息化总体上是一个"初级应用"整合体，进入"融合创新"的"合一"期。把信息技术应用于教学管理和科学研究中，使信息技术和教育更深层次地结合起来，融合创新，改变教育观念、方式和方法，为教育的创新和发展提供支持。《规划》是在上述基础上制定的，核心思想是"促进融合与创新"。要把《规划》贯彻得更好，就要在教学模式和学习方法上进行创新，加强优质教学资源建设和信息化教学环境建设，促进信息化与教学一体化，提高教育信息化水平，加快推进教育信

息化建设，为教育现代化建设、学习型社会建设、人才资源建设做出更大贡献。

　　教育信息化既是对教育观念和教育方式的一种深刻改变，也是对教育公平的一种促进。要实现终身教育，建设学习型社会，就必须通过提高教育质量这一有效途径。我国的教育信息化建设正在起步，基础设施建设还不完善，教育数字化资源的开发和应用还不完善，我们要不断推进信息化人才的培养与应用技能的培训，让信息化为教育的改革与发展做出贡献。

　　教育信息化从三个方面保证了以下教育目标的实现。第一，可以创造一个信息化的教学环境；第二，具有丰富的教学信息资源（资源库、案例库、学科专题网页、各种学习辅助工具和软件）；第三，教学理念、教学思想、教学方法、教学手段、教学组织等都可以在教学信息系统中得到根本的改变。可见，由教育部大力提倡和实施的"三通两平台"提供了"信息教学环境"和"信息教学资源"。

　　教育信息化的特点之一就是在教学信息化的环境下，教学观念、教学方法、教学模式和教学结构等都将发生根本性变化，教育思想也将从以教师为中心的传统教学思想向以教师为主导和以学生为主体的现代教学思想转变。教学理念由单纯的"传"与"受"教学理念，向"传"和"受"并重、"教"与"学"并重的新的教学理念转变；教学模式从"口授—板书"向以"启迪""诱导""点拨"为主的启发式教学模式转变；学习模式从单纯的"听、写"的被动接受模式向注重"看、主、合、问"的主动探究模式转变；教学结构从以"教师"为主的传统教学结构向体现"学生"主体性的教学结构转变。

　　目前国内外对信息技术和课程整合有许多不同的概念和定义，国内几位权威学者的看法如下。

　　（1）"融合"理论，这是由全国中小学计算机教育研究中心提出的：所谓信息技术与课程整合意味着将多种（IT）技术完美地融入一门课程中去。

　　（2）何克抗教授所提出的"教学结构的变革"，是在以计算机和网络为中心的现代信息技术作为主体性教学理论指导下促进学生自学的工具，是将认知手段与情感激励手段、丰富教学情境的创造手段相结合，并综合运用于教学中。在各学科的教学中，要把各种教学资源、教学要素、教学环节、教学方法、教学手段进行合理的组合、整合，使它们彼此交融，以整体优化为基础，产生聚合效果，推动传统教育模式的根本性变革，促进教师主导型教学结构和教学方式的改革，实现对学生创造力的培养。

（3）基于集成思想的 IT 教育的"应用"。东北师范大学解月光在此基础上提出了将信息技术应用于学科教学的两种模式。一是以"辅助"理论为基础的理论，即将资讯科技运用于教学媒介、教学手段及教学方法，以协助教师及学生解决教与学的难题。二是以"整合"思想为基础，将信息技术作为支撑自主探究型学习环境建设的关键因素。

（4）信息技术与课程融合的"核心"——数字化学习。华南师范大学李克东教授认为，在信息时代，数字化应用是一种重要的学习方式。信息技术和课程的整合就是将信息技术、信息资源结合起来进行教学的过程，是一种将方法、人才、课程内容三者有机结合起来的新的教学模式。

（5）"课程建构"是黄甫全提出的一种新的课程理念。通过信息技术与课程互动的双向重整合，促进教师和学生民主协作的课程、教学组织形式、新课程和以学生为中心的教学活动模式，构建集成化信息技术课程的结构、内容、资源和课程实施等。

计算机辅助教学与课程整合的发展经历了三个时期：计算机辅助学习时期、计算机辅助教学时期、信息技术与教育课程整合（交互信息技术）时期。我们可以从上述信息技术和课程整合这两个概念中找到共同之处。信息技术与课程整合使传统信息技术摆脱了单纯的辅助教学误区，注重对信息技术的系统和全面的认识。

学校注重构建以信息技术为基础的新型教学模式和学习方式，信息技术具有自主学习、探究学习和合作学习的特点。笔者赞成何克抗教授关于信息技术的看法。整合课程（或 IT 与学科教学的整合）指的是将 IT 有效地整合到各个学科中。以教学过程为载体，构建信息化的教学环境，使教师的主导作用得到充分发挥。"自主""探究""合作"的教学方式是学生主体性的体现，使学生成为学习的主体。充分发挥学生的主动性和创造性，使以教师为主的传统课堂教学模式发生变化。

国内教育信息化发展是利用信息技术与教育相结合，推动教育现代化，提升教学效果和学生学习体验的过程。国内教育信息化发展的内容包括以下几个方面。

（1）基础设施建设：国内教育信息化发展首先需要建设完备的基础设施，包括网络基础设施、计算机设备、多媒体教室等硬件设备，以及教师和学生接触和使用信息技术的设备和环境。

（2）教育平台建设：国内各级教育部门积极推动教育平台的建设。这些平台涵盖了学生管理、教学资源管理、在线课程管理、学习评估、个性化学习等方面的功能。通过教育平台，学生可以进行在线学习和作业提交，教师可以进行教学计划制订、资源管理和学生评估等操作。

（3）数字教材推广：国内教育信息化发展促进了数字教材的推广与应用。数字教材可以以电子书、互动教学资源、在线视频等形式呈现，丰富了课堂教学内容的呈现方式。同时，数字教材还具备即时更新和个性化定制等特点，方便教师根据学生的需求和能力水平进行资源选择和使用。

（4）在线教育发展：国内教育信息化的推动促进了在线教育的发展，包括远程教育、网络教育、在线学习等形式。在线教育为学生提供了更加灵活和自主的学习机会。在线教育平台如MOOC（大规模开放在线课程）等也为学生和教师提供了共享优质教育资源的平台。

（5）教师培训与支持：教师是教育信息化发展的重要力量。国内开展了大量的教师培训与支持工作，提升教师信息技术应用水平和教学设计能力。这些培训包括信息技术知识和技能的培养，以及教育信息化理念和教学模式的引导。

（6）数据应用与管理：国内教育信息化的发展涉及大量的数据应用与管理。包括教育大数据的采集、分析和利用，以及学生学习数据的监控和个性化分析。这些数据可以帮助教师了解学生的学习状况和需求，进行精准的个性化教学。

（7）安全与隐私保护：教育信息化发展需要重视数据安全和隐私保护。国内采取了一系列措施来加强对教育信息的保护，包括网络安全技术的应用、个人隐私保护法规的制定和实施。

总体来说，国内教育信息化发展经历了基础设施建设、教育平台建设、数字教材推广、在线教育发展、教师培训与支持、数据应用与管理以及安全与隐私保护等多个方面的发展阶段。这些举措促进了教育现代化进程，提升了教学质量和学生学习效果。未来，国内教育信息化将继续深化，发展更多创新教学模式和工具，为学生提供更好的学习环境和个性化学习机会。

◆◇ 四、信息技术的快速发展

近年来，包括互联网、移动通信、人工智能和大数据等领域的技术迅猛发展，并对社会生活、经济发展、教育改革等方面产生了广泛而深远的影响。信息技术的快速发展包括以下几个方面。

第一，互联网的普及和加速。互联网是信息技术发展的重要推动力之一。随着宽带网络的普及，越来越多的人可以轻松地接入互联网，实现信息的传递和共享。互联网的普及使得跨时空的沟通变得更加便捷，为人们提供了丰富的信息资源和交流平台。

第二，移动通信技术的突破。移动通信技术的发展使得人们可以通过手机、平板电脑等移动设备随时随地获取信息，并实现语音通话、短信、社交媒体等多种功能。移动应用程序的兴起和智能手机的普及进一步加快了信息的流动和传播速度，为人们提供了更多的便利和选择。

第三，人工智能的突破。人工智能是指模拟和延伸人类智能的技术和方法，包括机器学习、深度学习、自然语言处理等。近年来，随着计算能力和数据规模的增加，人工智能取得了巨大的突破，包括图像识别、语音识别、自动驾驶、智能助手等领域。人工智能技术的发展使得机器能够模拟和实现一些复杂的思维和判断，为社会带来了很多便利和效益。

第四，大数据的积累和应用。随着互联网和移动设备的普及，海量的数据不断产生和积累。大数据技术的发展使得人们可以从这些庞大的数据中挖掘出有价值的信息，并应用于商业决策、精准营销、风险分析等领域。大数据的挖掘和应用给人们提供了全新的视角和方法，帮助人们更好地理解和利用数据。

第五，信息安全的挑战和保护。随着信息技术的快速发展，信息安全面临着日益严峻的挑战。网络攻击、数据泄露、个人隐私保护等问题成为社会关注的焦点。为了保护信息安全，相关技术和政策也在不断发展和完善，包括加密技术、身份认证、网络监管等。

综上所述，信息技术的快速发展在各个领域都产生了重要的影响。它改变了人们的生活方式，提升了工作效率，促进了经济发展，并为教育、医疗、交通、环境等领域带来新的机遇和挑战。随着科技的不断进步，信息技术的发展势头仍在不断加强，将持续引领社会变革和创新。

第二节　思想政治课程与信息技术深度整合的必要性和原则

信息技术对思想政治课程的发展发挥着巨大的作用，它将决定思想政治教育的学习方式，新一轮思想政治课程改革突出反映了思想政治课程与信息技术的有机整合。思想政治课程与信息技术的深度整合能够提高学生正确认识和掌握思想政治课程的本质和核心的能力。

◆ 一、信息技术的应用影响着思想政治教育

伴随信息技术的迅猛发展，它的应用已经渗透到我们日常生活的每个领域，教育也是其中之一。现代信息技术在思想政治教育中的应用，可以提高教师的教学效率，改进教育效果，提升教师教学的能力，进一步促进教育目标的实现。

信息技术在思想政治教育课程的深度整合中所扮演的角色和承担的任务主要有以下几个方面。

第一，加强思想政治课程的实效性。信息技术可以丰富思想政治教育课程的内容和形式，吸引学生的注意力，提高他们的学习兴趣和参与度，从而可以加强思想政治课程的实效性。

第二，促进思想政治课程的学习。信息技术也可以利用线上线下相结合的学习方式，提供丰富的学习资源和交流平台，指导学生更好地理解和掌握课程知识。

第三，增强思想政治课程的教育效果。信息技术促进教师和学生之间的互动和沟通，可以提升课程的感染力和教育效果，指导学生提高思想道德水平。

第四，进一步促进思想政治课程的现代化。信息技术也可以促进思想政治课程的现代化，促进课程改革和创新，引导教育现代化发展。

总之，信息技术在思想政治课程深度整合中的作用和任务主要是为了增加课程的实效性，促进学生的学习，加强课程的感染力和教育效果，包括推动课程教育的现代化。

◆〉二、职业院校推进教育信息化以带动教育发展的需要

改革开放四十多年，我国教育事业有了卓越的发展，各类职业院校取得了特别显著的成绩，为社会主义现代化建设培养了大批的高级技术人才，有力地推动了经济和社会的发展。自20世纪90年代至今，我国的职业教育面临着新的困难和挑战。

第一，职业院校招生困难。随着人口数量的减少，城市的大多数学生升入高中学习，职业院校为了生存开始大范围面向农村招生，面临着生源困境。

第二，生源质量降低。职业院校中有一些学生没修完初中的课程，没有参加中考，只有近三分之一的学生有中考成绩，导致生源质量下降。

第三，家长对职业教育的重视程度不够。有的家长宁可让子女自费去普通高中，也不愿意让子女去职业院校读书。中职学生家庭的实际情况也各不相同，例如有的学生是因为成绩不理想，根本无法考入高中，有的学生是家庭经济条件较差难以负担高中学费，也有一些学生是留守儿童，家庭教育缺失等。

第四，职业院校的学生很多存在自我管理能力不足的问题。很多学生没有养成良好的思想品德学习习惯和生活习惯，需要学校和教师引导和培养。职业院校的学生也存在自卑和自我怀疑心理，需要学校和教师指导他们树立自信心，增加学生的学习兴趣和动力。

第五，职业院校的学生具有基础薄弱、家庭背景复杂、个性多元等特点，需要学校和教师根据具体情况，采取有针对性的教学方法和策略，依靠信息技术和学科课程教学整合，指导学生提高学习兴趣和动力，培养综合素质和就业能力。

◆〉三、国家对教育信息化和职业教育的重视

中职教育信息化的推进有利于教育质量的提高，有利于教育公平的实现，有利于教育现代化的发展。首先，教育信息化能够促进教育资源的共享与优化，将优质教育资源通过网络、信息技术等手段向全国推广，使教育资源得到更有效的利用。这使得更多的学生获得高质量的资源，并因此提高了教育的质量。其次，教育信息化能够促进教育的公平性，在信息技术的推动下，教育信息化能够打破地域、时空的限制，使学生的学习变得更加便捷，使每个学生都

能自主选择学习的内容、学习的时间，从而实现教育的公平性。

教育信息化建设是实现教育现代化的一项重要措施，它可以提高教育管理水平和教学组织形式，提高教育的科学性和现代化程度，使教育更好地适应社会发展的需要。

近年来，国家加大对职业教育的重视程度，这主要是因为职业教育在信息化环境中培养技能型人才、促进经济发展和推动就业的过程中发挥着重要作用。以下是国家对职业教育关注和支持的重要举措。

1. 政策支持

国家相继出台了一系列政策和法规，鼓励和支持职业教育的发展。这些政策包括提供经费投入、制定职业教育规划和标准、完善教师培训机制等，以确保职业教育的质量和可持续发展。

2. 职业教育改革

国家对职业教育进行了深化改革，推动教育模式的转变和课程设置的优化。通过增加实践环节、加强与企业的合作、提升学生的技能培训等措施，培养更符合市场需求的高素质人才。

3. 产教融合

国家鼓励职业教育与企业密切合作，推动产教融合。通过实施校企合作项目、开展实习实训基地建设等方式，使学生在真实的工作环境中接受培训，提高其就业竞争力和实践能力。

4. 职业教育普及

国家致力于推动职业教育的普及，包括加大职业学校的建设和改造力度，扩大职业教育覆盖面，给更多的人群提供更多的职业教育机会。此外，国家也鼓励高中阶段学生选择职业教育路径，提供多样化的学校和专业选择。

5. 职业教育国际交流与合作

国家积极促进职业教育的国际交流与合作，参与国际标准制定和职业技能竞赛，吸收国际先进经验和技术，提升职业教育质量和水平。

通过这些举措，国家旨在打造更加完善的职业教育体系，在信息化环境中，国家能为培养适应社会需求的高素质技术人才提供更好的支持和保障。对职业教育的重视有助于填补人才缺口，促进经济转型和可持续发展，提高就业水平和生活质量。

◆ 四、思想政治课程与信息技术深度整合的必要性与可行性

思想政治教育是职业院校人才培养工作的重要组成部分，下面论述该课程与信息技术深度整合的必要性和可行性。

（一）思想政治课程在职业教育中的教学要求

《中国特色社会主义》是由高等教育出版社出版的思想政治教材。本教材共分为六个单元十五课，阐明了中国特色社会主义建设"五位一体"总体布局，介绍了马克思主义的基本原理、中国特色社会主义理论体系，以习近平新时代中国特色社会主义思想为指导，深刻领会和全面贯彻党提出的新时代中国特色社会主义思想的核心要义和丰富内涵，旨在使职业院校学生在学习马克思主义基本原理的同时，能够更好地了解社会主义市场经济的基本特征，更好地理解和掌握党的基本路线和国家的基本经济政策。培养学生热爱祖国、维护祖国利益、服务祖国的思想。让学生能够把握我国进入新时代的"新方位"、社会主要矛盾变化的"新特点"、建设社会主义现代化强国的"新愿景"和加强党的建设的"新征程"，明确我国"两个一百年"奋斗目标及实现的步骤。使学校能够全面落实立德树人的根本任务。

理论与实践相结合是思想政治课程教学的基本要求。马克思主义政治经济学理论并非自发形成的，要使其为学生所接受、所相信，并用于指导其行为与实践，就必须联系社会实际，联系学生的思想实际，联系学生的生活实际，指导学生正确地观察与分析社会现象，正确地认识与解决思想问题，真正做到学以致用。而网络资源的丰富，使思想政治课在理论与实践相结合的基础上，转变了传统的教学方式，为学生提供了探索式学习环境，从而使学生能够更好地掌握和运用马克思主义政治经济学的基本原理。网络作为知识与信息的载体，是教学与学习的手段与媒介，其信息量巨大，各种时事、政治、社会现象的讨论与分析，都可以通过网络进行，通过网络教学既能发挥优势，又能发现不足，从而取得良好的教学效果。

（二）国家对信息技术与思想政治课程深度整合提出了紧迫的要求

我国历来十分重视推广和普及思想政治教育课程，并对其提出了较高的标准和要求。职业院校的思想政治理论课也特别重视教学效果，在课堂上，思想

政治课教学肩负着促进学生全面发展和培养时代人才的重任。

1. 加强职业院校信息化建设

国家建议职业院校增加对信息化教育的投入，加快推进信息化建设，完善硬件设备和基础设施。这包括提供先进的计算机设备、网络设备及宽带接入，并配备相应的多媒体教学设备和软件工具，为思想政治的信息化教学提供必要的条件和支持。

2. 丰富思想政治课教学信息资源

国家鼓励职业院校充分利用互联网和其他先进的信息技术手段，开展教学资源的开发与共享。这包括建设和维护专门的教学网站或平台，提供课件、教案、教学视频等多种形式的教学资源，方便教师和学生进行学习和研究。

3. 加强教师信息化教育培训

国家鼓励职业院校通过组织各类培训班、研讨会和交流活动，提高思想政治课教师的信息化素质。教师需要具备基本的信息技术知识和技能，了解如何有效地利用信息技术进行教学和评价。此外，国家还提倡职业院校与信息技术相关专业的教师进行合作，共同开发教学内容和资源。

4. 推进互动式信息技术教学模式

国家鼓励职业院校探索创新教学模式，通过互动式的信息技术教学方法，激发学生的学习兴趣和主动性。例如，可以利用在线论坛、虚拟实验室、网络讨论等形式，促进学生的互动交流和合作学习。

5. 加强思想政治课与其他专业课程的融合

国家建议职业院校加强思想政治课与专业课程的融合，在教学中体现思想政治教育的导向和内容。可以通过专业案例分析、讨论和实践活动等形式，将思想政治教育与学科知识相结合，培养学生的综合素质和创新能力。

综上所述，国家对职业院校思想政治课与信息技术教学相结合提出了紧迫的要求，包括加强信息化建设、丰富教学信息资源、加强教师培训、推进互动式教学模式以及加强与专业课程的融合。通过这些要求的落实，可以有效提升思想政治课的教学效果，培养具有创新精神和社会责任感的高素质人才。

（三）职业院校思想政治课教学与信息技术的深度整合是必然的选择

时代在发展，学生在一届又一届地变化着，但没有变化的是职业教育中思想政治教育的传统教学模式，在现今的社会中，传统的教育方法的弊端越来越明显，要消除这种弊端，更好地实施思想政治课，就必须明确了解当前的形势和学生的特点，职业院校的学生成长在信息时代的经历，他们已经在某种程度上形成了对电子设备的依赖性。他们在追逐信息时代的大潮中自有主意，这在无形中造成了师生交流的障碍，从而影响了教师的话语权，使思想政治课教学也受到影响。因此，教师也应该与时俱进，积极拓展和学生沟通的途径，努力运用先进的教学思想，让思想政治课以一种更多元化的方式代替传统教学方式。思想政治理论课教学与信息技术教学的深度整合是必然的选择，原因有以下几点。

1. 时代背景的要求

在信息化和数字化时代，信息技术已经广泛渗透到包括教育领域在内的各个领域。思想政治课也不例外，它需要与时俱进，积极适应信息技术发展的要求，以更好地满足学生的学习需求和提高教学效果。

2. 提升教学质量

应用信息技术教学可以丰富思想政治课的教学内容和形式。通过利用多媒体、互联网、虚拟实验室等技术手段，可以呈现丰富的教学资源，提供生动的教学案例和实例，激发学生的学习兴趣和积极性，并提升教学效果。

3. 促进互动与参与

信息技术教学可以提供更多的互动与参与机会，增强学生的主动性和创造性。例如，通过在线讨论、群组交流、网络问答等方式，学生可以积极参与到思想政治课的学习中，提出问题、展示观点，并与教师和同学进行互动，有助于培养学生的思辨能力和合作精神。

4. 扩大学习空间和资源

信息技术教学可以打破时间和空间的限制，为学生提供更广阔的学习空间和丰富的学习资源。学生可以根据自己的需要和兴趣，在任何时间和任何地点进行学习，获取到全球范围内的优质教育资源，拓宽知识面，拓展学习途径。

5. 培养信息素养和创新能力

信息技术教学不仅可以传授知识，还可以培养学生的信息素养和创新能力。学生在信息技术环境下，需要主动搜索、筛选、评估和应用相关信息，培养信息获取与利用的能力；同时，通过信息技术工具的运用，激发学生的创新思维和实践能力，使其能够运用所学知识解决实际问题。

因此，思想政治课教学与信息技术的深度整合是必然的选择。这种深度整合不仅符合时代潮流，提升了教学质量，还为学生提供了更多的学习机会和丰富的学习资源，同时培养了学生的信息素养和创新能力，促进了学生的全面发展。

（四）思想政治课程与信息技术深度整合的可能性

1.思想政治课与信息技术的深度整合使学生的学习积极性和创造性得到最大限度的发挥，而信息技术的发展又使学生的学习能力得到了极大的提高

在传统的教学模式下，教材和教案是学生获得知识和信息的主要渠道和来源。行为主义学习理论认为，在以教师为主导的灌输式教学模式下，学生的学习过程是一种对外部刺激的被动接受过程。这种教学模式的弊端是忽略了学生的主体性，学生在学习过程中总是处于一种被动的学习状态，学习的积极性常常被忽视或抑制。从学生对思想政治课程内容的接受程度，对党、国家、社会的道德教育需求的理解程度等方面来看，职业院校思想政治课教学应坚持以学生发展为中心的思想，既要关注学生的个性发展规律，又要充分发挥学生的主观能动性，使学生的自我发展能力得到最大限度的发挥。

2.思想政治课程与信息技术深度整合的教学模式是当前职业院校思想政治理论课教学改革的必然趋势

思想政治课程与信息技术深度整合的教学模式是当前职业院校思想政治课教学改革的必然选择。教师在教学中要时刻注意时事和政治理论发展的新趋势。信息技术与思想政治课程的整合是顺应时代发展的需要，在充分利用网络的巨大信息量的基础上，通过网络技术进行教学活动，拓宽学生的知识面，拓展学生的思路。通过探究式学习和互联网技术，学生能够接触社会，了解时事，分析问题和进行社会调查，从而开阔学生的眼界，培养学生的兴趣，提高学生的素质，使学生的个性得到全面的发展。思想政治教学与信息技术相结合，能够满足开放性课程的要求。思想政治课程与信息技术的深度整合，从教育教学资料的搜集、整理，学习网站的建立、资源库的建立等方面，都是以学生为主体的实践活动，体现了政治经济社会课程与信息技术的实践性要求。研究性学习和网络技术的应用范围很广，能够很好地满足不同学习主体在不同学习环境、不同学习内容下的不同需求，因此，思想政治课程与信息技术

的深度整合是符合思想政治课程全面发展需要的，也是符合思想政治课程目标的。

3.充分利用信息技术，解决思想政治课程内容抽象与现实问题具体的矛盾

理论与实践相结合是思想政治教学的基本要求。现实问题具体而多样，而思想政治知识又大都是纯粹的理论知识，往往高深莫测，抽象难懂，这就产生了抽象的政治知识与具体的现实问题之间的矛盾。这对思想政治的教学产生了很大的影响。学生接触社会、了解时事、分析问题、社会调查，都是通过研究性学习和信息技术进行的，这有利于学生开阔视野，发展兴趣，完善人格。思想政治课程与信息技术深度整合符合课程开放性的要求。从教育、教学信息的收集、整理，到学习网站、资源库的建立，都需要学生亲自动手，亲自参与其中，充分体现实践性，信息技术与思想政治课程深度整合符合该课程实践性的要求。研究性学习与信息技术所涉及的内容是相当广泛的，能充分照顾不同学习主体在具体学习条件下的不同需要，信息技术与思想政治课程深度整合符合该课程综合性的要求。实践证明，利用信息技术进行教学，可以有效地模拟现实情境，将文字、音像、动画、图像等信息组合在一起，传递给学生，而且不受时空限制，为学生营造了一个接触实际、探究知识的氛围，有效地解决了思想政治知识的抽象性和实际问题的具体性之间的矛盾。一个模拟实际的典型的教学情境，可以充分调动学生的眼、耳、口、脑等多种感官，促使学生主动记忆、认真思考、努力探索、积极参与，这比学生直接以听课方式学习知识更能提高学习效率。

◆ 五、思想政治课程与信息技术深度整合的原则

思想政治课程与信息技术深度整合的原则是在对信息技术与教育一体化的实践探索中不断总结和概括而成的，它是在将思想政治学科与信息技术相结合的基础上，对思想政治学科进行教育一体化的规律的概括和总结。通过对二者深度整合中存在的诸多问题和因素的分析，可以使思想政治课程与信息技术深度整合的目标在实践中得到有效实施，从而实现促进思想政治学科教学进程、提高各学科教学质量、优化各学科知识结构、促进学生综合发展的目标。

第一，以现代教育观念为主导。思想政治课程与信息技术的深度整合，不仅是一种新的教学手段，更是一种全新的教育理念。没有相关的理论，变革就

是一种盲动。思想政治课程和信息技术深度整合的理论基础是现代学习理论与教学理论。从教学的角度来看，任何理论都有其合理之处，但在实际的教学过程中，却没有任何一个理论能够达到普遍适用的程度，也没有任何一个理论能够取代其他理论作为唯一的指导思想。

第二，注重课程整合与思想政治学科特色的统一。思想政治课程都有其内在的知识体系和课程特征，且对学习者的需求不同。在教学特征上与其他学科存在着较大的差别。因此，在思想政治课程与信息技术的深度整合过程中，需要对二者进行有效的结合。

就数学学科而言，它的特点是抽象、逻辑性强、形式化。教师的教学设计往往以概念和问题为中心，而计算机的高速运算、图形的智能化绘制、问题的自动解决等都给了我们更多的思考空间和更多的弹性方法。但是，如果使用不当，就会让学生把注意力集中在成绩上，而忽视了逻辑推理的全过程。语文学科的课程目标是使学习者能够在一定程度上掌握本国语言，能够在一定程度上表达自己的想法，能够与他人进行良好的交流，在这一过程中，利用信息技术可以使学习者在一定程度上模拟现实生活中的语言环境，从而达到提高语言表达能力的目的。高中的物理、化学、生物等学科，都很重视实验教学，课本上的内容，都可以用科技的方法进行可视化展示，从而提高学生的观察能力和思考能力，但若是全部用科技的方法来替代，那么，在实际操作方面，就无法达到锻炼的效果。历史和地理教育的目的是培养正确的历史世界观和地理观，而现代科技的发展为历史和地理教育创造了新的环境。思想政治课程在信息化的环境下，培养学生正确的马克思主义唯物史观、正确的人生观和价值观。

第三，在技术上要具备一定的可操作性。信息技术和思想政治学科的融合，必须从教学现状、教师和学生的信息技术素质、信息技术技能三个方面进行考量。既要考虑教师创造教学环境和课件制作的各项费用，又要注意学生使用和参与的可操作性。无论怎样好的教学设计，若不能适应实际情况，都不能达到理想的效果。如果说教师花费了大量的时间，制作出一个优秀的课件，并成功地将课堂上的内容呈现出来，那么，这种情况下，就会产生很好的效果。但如果我们考虑职业学校教师的正常课程，就会觉得不太现实。在课程整合中，既要重视课件的质量，又要注意课件的数量，同时也要注意对课件的管理。因此，要使思想政治课程与信息技术的融合得以切实的进行，并在此基础上进一步深化，就不能不重视教师和学生在技术上的可操作性。

第四，注重培养学生的创新能力。学生的学习已不仅仅是单纯的学习某一门学科的知识，还应在学习能力、学习方法和信息素养三个方面进行全面的培养。学生在学习基本知识的过程中，经常运用各种技巧解答各种问题，这激发了他们的主观能动性，提高了他们的创造力，增强了他们的动手能力，让他们把学习过程中学到的技巧运用到社会生活中去，对他们以后的发展有很大的帮助。

第五，课程目标和总体目标的一致性。思想政治课程与信息技术的融合是以思想政治课程为主体的，而并非以信息技术为主导的，因此，不能单纯地从技术应用角度来进行课程的规划，而是要从课程的目标出发，选择适当的技术，从而最大限度地提高教学质量。首先，从思想政治课程与信息技术整合的关系来看，整合的立足点在于思想政治课程，信息技术为思想政治课程服务；其次，思想政治课程与信息技术整合是指信息技术与思想政治课程整合的同时牵涉教学内容和教师、学生之间的知识探究过程；最后，信息技术是一门综合性的课程，它与其他学科的知识融合是必然的，它与思想政治课程的整合不能只局限于公开课，还应包括平时的课。

在整合的过程中，教师要自觉地把本学科的内容和难点问题当作任务来完成，在运用信息技术的同时，协助学生发展信息素质及其他相关的技能。在课程整合过程中，要以保证学科目标的实现为前提，将多种能力的发展与培养结合起来。在教学过程中，要使教学内容与学生全面发展的目标协调一致。

第六，对学生学习思想政治课现状的分析。由于职业院校思想政治课教学受传统教学习惯、现有教学设备、学校重视程度、教师的教学观念、现代媒体技术的使用水平等多种因素的影响，与职业院校思想政治课程教学大纲所要求的教学目标相距很远。为了分析和研究职业院校思想政治课教学的现状，对各学校各专业二年级学生情况及对思想政治课的态度进行了问卷调查，共发放学生调查问卷1153份，收回1153份。（表2-1）

表2-1　学生问卷调查分析

类别	选项	所占比例
你入学的年龄是？	14—17岁	92%
	18岁以上	8%
你来自农村还是城市？	农村	68%
	城市	32%

表2-1（续）

类别	选项	所占比例
你是否愿意到职业学院来学习？	非常愿意	0%
	愿意	43%
	不愿意	67%
你是否参加过中考？	参加过	46%
	没有参加过	54%
你是否是初中应届生？	应届	53%
	往届	42%
	社会青年	5%
你对思想政治课的兴趣怎么样？	感兴趣	22%
	一般	25%
	不感兴趣	53%
学生对思想政治课的重视情况怎么样？	重视	32%
	一般	46%
	不重视	22%
在思想政治课中教师利用计算机、幻灯机等媒体吗？	经常用	23%
	有时用	35%
	很少用	34%
	根本不用	8%
思想政治课程与信息技术整合后，你对该课的兴趣如何？	感兴趣	89%
	一般	8%
	不感兴趣	3%
你若上网，经常做什么？	看新闻查材料	8%
	打游戏	35%
	上网聊天	57%

表2-1（续）

类别	选项	所占比例
思想政治课堂上，教师经常组织学生讨论问题吗？	经常讨论	46%
	有时讨论	39%
	不讨论	15%
思想政治课堂教学中，教师利用现代媒体技术的效果如何？	很好	89%
	较好	9%
	一般	2%
思想政治课堂教学中，教师利用互联网的信息吗？	经常利用	23%
	有时利用	44%
	根本不用	33%
对于课堂教学的各个环节，你最喜欢的是哪一个？	学生建构	12%
	小组互评	30%
	教师讲解	58%

通过以上数据分析可以得出以下几点结论。

一是生源现状及存在问题。近年来，学校面临"招生难，就业难"和"学生质量下降，流失现象增加"等问题。学生的学习基础差，学校的教学难度增大，使学校的办学规模和办学效益面临严峻的挑战，难以实现学生的全面发展和个性化的教育。

二是年龄方面。职业院校的学生年龄大多在16—18岁。这个年龄段的学生正经历由少年到成年的过渡时期，心理矛盾错综复杂，求知欲望强，但自我控制能力和环境的适应能力差，对就业的前途认识不清楚。学校的课堂化的教学模式与此年龄段的学生认知能力有较大的差异。

三是学历方面。过去职业院校招生对象都是学习较好的初中应届毕业生，都参加过中考，事先须填报志愿，经职业院校的筛选，才能入校学习。但从招生制度的改革和规模的扩大来看，跨市区、跨城乡、跨历届的初中生、普高生、社会青年都选择职业院校，还有初中没毕业的分流生。生源的多层次性也给职业教育所追求的全面发展的素质教育带来了很大的难度。

四是对思想政治课的态度。笔者对学生学习思想政治课的兴趣及原因作了调查。调查结果显示，超半数学生对思想政治课持不感兴趣的态度，极少部分学生对思想政治课较感兴趣。如何提高学生对思想政治课的认识和兴趣，更好地提高课堂教学效率，加强思想政治课程与信息技术深度整合，仍然是摆在思想政治课教师面前的首要任务。

第三节　思想政治课程与信息技术深度整合研究的内容和意义

◆ 一、思想政治课程与信息技术深度整合研究的内容

思想政治课程与信息技术整合的研究内容是指在思想政治教育中，将信息技术与教学相结合，探索并应用信息技术来提升教学效果，提升学生参与度。

通过采用问卷法、访谈法对传统教学和课程整合教学进行对比，从教学理念的支持、教学过程的设计、教学媒体作用的变化、学习效果的评价等方面探索课程整合的教学模式的效果，并为实施课程改革提供可行的建议及思路。

思想政治课程与信息技术深度整合是指将信息技术应用于思想政治教育中，以提升教学效果，提高学生的兴趣和参与度，并使之满足现代教育的需求。以下是思想政治课程与信息技术深度整合的研究内容。

第一，数字化教学资源开发。研究开发与思想政治课程相关的数字化教学资源，包括电子教材、教学软件、多媒体课件、互动教学平台等。这些资源可以丰富课堂教学内容，提供情境化的学习体验，激发学生的学习兴趣。

第二，在线学习环境建设。研究构建在线学习环境，为学生提供随时随地的学习机会。通过网络课堂、远程教育平台等，学生可以进行思想政治学习，并与教师和其他学生进行互动交流。同时，这种在线学习环境也方便了教师进行学习管理和评估。

第三，虚拟仿真技术应用。研究将虚拟仿真技术应用于思想政治教育中，利用虚拟现实、增强现实等技术创造出情境化的学习环境。通过虚拟仿真技术，学生可以身临其境地体验历史事件、社会情境等，进一步理解和感知思想

政治的重要性和实践意义。

第四，数据分析与挖掘。研究利用数据分析与挖掘技术，对学生的学习行为和学习成果进行分析和评估。通过分析数据，可以了解学生的学习兴趣和需求，为教师提供个性化教学建议，并优化思想政治课程的设计。

第五，社交媒体与网络文化引导。研究如何引导学生正确使用社交媒体与网络文化，培养他们正确的思想政治价值观。通过教育引导，学生可以积极参与社交媒体的讨论与交流，分享和传播正能量，增强社会责任感和良好的网络行为。

第六，信息伦理与安全教育。研究信息伦理与安全教育的内容和方法，培养学生正确使用信息技术的道德观和安全意识。包括引导学生关注信息真实性、隐私保护、版权意识等，防范信息技术带来的风险与挑战。

第七，教师专业能力培养。研究如何培养思想政治教师的信息技术应用能力和教学设计能力。教师需要具备信息技术的基本操作能力，同时还要掌握思想政治教育的理论知识和方法，并将二者有机地结合起来，提高教学效果。

思想政治课程与信息技术深度整合的研究内容涉及数字化教学资源开发、在线学习环境建设、虚拟仿真技术应用、数据分析与挖掘、社交媒体与网络文化引导、信息伦理与安全教育以及教师专业能力培养等方面。通过这些研究内容的深入推进，可以促进思想政治教育的现代化发展，提升教学的针对性和有效性。

◆ 二、思想政治课程与信息技术深度整合研究的意义

思想政治课程与信息技术深度整合研究的意义主要体现在以下几个方面。

（一）提高思想政治教育的实效性

信息技术可以提供更加生动、形象、具体的课程内容，使得思想政治教育更加贴近生活，贴近实际，提高教育的实效性。

要提高思想政治教育的实效性，可以从以下几个方面入手。

第一，建立全面系统的教育体系。思想政治教育应该贯穿学校教育的各个阶段和各个学科，形成全面系统的教育体系。通过将思想政治教育融入常规学科教育中，培养学生对社会、国家和人类发展的全面认知和正确价值观。

第二，强化教师队伍建设。加强思想政治教育师资培训，提高教师的教学

水平和专业素养。教师应具备宽广的知识面、深厚的学科功底，同时还要具备较高的教育教学能力和思想政治素养，能够有效引导学生，并激发他们的思考和参与。

第三，创新教学方法和手段。结合信息技术的发展，创新思想政治教育的教学方法和手段。例如，多媒体教学、情景模拟、游戏化教学等。这些方法可以使教学更加生动有趣，激发学生的学习兴趣，提高教学效果。

第四，强化实践教育。思想政治教育不能仅仅停留在理论层面，还需要通过实践教育加以体现。学校应组织学生参与社会实践、志愿者活动、社团组织等，让学生亲身体验社会的各个方面，并使学生通过反思和总结提升思想政治素养。

第五，建立有效的评价体系。学校要建立科学合理的思想政治教育评价体系，对学生的思想政治素养进行全面评估。评价应该注重能力培养和综合素质发展。教师通过定量和定性的方式评价学生的表现，激励学生进一步提高。

第六，加强家校合作。思想政治教育需要家庭和学校的共同努力。学校要积极与家长沟通合作，使家庭成为学生思想政治教育的助力者，与家庭共同培养学生正确的价值观和良好的行为习惯。

以上是提高思想政治教育实效性的一些方法和措施，通过全面系统的教育体系、优质的教师队伍、创新的教学方法、实践教育、科学评价体系和家校合作，可以有效提升思想政治教育的实效性，培养学生正确的思想政治观念和行为习惯。

（二）培养创新型人才

信息技术可以培养学生的创新精神和实践能力，通过信息技术的应用，学生可以更加深入地理解思想政治教育的内涵，提高自身的综合素质。

信息技术在思想政治教育中可以提供一系列创新的手段和平台，帮助学校培养创新型人才。以下几个方面是信息技术如何在思想政治教育中培养创新型人才的。

第一，提供丰富多样的学习资源。信息技术可以为思想政治教育提供多种形式的学习资源，包括数字化教材、学术论文、历史档案、文献资料等。学生可以通过网络搜索、在线图书馆等方式获取相关资源，拓宽知识面，激发思考，培养创新思维。

第二，创造互动式学习环境。信息技术可以提供线上学习平台和虚拟学习环境，使学生能够进行互动式学习。例如，在线讨论平台可以促进学生之间的交流和合作，共同探讨思想政治问题。虚拟仿真和增强现实技术可以创造情境化学习环境，让学生身临其境地体验历史事件、社会情境等，激发他们的创新思维和解决问题的能力。

第三，提供新型教学方法和工具。信息技术可以提供各种新型的教学方法和工具，通过多媒体、游戏化教学、在线评估等方式激发学生的创新思维。例如，使用虚拟实验室或仿真软件进行实践探究，培养学生的实验设计和问题解决能力；利用在线协作工具和创意平台进行团队合作和项目开发，培养学生的合作能力和创新精神。

第四，数据驱动的个性化教育。信息技术可以收集和分析学生在思想政治教育中的学习数据，了解学生的学习特点和需求，从而进行个性化教育。通过数据分析和智能推荐系统，根据学生的兴趣、知识水平和学习风格，量身定制学习资源和教学方案，激发学生主动学习的兴趣和创新潜能。

第五，培养网络素养和信息素养。信息技术时代要求人们具备良好的网络素养和信息素养，这对于培养创新型人才至关重要。思想政治教育应当包含网络伦理、信息安全和虚假信息辨别等内容，帮助学生正确获取、评估和运用信息，培养创新思维和创造力。

通过充分利用信息技术的优势，思想政治教育可以实现从知识传授到思维培养、从被动接受到主动探索的转变。这样的教育模式有助于激发学生的创新潜能，提高他们的问题解决能力和创新能力，培养出更多的创新型人才。

（三）促进教育公平

信息技术可以扩大教育的覆盖面，使更多的人可以接受到高质量的思想政治教育，促进教育公平。

信息技术可以在思想政治教育中提供更多的机会和资源，从而促进教育公平。以下是信息技术如何促进教育公平的几个方面。

第一，提供平等的学习机会。信息技术可以打破时间和空间的限制，通过在线学习平台等方式为广大学生提供平等的学习机会。无论地理位置、经济条件如何，学生可以随时随地通过互联网接入学习资源，获取最新的、优质的思想政治教育内容，从而弥补地域差异和资源不均衡带来的教育不公。

第二，个性化学习与辅助教学。信息技术可以根据学生的学习特点和需求，提供个性化的学习内容和辅助教学工具。通过数据分析和智能推荐系统，根据学生的兴趣、能力和学习进度，量身定制学习资源和教学方案，帮助学生取得更好的学习效果，弥补因个体差异而导致的教育不公。

第三，提供多样化的学习资源。信息技术可以为思想政治教育提供全球范围内、多种形式的学习资源，涵盖不同地区、不同文化背景的教育内容。学生可以通过在线图书馆、数字化教材、开放式课程等途径获取相关资源，拓宽知识面，扩大学习渠道，从而弥补传统教育中资源分配不均衡导致的教育不公。

第四，提供在线辅导和学习支持。信息技术可以提供在线辅导平台和学习支持，帮助学生解决学习中遇到的问题。学生可以通过在线问答、小组讨论等方式与教师和其他学生进行交流互动，获得及时的指导和支持。这种方式可以弥补因教育资源匮乏或质量不高而导致的教育不公现象。

第五，降低教育成本。信息技术的应用可以降低教育的经济成本，提供更为经济实惠的学习机会。通过在线课程和远程教学，学生可以免去长途交通和住宿费用，节约时间和金钱成本。这有助于解决经济困难家庭学生接受思想政治教育的问题，促进教育公平。

总之，信息技术的应用可以打破时间、空间和经济的限制，为更多的学生提供平等的学习机会和资源，从而促进思想政治教育的公平性。但同时也需要关注数字鸿沟问题，确保所有学生都能充分利用信息技术，避免因技术差异而导致的教育不公。

（四）推动教育现代化

信息技术可以推动教育现代化，使教育更加符合时代发展的要求，提高教育的质量和效益。下面详细阐述信息技术推动教育现代化的几个方面。

第一，教学方式创新。信息技术改变了传统教学方式，引入了多媒体教学、虚拟实验室、在线交互等创新教学模式。教师可以利用电子白板、教学软件、在线教学平台等工具，为学生呈现更直观、生动的教学内容，增强学习的趣味性和参与程度。同时，学生可以通过在线讨论、协作平台等与教师和同学互动，促进知识的共建和深度学习。

第二，学习资源丰富。信息技术为教育提供了丰富的学习资源。通过互联网，学生可以访问全球各地的开放教育资源，如在线课程、电子图书、学术论文等，拓宽知识视野。此外，数字化的教材和多媒体资源可以更好地满足学生个性化学习的需求，提供更多样化和有针对性的学习内容。

第三，自主学习与个性化辅导。信息技术为学生提供了自主学习和个性化辅导的机会。通过在线学习平台和学习管理系统，学生可以根据自己的学习进度和兴趣自主安排学习时间和内容。同时，智能化的学习辅助系统可以根据学生的学习表现和需要提供个性化的学习建议和辅导，帮助学生更好地理解知识和提升学习效果。

第四，教育管理与评估优化。信息技术在教育管理和评估方面发挥着重要作用。学校可以利用信息系统进行学生管理、课程管理和资源管理，提高教育管理的效率和透明度。同时，基于数据分析的教学评估和个性化评价可以更准确地了解学生的学习情况和问题，并采取有针对性的措施进行教学改进和个别辅导。

第五，跨时空学习与全球合作。信息技术打破了时空限制，实现了跨时空学习与全球合作。学生可以通过视频会议、在线讨论等方式与来自世界各地的同龄人和专家进行交流和合作，分享经验和观点，拓宽国际视野。同时，线上国际课程和交流项目也为学生提供了与其他文化背景学生互动的机会，促进跨文化理解和全球视野的培养。

总之，信息技术在教育现代化中具有巨大的潜力。通过创新教学方式、丰富学习资源、个性化辅导、优化教育管理和评估、跨时空学习与全球合作等方面的应用，可以推动教育向更开放、灵活、平等和高效的方向发展。同时，信息技术的应用也需要关注数据安全、数字鸿沟等问题，确保教育现代化的成果惠及每一个学生。

（五）促进社会和谐稳定

信息技术可以提供更加全面、深入的社会信息和知识，帮助人们更好地了解社会，提高社会责任感，促进社会和谐稳定。信息技术在促进社会稳定方面发挥着重要的作用。下面详细阐述信息技术促进社会和谐稳定的几个方面。

第一，提供平等机会。信息技术可以消除信息不对称，为各个社会群体提供平等的教育机会。通过互联网和数字化学习资源，学生无论身处城市还是农村、富裕区域还是贫困地区，都能够获得相同的教育内容和学习资源，弥补了资源分配不均的问题，促进社会和谐稳定。

第二，开展在线教育。信息技术支持在线教育的发展，通过网络课堂和在线学习平台，学生可以足不出户接受高质量的教育。这对于那些因为地理位置或其他原因无法获得良好教育资源的学生来说尤为重要。在线教育使学习更加灵活，有助于解决城乡教育差距问题，提升教育公平性和社会稳定性。

第三，促进职业教育。信息技术为职业教育提供了更多机会和资源。通过在线职业培训平台，人们可以在工作之余接受职业技能培训，提升自己的就业能力和竞争力。这对于满足劳动力市场需求、减少社会就业压力具有积极影响，并有助于社会稳定。

第四，促进学校管理与安全。信息技术改善了学校的管理和安全环境，推动教育现代化和谐稳定。学校可以利用信息系统进行学生档案管理、课程安排、考勤管理等，提高学校管理的效率和规范性。同时，视频监控、网络安全等技术也有助于维护学校的安全和秩序，为学生提供良好的学习环境。

第五，促进家校合作。信息技术促进了家校合作，加强了教师、家长和学生之间的沟通与交流。通过在线家校平台，教师可以及时向家长传递学生的学习情况、课程安排等信息，家长也可以随时查看学生的学习进展和教师的反馈，实现家校紧密配合，促进学生综合发展。

综上所述，信息技术在促进社会稳定和谐方面发挥着重要作用。通过提供平等机会、开展在线教育、促进职业教育、改善学校管理与安全、促进家校合作等，信息技术有助于建设和谐稳定的教育社会，为每个人提供公平、高质量的教育机会。

信息技术深入地运用于思想政治课程的教学改革，不仅丰富了教学内容，增强了思想政治课程的趣味性，而且更深刻地影响和改变了思想政治课程传统单一的"师讲生听"教学模式，增强了该课程教学的针对性和实效性，利用信息工具让学生进行知识重构，培养了学生的信息素养、学生的实践能力和创新能力。因此，加强思想政治课程与信息技术教学整合模式的研究，将有助于推动思想政治课程的教学改革。

思想政治课程与信息技术深度整合研究对于提高思想政治教育的实效性、培养创新型人才、促进教育公平、推动教育现代化、促进社会和谐稳定等方面都具有重要的意义。

第四节　思想政治课程与信息技术深度整合存在的问题

思想政治课程与信息技术深度整合是一个新的时代，但考虑到部分职业院校的教学模式比较落后，两者之间存在一定的差距，在深度整合过程中也出现了一些困难和问题需要解决。

◆ 一、师资队伍建设

思想政治课教师对信息技术的应用能力和教学设计能力存在差异。有的教师可能缺乏信息技术教学的经验和技能，需要通过培训和学习提升其专业水平。因此，加强教师的教育培训，提高他们的信息技术素养和教学能力尤为重要。师资队伍建设是思想政治课程与信息技术深度整合的重要方面。

（一）增强信息技术素养

思想政治课教师需要具备一定的信息技术素养，熟悉常用的信息技术工具和平台，了解信息技术的发展趋势和最新应用。教师可以通过参加培训课程、自主学习和交流等方式，提升自身的信息技术知识和技能。

（二）教学设计与开发能力

教师在思想政治课程与信息技术深度整合时，需要具备教学设计与开发的能力。教师应该能够根据教学目标和学生需求，灵活运用信息技术工具设计教学内容和教学活动，创造性地开发教学资源，提高教学效果。

（三）资源共享与合作

师资队伍建设还需要加强资源共享与合作机制。教师可以通过建立教研组、参与教育科研项目、参加学术研讨会等方式，与其他教师进行交流和合作，在信息技术教学方面互相借鉴经验，共享教学资源，提高整体的师资水平。

（四）团队培训和专业指导

学校和教育部门可以组织针对信息技术教学的团队进行培训和专业指导，为教师提供系统性的培训和指导。这种培训和指导可以包括信息技术的基础知识和应用技能培训、教学设计与开发指导、教学评估和反思等方面的支持，帮助教师更好地理解并应用信息技术于思想政治课教学中。

（五）激励机制与奖励措施

学校为了促进师资队伍建设，可以建立激励机制和奖励措施。例如，通过评选优秀思想政治课教师、设立教学创新奖项、提供教学研究经费等方式，激励教师积极参与学科和信息技术深度整合教学，提高其专业能力和影响力。

通过以上措施，可以逐步完善思想政治课的师资队伍建设。教师将更有能力应对信息技术教学的需求，提供高质量的教学内容和教学活动，并不断丰富和拓展教学资源，创造积极的教育环境，使学生充分受益于思想政治课程与信息技术的深度整合。

◆◇ 二、教学设备及教学资源不足

职业院校信息化是我国教育全面信息化的重要组成部分，但目前，由于职业院校的教学设备比较落后，造成了思想政治课的信息化教学难以实施。一系列教学方法不仅需要教师的支持，还需要有良好的软硬件条件。由于学校领导不放心，对信息化建设认识不足等原因，导致思想政治课信息化建设滞后，教学陷入停滞。因此，加大对信息化的投资力度，加快建立一套完善的职业教育信息化教学系统是职业教育的当务之急，也是踏进信息技术的大门不可或缺的一步。有些学校虽然有貌似完整的信息教育体系，各门课程的信息化教育却发展缓慢。思想政治课的教学资源相对有限，特别是在信息技术应用方面，当前市场上的相关教材和资源相对较少，需要加大教育部门、学校和出版社等各方面的投入，开发出更多高质量的思想政治课教学资源。教学资源不足是思想政治理论课与信息技术相结合面临的一个挑战。

（一）教材和教辅资源

思想政治课的教材和教辅资源在信息技术应用方面相对匮乏。传统的教材可能没有涉及信息技术的内容，缺乏相应的案例。此外，现有的教辅资源可能也无法满足信息技术教学的需求。因此，需要加大教育部门、学校和出版社等各方面的投入，开发出更多与信息技术应用相关的教材和教辅资料。

"信息"在信息时代显得尤其重要，在教学活动方面，信息技术教学装备与系统信息技术在职业教育中的广泛应用，为职业院校的信息化教学奠定了基础。但是要把信息化教学做得更好，适应当今时代，就要求有新的信息技术课程内容。无可否认，与普通高校相比，今天的职业院校的信息化面临着教学资金不足、信息资源较少、信息技术的教学内容比较落后等困境，给职业院校思政课信息化教学带来了巨大的阻力。

（二）多媒体教室设施

信息技术教学通常需要配备一定的多媒体设备，如电脑、投影仪、音响等。然而，有些职业院校的教室设施相对简陋，无法满足信息技术教学的需求。为了解决这个问题，学校可以争取相关的经费支持，改善教室设施，给师生提供良好的多媒体教学环境。

（三）在线教学平台

信息技术教学往往需要借助在线教学平台，用于上传教学资源、组织教学活动和交流互动等。然而，并非所有学校都拥有完善的在线教学平台，或者学校使用的平台功能不够全面。为了解决这个问题，教育部门可以加大对在线教学平台的投入和支持，开发出更加适用的平台，提供给学校和教师使用。

（四）教师自主开发资源的能力

教师自主开发教学资源是解决教学资源不足的重要途径。然而，并不是每个教师都具备开发教学资源的能力和时间。因此，需要加强教师培训，提升教师的资源开发能力，并提供相应的支持和奖励措施，鼓励教师积极开发适合自己的教学资源。

（五）多样化的教学资源形式

除了传统的教材和教辅资料外，还可以探索其他形式的教学资源。例如，利用网络搜索引擎获取相关案例和文献，邀请专家学者进行线上讲座或答疑，鼓励学生通过互联网获取相关资源等。通过多样化的教学资源形式，可以弥补传统教材的不足。

通过以上努力，可以逐步解决教学资源不足的问题，提供更丰富、多样化和高质量的教学资源，满足思想政治课与信息技术相结合的教学需要，提升教学效果和学生学习体验。同时，也需要各方面的共同努力，包括教育部门、学校、教师和出版社等，形成资源开发、共享和更新的良好机制，持续改善教学资源的供给。

◆◇ 三、平台和技术支持

思想政治课程与信息技术深度整合需要借助教学平台和技术支持。但有时候，职业院校可能缺乏完善的在线教学平台和相关软硬件设施，无法提供良好的教学环境和技术支持，影响了教学效果。教学平台和技术支持在思想政治课程与信息技术相结合的教学中起到至关重要的作用。

（一）在线教学平台

在线教学平台是进行信息技术教学的基础设施。它提供了教学资源的上传、存储和管理功能，同时也支持教师和学生之间的互动与交流。这些平台通常提供课件演示、讨论区、作业提交、在线测试等功能，方便教师组织教学活动和学生学习。一些常见的在线教学平台包括Moodle、ClassIn、腾讯课堂等。通过在线教学平台，教师可以便捷地分享教学资源，学生可以随时随地学习和参与讨论。

（二）多媒体教学工具

多媒体教学工具是思想政治课程与信息技术深度整合中常用的辅助工具。例如，投影仪、电子白板、音频设备等，可以帮助教师将教学内容以更直观、生动的方式呈现给学生。通过使用多媒体教学工具，教师可以展示文本、图片、音频、视频等多种形式的教学资源，激发学生的学习兴趣和参与度。

（三）在线学习资源

在线学习资源是指互联网提供的各类学习资料和学习工具。例如，开放式在线课程（MOOC）、教育视频、学术论文数据库等。这些资源丰富了教学内容，帮助学生深入理解知识，并提供了自主学习的机会。教师可以引导学生利用在线学习资源进行拓展阅读、学术研究等，提升他们的综合素质和学术研究能力。

（四）技术培训和支持

为了确保教师能够熟练地应用信息技术进行思想政治课教学，提供技术培训和支持是必要的。教育部门或学校可以组织相关培训课程，帮助教师掌握教学平台的使用技巧和教学工具的操作方法。同时，还需建立技术支持渠道，让教师在遇到问题时能够及时得到专业的支持和解决方案。

（五）数据安全和用户隐私保护

在思想政治课程与信息技术深度整合教学中，数据安全和用户隐私保护是非常重要的。教育部门和学校应加强对在线教学平台和其他技术工具的安全性评估，确保学生和教师的数据得到妥善保护，防止数据泄露和滥用现象的发生。

通过教学平台和技术支持的提供，可以有效推动思想政治理论课与信息技术的深度整合，改进教学方法，提升教学质量。但在使用这些技术和平台时，也需要注意合法合规，保障学生和教师的权益，并遵守相关的法律法规和道德规范。

◈ 四、评估与监控问题

思想政治课程与信息技术深度整合教学中，如何对学生进行评估和监控也是一个挑战。传统的考试评估方式可能无法全面评价学生在信息技术环境下的学习成果。因此，需要探索多种形式的评估方式，例如，项目作业、在线测试、课堂表现评价等，以便更好地反映学生的实际水平。

评估与监控在思想政治理论课与信息技术深度整合教学中是非常重要的环节，可以帮助教师全面了解学生的学习情况和教学效果，从而及时调整和改进教学策略。以下是对评估与监控问题的详细阐述。

（一）学生学习评估

通过定期的学生学习评估，教师可以了解学生对教学内容的掌握情况和学习进度。评估方式可以包括在线测试、作业提交、小组讨论、课堂互动等。教师可以根据评估结果对学生进行有针对性的指导和反馈，帮助他们提升学习效果。

（二）教学效果评估

教学效果评估主要是评估教师的教学效果和教学内容的质量。可以采用问卷调查、课堂观察、学生反馈等方式进行评估。评估结果可以帮助教师了解自己的教学优势和不足，并作出相应的改进。

（三）监控学生参与度

在在线教学中，监控学生的参与度尤为重要。教师可以通过教学平台上的参与度统计功能，了解学生在课堂讨论、作业提交等方面的参与情况。对于没有积极参与的学生，教师可以主动与其交流，并给予适当的引导和鼓励。

（四）技术支持监控

为了确保在线教学平台和其他技术工具的正常运行，教育部门或学校可以提供专门的技术支持团队，监控教学平台的稳定性和安全性，并及时解决故障和问题。同时，也可以通过用户反馈和数据分析等手段，监控教学平台的用户体验和功能完善程度，以便进行必要的改进和优化。

（五）数据分析与挖掘

通过对教学平台和其他技术工具收集的数据进行分析，可以得到更深入的教学观察和趋势预测。例如，可以通过数据分析发现学生在哪些知识点上容易出错，为教师提供有针对性的教学建议。同时，还可以利用数据挖掘技术发现隐藏在海量数据中的教学规律和关联性，为教学研究提供支持。

评估与监控的目的是提高教学效果和学生学习成效，但在实施过程中也需要注意保护学生和教师的隐私权，评估和监控应该是合法、合理和透明的，确保数据的安全性和保密性。

◈ 五、学生使用的依赖性

信息技术的应用容易导致学生对技术的过度依赖。如果不加以引导和管理，学生可能只关注技术使用而忽视思想政治理论的学习内容。因此，教师需要在课堂上引导学生正确使用信息技术工具，并明确强调信息技术只是学习的辅助手段，而不是目的。学生在思想政治课程与信息技术深度整合教学中常常会产生各种依赖性，这些依赖性对他们的学习和参与至关重要。

（一）技术设备

学生需要依赖技术设备，如电脑、平板电脑或智能手机等，来进行在线学习和参与课堂活动。这些设备可以帮助他们访问在线教学平台、观看教学视频、完成作业和参与在线讨论等。同时，学生还需要保持设备的正常运行，以确保其在学习过程中的稳定性和效果。

（二）网络连接

稳定的互联网连接是学生顺利进行在线学习的关键。学生需要依赖网络连接来访问教学资源、参与课堂互动和提交作业等。一旦网络连接不稳定或中断，可能会影响学生的学习进程和体验。因此，学生通常会依赖可靠的网络连接来支持他们的学习活动。

（三）教学平台和应用程序

学生通常需要通过教学平台或特定的应用程序来获取教学资料、参与在线讨论、完成作业和进行在线测试等。这些平台和应用程序提供了学习资源的存储和管理功能，并支持学生与教师以及其他同学之间的互动。因此，学生会依赖这些平台和应用程序来进行在线学习和参与课堂活动。

（四）学习资源和教材

学生在学习过程中还会应用各种学习资源和教材，如教科书、电子文档、教学视频、在线课程等。这些资源和教材为学生提供了必要的知识和信息，帮助他们深入理解教学内容和扩展学习。通过应用这些资源，学生可以更好地准备课堂讨论、完成作业和复习考试等。

（五）教师和同学支持

学生在学习过程中也会依赖教师和同学的支持。教师的指导和反馈可以帮助学生理解复杂的概念和解决问题，同学之间的互助和协作可以提高学习效果。因此，学生需要依赖教师和同学的帮助和支持，以获得更好的学习成果。

学生的这些依赖性是为了更好地进行在线学习和参与课堂活动。然而，学生也需要具备合理控制依赖性的能力，并遵守学校或教育机构相关的规定，确保其不会造成过度依赖或滥用。同时，学生还应关注个人信息的安全和隐私保护，避免在使用时泄露个人敏感信息。

综上所述，思想政治理论课程与信息技术深度整合也面临一些问题，包括师资队伍建设、教学设备及教学资源不足、平台和技术支持、评估与监控问题以及学生使用的依赖性等。针对这些问题，需要各方共同努力，加强培训与支持，提供更多的教学资源，改善教学平台和技术支持，探索适合的评估方式，并引导学生正确使用信息技术工具。只有解决了这些问题，思想政治理论课程与信息技术深度整合的教学才能更好地发挥作用。

第三章　思想政治课程与信息技术深度整合的理论基础

思想政治课程与信息技术的深度整合，是信息技术在教育领域应用的一个新的历史发展阶段，是教育领域的一次深刻变革，是学科教育改革的一个重要方向，也是实现学科教育改革的一条重要途径。在科学理论的指导下，信息技术与思想政治课程的深度整合是一项艰巨的任务。本书认为，建构理论和多元智能理论对于当前的信息技术与思想政治课程深度整合的理论指导意义是重大的。

第一节　建构主义的基本观点

皮亚杰、维果茨基等人在半个多世纪前就为建构主义奠定了理论基础，但直到20世纪90年代，建构主义才开始风靡全球，并在全球范围内产生了越来越大的影响。建构主义理论之所以能够从心理学中走出，进入到各个层次的学校，并成为多媒体和网络教学的理论支撑及"学科课程和信息技术一体化"的重要依据，是因为多媒体和网络技术为建构主义理想的学习环境提供了强有力的物质支持，并使其得以实现。

◆ 一、关于建构主义的几点认识

事实上，建构主义的基本理念并不是一种全新的理念，它有深刻的哲学基础和心理学基础。意大利人文主义哲学家、18世纪文艺复兴时期的维科在著作《新科学》中，明确地提出了对"建构"的看法，认为只有对自己所建构的东西才能有清楚的认识。瑞士的皮亚杰与苏联的维果茨基对建构主义思想的形成与发展产生了深远的影响。

皮亚杰是世界上最具影响力的认知发展心理学家之一，他在认知发展心理学的研究中开创了"皮亚杰学派"。皮亚杰的教育理论充满了唯物辩证法思想，他对儿童认知发展的研究是从内外两个方面进行的。他认为儿童是通过与环境的交互作用，逐渐建立起对外界的认识，进而发展出自己的认知结构。儿童和环境之间的互动关系包括两个基本过程，即同化和顺从。同化指的是将外界环境的相关信息吸收进去，并与儿童现有的认知结构相结合，也称为"图式"，也就是将外界刺激提供的信息融合到自己原来的认知结构中；顺从指的是当外界环境发生了变化，原有的认知结构不能与新环境中的信息相融合时，所导致的儿童认知结构的重组和改造，也就是在外部刺激的作用下，个体的认知结构发生了变化。

建构主义强调意义与人无关，知识由人来建构，人们对事物的认识不仅依赖于事物本身，也依赖于已有的知识和经验。何克抗认为，学习就是获得知识。建构主义理论认为，知识并非由教师传授而来，而是由学习者在特定的社会文化情境中，在他人的帮助下，通过建构意义来获取的。因为学习是一种在特定情境中，依靠他人帮助，即通过人与人之间的合作活动来完成的建构的过程。

建构主义理论认为知识和学习是通过个体与外部环境的互动、构建和理解而产生的。它认为学习是一个主动的过程，学生通过与周围环境的交互和自身经验，不断建构新的意义和知识。

下面阐述建构主义理论的几个关键概念和原则。

第一，主动建构。建构主义强调学习者的主动性，认为学习者通过积极参与实际问题、任务的解决过程和挑战来建构自己的知识结构。这与传统的被动接受知识的观点有所区别，强调学习者在学习过程中需要主动思考、探索和创造。

第二，社会性建构。建构主义认为，社会环境对于知识建构起着至关重要的作用。学习者通过与他人的交流、合作和社会互动，从社会环境中获取信息、经验和观点，进而构建自己的理解和知识。社会互动可以是与教师、同学、家长以及其他社会成员的交流，也可以是通过文化、媒体和科技等渠道的互动。

第三，个体差异。建构主义理论重视学习者的个体差异和多样性。它认为每个学习者都有独特的背景、经验和先验知识，因此他们对于学习任务的理解和反应也会有所不同。建构主义教育注重个性化教学和差异化指导，尊重学习者的兴趣、需求和学习风格，为他们提供个性化的学习机会和支持。

第四，反思与交互。建构主义强调学习者通过反思和交互来构建自己的知识。学习者在解决问题和面对挑战时，需要观察、探索、实验和反思，不断调整自己的理解和行动。反思既可以是内省式的思考，也可以是与他人的交流和讨论，通过交互实现知识的共享、批判和再建构。

第五，上下文依赖。建构主义认为知识和学习是具有上下文依赖性的，它们受到文化、社会、历史和环境等因素的影响。学习者的理解和知识构建是基于他们所处的特定环境和文化背景的。因此，建构主义教育强调将学习与现实生活联系起来，创设情境和场景，使学习内容和活动具有真实性和意义性。

综上所述，建构主义理论认为，学习是由学生者主动构建知识和理解知识的过程，在社会互动、个体差异、反思与交互和上下文依赖等方面起着重要的作用。它强调学习者从实践中构建意义和知识，通过与他人和环境的互动来推动学习和发展。这种理论有助于指导教育实践中的课程设计、教学活动和评估方法，鼓励学生积极参与、探索和创造，培养学生独立思考和合作学习的能力。

◆ 二、关于建构主义学习理论的探讨

建构主义学习理论强调学生是学习的主体，它要求学生从知识的被动接受者向知识的主动汲取者转变，要求教师从知识的传播者、灌输者向知识的推动者、促进者、引导者转变，使学生在知识的加工过程中获得知识的意义。可见，在建构主义学习理论的背景下，师生的地位与作用与传统的教学方式相比，已经有了较大的改变。在建构主义的学习理论中，学习环境的四个要素分别是"情境""协作""会话""意义建构"。

在建构主义学习中，情境应该是有助于学生建构意义的。在建构主义的学习环境中，教学设计既要考虑到教学目标的分析，又要考虑到情境的创造，而情境的创造又是教学设计中的一个重要环节。

协作在整个学习过程中都会发生。它从对学习材料的收集和分析、对学习结果的评估到最后的学习过程的构建都起着举足轻重的作用。

会话是协同工作中不可或缺的一环。学习团队成员在对话中完成指定学习

任务。会话也可以被理解成学习者和学习小组之间的重复交互。

学习过程的终极目标是意义建构。意义建构是指在学习过程中，帮助学生深刻理解事物的本质、规律，以及事物和其他客观事物之间的联系。

建构主义学习理论是一种教育心理学理论，强调学习者通过主观的建构、互动和社会环境的支持来获得新知识和新认知的能力。以下是建构主义的学习理论的详细阐述。

第一，主观建构。建构主义学习理论认为，学习是一个个体内部的建构过程。学习者通过主动参与、探索和思考，将新信息与已有的经验和知识相结合，构建自己的认知框架和理解。学习者的思维和理解是基于他们对世界的主观解释和建构的。

第二，互动。建构主义学习理论强调学习者与外部环境的互动和社会交往对于知识构建的重要性。学习者通过与他人、物品、工具和环境的互动，从中获取新的知识和经验。这种互动可以是通过与教师和同伴的合作、讨论等进行的社会互动，也可以是与物质世界的直接交互和实践。

第三，适应和平衡。根据皮亚杰的认知发展理论，建构主义学习理论强调学习者在构建知识过程中的适应和平衡。学习者通过不断与环境互动、探索和解决问题，调整自己的认知结构，适应新的知识和经验。在这一过程中，学习者经历着认知冲突、矛盾与平衡的动态循环。

第四，环境支持。建构主义学习理论认为，教师和社会环境对于学习者的知识构建起着重要的作用。教师应该提供有意义、有挑战性和适应学习者发展水平的学习环境。教师还可以通过引导、提示和提供反馈来帮助学习者调整他们的思维和理解。社会环境可以提供合适的社会文化背景、工具和资源，促进学习者与他人的合作和交流。

第五，文化和社会情境。建构主义学习理论强调学习的文化和社会情境对于知识构建的影响。学习者的认知和理解都是基于他们所处的文化和社会环境的，这些环境塑造了学习者的价值观、信念和认知方式。因此，建构主义学习理论推崇将学习与现实生活联系起来，关注社会文化背景、情境和经验的重要性。

通过以上几个方面的阐述，建构主义学习理论强调了学生的主观建构、互动、适应和环境支持的重要性，也强调了文化和社会背景对于学习的影响。这一理论对于教育实践具有指导意义，促进学习者主动参与、合作探究、发展自主学习能力和创造力。

同时建构主义在知识观、学生观和教学观等方面提出了一系列新的解释，对当前的教学改革具有重要的启发意义。

（一）建构主义的知识观

建构主义的知识观认为，知识是由学生主体通过主观构建和理解而得到的，强调个体的主动参与和思维活动对于知识的产生和发展的重要作用。以下是对建构主义知识观的详细阐述。

第一，主观构建。建构主义认为，知识不是被动地输送给学生的，而是由学生主动构建的。学生通过与外部世界的互动和内在思维的加工，将新的经验和信息与已有的知识和经验相结合，形成自己的独特理解和认知结构。每个学生都有其独特的视角、背景和经验，因此构建出的知识也是个体化的。

第二，行动和探索。建构主义认为，学生通过主动的行动和探索来获得知识。学生通过探索性的活动，如观察、实验、运用等，与物质世界和社会环境进行互动，从中获取新的经验和信息。这些行动和探索可以促使学生思考、提问、解决问题，并进一步构建知识。

第三，社会交往的重要性。建构主义强调社会交往对于知识构建的重要性。学生通过与他人的合作、讨论和交流，共享和比较不同的观点和理解，从中获得新的见解和知识。教师和同伴的互动和反馈可以提供启发、指导和修正，帮助学生调整和完善自己的认知结构。

第四，意义和情境。建构主义认为，知识的构建是富有意义和情境依赖的。学生将新的知识纳入到已有的认知框架中时，会根据其对意义和价值的理解进行选择和加工。学生所处的情境，所具有的文化背景、社会交往和实践经验都会影响他们对知识的理解和构建。因此，在教学过程中，给予学生具有现实意义和情境相关性的学习材料和任务是至关重要的。

第五，持续发展。建构主义认为，知识是持续发展和演化的。学生不仅通过构建新的知识来适应新的情境，而且也会不断调整和修改已有的认知结构。这种知识的持续发展是通过学生与外部世界的互动和认知冲突的解决来实现的。学生在解决认知冲突的过程中，调整自己的认知框架，使之更加准确、完善和适应新的经验和信息。

建构主义的知识观强调了学生的主体性和主动性、社会交往的重要性、意义和情境的依赖，以及知识的持续发展。这种知识观对于教育实践具有重要的启示作用，要求教师创造有利于学生主动参与、探索和合作的学习环境，提供与学生背景和实践相关的学习任务和情境，并鼓励学生通过思考、讨论和反思来构建和发展自己的知识。

（二）建构主义的学生观

建构主义强调学生经验世界的丰富性，强调儿童的巨大潜能。在日常生活和以往的学习中，他们已经形成了丰富的经验，小到身边的衣食住行，大到宇宙、星体的运行，从自然现象到社会生活，他们几乎都有一些自己的看法。有些问题即便他们还没有接触过，没有现成的经验，但当问题呈现在面前时，他们往往也可以基于相关的经验，依靠他们的认知能力（理智），形成对问题的某种解释，这并不都是胡乱猜测，而是从他们的经验背景出发推出的合乎逻辑的假设。

建构主义的学生观强调学生的主动性、独特性和自主性，以下是对建构主义学生观的详细阐述。

第一，主动性和积极性。建构主义认为学习是基于学生的主动参与和积极探索。学生在学习过程中是积极主动的知识构建者，他们通过实际操作、问题解决、思考和探究等活动来激发兴趣、提出问题和构建新的知识。学生不再被动地接收和记忆知识，而是通过主动参与来理解和应用知识。

第二，独特性和个体差异。建构主义强调每个学生都是独特的，拥有自己的背景、经验、兴趣和认知结构。学习过程需要根据学生的个体差异和特点进行个性化的教学设计和支持。教师应该关注每个学生的需求和发展，鼓励学生根据自己的兴趣和能力选择学习内容和方法，从而促进他们的个性化学习和知识构建。

第三，自主性和自我管理。建构主义认为，学生应该具备自主学习和自我管理的能力。学生需要学会设定学习目标、制订学习计划、评估自己的学习进展，并对学习过程进行反思和调整。教师在这个过程中扮演指导者和支持者的角色，鼓励学生发展自主学习的意识和技能，培养他们的学习动机与自我调节能力。

第四，合作与社交。建构主义认为，学生通过与他人的合作和交往来促进知识的共建和理解。学生之间的合作可以提供不同观点和思维方式，激发思维碰撞和创新。教师应该为学生创造合作的学习环境，鼓励学生进行小组讨论、协作项目等活动，以促进他们的社交技能和批判性思维。

第五，情感和情境。建构主义认为情感和情境对学习具有重要影响。学生的情感态度、兴趣和动机对于知识的构建和应用起到推动作用。教师应该创造支持性的学习环境，关注学生的情感需求，激发学生的兴趣和动机，使学习变得有意义和有情感投入。

总之，建构主义的学生观认为学生是积极主动的知识构建者，他们具有独特性和个体差异，需要在自主性和自我管理的环境中进行合作与社交。教师在学生学习过程中扮演着引导者和支持者的角色，老师要为学生创造积极互动的学习环境，关注学生的情感需求，并促进学生通过主动参与、探究和合作来构建知识。

（三）建构主义的教学观

从建构主义学习观引申出来的教学观强调教学不单单是把知识经验传到学生的头脑中，而是要通过激发和挑战其原有知识经验，提供有效的引导、支持和学习环境，帮助学生在原有知识经验的基础上建构起新的知识经验。不同于基于行为主义和认知主义的教学，基于建构主义学习理论的教学具有以下特点：

①设计真实的、复杂的任务或问题；
②提供方法的引导和支持；
③创设开放的、内容丰富的、具有挑战性的学习环境；
④创建互动、合作的学习共同体；
⑤强调整体性教学。

由此可见，建构主义的教学方法尽管有多种不同的形式，但是又有其共同性，即它们的教学环节中都包含有情境创设、协作学习，并在此基础上由学生最终完成对所学知识的构建。

建构主义学习理论主张在教师的引导下，学生是学习的主体，学生是信息处理的主体，是意义建构的主体，而非被动地接受外界刺激的主体。教师应该在课堂教学中从以下几个方面对学生进行引导：第一，培养学生的兴趣和形成良好的学习动机；第二，创设情境，提示线索，建立新旧知识间的关联，使学生对所学内容有更好的理解；第三，为使问题建构更加有效，教师应在合适的情况下进行讨论和沟通，在讨论过程中努力加深对问题的认识，启发和诱导学生主动探索问题中隐藏的规律。

建构主义的教学观是一种基于建构主义学习理论的教学方法和理念，以下是对建构主义教学观的详细阐述。

第一，以学生为中心。建构主义教学观将学生置于学习的中心位置，强调学生主动参与知识构建的过程。教师的角色是引导者和指导者，为学生提供适当的学习环境、资源和支持，激发学生的学习兴趣和动机，并通过合适的问题、情境和挑战来引导学生进行独立思考和探究。

第二，基于经验和现实情境。建构主义教学观认为，学生通过与现实情境的互动和基于自身经验的知识构建来建立新的知识和理解。教师应该创设具有意义和相关性的学习情境，使学生可以将所学的知识和技能应用到实际生活中，促进他们的深层次学习和理解。

第三，个性化和差异化。建构主义教学观重视学生的独特性和个体差异，鼓励个性化学习和差异化教学。教师应该了解每个学生的背景、兴趣和学习需求，根据学生的特点和能力进行个性化的教学设计，提供具有挑战性和适应性的学习任务和活动，以促进每个学生的学习和发展。

第四，合作与社交学习。建构主义教学观认为，学生通过与他人的合作和交往来促进知识的共建和理解。教师应该组织学生之间的小组讨论、协作项目和互助学习等，培养学生的团队合作精神和社交技能，激发学生之间的思维碰撞和共同探索精神，加深学生对知识的理解和应用。

第五，反思和评估。建构主义教学观强调学生的反思和自我评估的重要性。学生需要学会对学习过程进行反思和评估，思考学习策略和效果，发现问题和改进学习方法。教师可以引导学生进行认知和反思活动，提供有效的反馈和评估，帮助学生认识学习进展和发展方向。

总之，建构主义的教学观以学生为中心，强调学生的主动参与、知识构建和个性化发展。教师在学生学习过程中扮演着引导者和支持者的角色，创造具有意义和相关性的学习情境，促进学生的合作与社交学习，培养学生的反思和评估能力，从而实现深层次的学习和全面的发展。

第二节　新课程改革理念

在21世纪，基础教育课程改革在世界范围内受到前所未有的重视。所谓新课程观是针对旧课程观而言的，它不仅是文本课程，更是体验课程，是教师和学生共同探求新知识的过程，学生获取知识的过程是自我建构的过程。课程是由教材、教师与学生、教学情景、教学环境构成的一种生态系统。新课程改革的首要任务是在教学过程中促进学生学习方式的转变。

◆ 一、新课程改革发展的核心理念

新课程改革是指对传统教育模式进行改革和创新，旨在培养学生的综合素质和能力。

（一）以学生为中心

新课程改革将学生置于教育的核心地位。强调根据学生的兴趣、需求和发展特点，为他们提供个性化和多样化的学习机会。通过激发学生的主动性、创造性和探究精神，使其成为自主学习者和终身学习者。

在新课程改革理念中，强调将学生置于学习的中心，充分尊重学生的主体性和个体差异。以下是对以学生为中心的详细阐述。

1.鼓励学生表达和独立思考

以学生为中心的教学模式注重培养学生的独立思考和自主学习能力。教师应该提供开放、宽松的学习环境，鼓励学生积极表达自己的观点和想法，并尊重学生的多样性。

2.个体发展与个性化教育

以学生为中心的教学模式注重关注每个学生的个体发展需求和潜能。教师应该了解学生的兴趣、特长、学习风格等，以个性化的方式设计学习任务和活动，满足学生的个体差异，激发他们的学习动力和潜能。

3.学习目标与学生意愿契合

以学生为中心的教学模式要求教师与学生共同制定学习目标，并与学生的意愿和需求相契合。教师应该尊重学生的兴趣和学习需求，与他们进行有效沟通和合作，让学生在学习过程中感觉到有动力。

4.学生参与决策与规划

以学生为中心的教学模式需要学生参与决策和规划过程。教师可以与学生一起制订学习计划、设置学习任务、评估学习成果，鼓励学生主动参与学习活动的设计和组织，培养他们的学习自主性和责任感。

5.合作与交流

以学生为中心的教学模式强调学生之间的合作与交流。学生可以通过小组合作、同伴评价等形式相互学习和分享经验，从中获得不同视角的观点和意见，提高批判性思维和解决问题的能力。

6.教师的角色转变

在以学生为中心的教学模式中，教师的角色由传统的知识传授者转变为引导者和合作者。教师需要成为学生学习的指导者和资源引导者，引导学生自主学习、自主探究，并提供必要的支持和反馈。

（二）综合素质培养

新课程改革注重培养学生的综合素质，包括知识、思维能力、情感态度、价值观念、社会技能等。通过跨学科的教学和实践活动，培养学生的综合分析、解决问题、沟通合作等能力，使其具备面对未来社会工作的能力和竞争力。

新课程改革理论中，综合性知识是指跨学科、跨领域的知识内容，涉及多个学科的概念、原理和方法，以及与现实问题和挑战相关的知识。以下是对综合性知识的详细阐述。

1.知识的关联性

综合性知识的学习强调将学科知识与实际问题相连接，使学生在解决实际问题的过程中能够运用和整合多个学科的知识。通过将知识应用于具体情境，学生能够理解知识的实际意义，并更好地掌握和运用知识。

2.问题导向学习

综合性知识的学习倡导以问题为导向，鼓励学生针对现实问题进行研究和思考，从而积极探索和应用综合性知识。教师可以设计开放性的问题和任务，引导学生主动获取、整合和应用跨学科知识来解决问题。

3.实践与应用能力培养

综合性知识的学习注重将知识运用于实际情境中，培养学生的实践和应用能力。学生需要了解知识在实际问题中的应用方式，能够灵活地运用知识解决复杂问题。综合性知识的学习能够培养学生创新思维和解决现实挑战的能力。

4.社会意识和价值观

综合性知识的学习也涉及社会意识和价值观的培养。学生通过学习综合性问题，了解并思考其中的社会背景、伦理道德、公共责任等方面的内容，培养学生对社会问题的关注和责任感。

通过综合性知识的学习，学生可以形成更全面、深入的知识结构，提高解决复杂问题的能力，培养批判思维和创新精神，适应快速变化和复杂多样的社会需求。同时，综合性知识的学习也有助于培养学生跨领域合作和交流的能力，增强终身学习的能力。

（三）探究性学习

新课程改革倡导以问题为导向的学习方式，鼓励学生积极参与探究和实践。学生通过自主研究、实验观察、调查研究等方式，主动构建知识和提高解决问题的能力。这种学习方式培养了学生的批判性思维、创新思维和解决实际问题的能力。

综合性知识的学习强调探究和主动参与。学生通过自主探究、实践活动、合作互动等方式，积极参与知识的建构过程，从中发现新的问题、形成新的观点，并不断调整和优化自己的学习策略。

（四）跨学科整合

新课程改革强调知识的综合和跨学科的整合。通过跨学科的教学设计和活动安排，将不同学科的知识深度整合在一起，帮助学生理解各学科知识之间的联系。这有助于培养学生的综合思维和全球视野，提高他们解决现实问题的能力。

综合性知识的学习要求学生在学科之间建立联系和整合，超越传统学科边界，将不同学科的知识深度整合在一起。这种跨学科整合有助于学生形成全面的视野和深入的理解，能够看到问题的复杂性和多样性。

（五）环境创设

新课程改革强调创设良好的学习环境和氛围。学校应提供丰富的教学资源和多样化的学习空间，如图书馆、实验室、创客空间等，以满足学生的学习需求和探索欲望。同时，教师应激发学生的学习兴趣，创造积极、互动和合作的学习氛围。

（六）教师角色转变

新课程改革要求教师的角色从传统的知识传授者转变为学生学习的引导者

和促进者。教师应具备专业知识和教育技能，善于引导学生培养学习兴趣和提高解决问题的能力。同时，教师也要不断提升自身的教育理念和教学方法，与时俱进。教师在职业生涯中不断学习和成长，以提高自身的教学能力和专业素养。以下是对教师持续专业发展的详细阐述。

1. 自主学习

持续专业发展强调教师的自主学习和自我反思。教师需要主动寻找学习机会，如参加研讨会、研修班、学术会议等，深入研究教育理论和教学研究，了解最新的教育政策和发展趋势。同时，教师还应该反思自己的教学实践，总结经验教训，不断改进和完善自己的教学方法和策略。

2. 合作学习

持续专业发展强调教师之间的合作学习和互助支持。教师可以通过与同行交流意见、分享经验和教材资源等方式，相互促进和借鉴，共同提高教学水平。此外，教师还可以参与专业学习社群、教研组等组织，进行集体备课、教学观摩和评课等活动，共同研究和解决教学中的问题。

3. 反思实践

持续专业发展强调教师的实践反思。教师应该经常对自己在教学中的行为和效果进行观察和评估，分析教学过程中的优点和不足，并据此调整和改进教学方法。教师还可以通过课堂观摩、同事评价、学生反馈等方式获取多元的意见和建议，从而推动自身的成长和发展。

4. 职业发展计划

持续专业发展鼓励教师制订职业发展计划。教师应该根据自身的兴趣和需求，明确职业目标和发展方向，制订相应的学习计划和行动计划。这样可以有针对性地选择适合自己的学习项目和培训机会，提高自己在特定领域的专业能力。

5. 教学研究与创新

持续专业发展强调教师的教学研究和创新能力。教师应该参与教育研究项目，关注教育领域的前沿理论和实践探索，开展教学实验和行动研究，探索新的教学方法和策略。教师还可以主动参与课题研究、论文撰写、教材编写等活动，为教育理论和实践的发展做出贡献。

通过持续专业发展，教师可以不断提高自己的教学能力和专业素养，适应教育改革和发展的需要，为学生提供更好的教育服务。同时，持续专业发展也是教师职业发展的重要组成部分，有助于提升教师的职业满意度和工作质量。

（七）新课程改革的核心理念

新课程改革关注的是学生的全面发展，是对课程的价值定位。新课程改革在处理经济发展和社会发展以及人的发展之间的关系时，将人的发展作为其发展的重点，强调以人的发展为中心的全面发展。新一轮的基础教育课程改革应注重对学生的综合能力、问题意识、问题分析能力、问题解决能力、终身学习能力、创新能力和求知能力的培养，新课程改革还强调了对学生人格特征的培养。新课程的实施，应立足于全面发展，充分认识和挖掘每一个学生的特点，挖掘他们的潜力，发展他们的特长，让每个学生都拥有自己的技能，让每个学生都在不同的道路上发展，成为高层次、高水平的应用型人才。新课程从知识和技能、过程和方法、情感态度和价值观三个方面，以知识的习得、思维的培养、人格的完善为主线，将知识和技能、过程和方法、情感态度和价值观三者有机地结合起来，以促进学生的全面发展。新课程的核心理念是"以学生为中心"，注重对学生的主体性、参与性、自主性、创造性、合作性的培养。

新课程的思想是注重学生的个体发展，培养学生的综合素质、创新精神。新课程提倡学生参与、合作、思考、实践，重视学生的主观能动性和主动性的培养。

◆ 二、新课程改革背景下的思想政治课教学

新课程改革理念在思想政治课中的运用，打破了以往思想政治课的窠臼，使思想政治课焕发出勃勃生机，增强了学生的学习兴趣，提升了思想政治理论课的实效性。要实现这一目标，就需要在课堂上运用信息化的手段来创设情境，建立多层次的交互式的信息化课堂教学环境，利用信息化让学生主动地去探索和发现，充分去发挥学生学习的积极性，激发学生的学习兴趣。

新课程改革理念是对以往的教育思想的一种突破，也是一种新的教育思想。那么，在新的课程标准下，如何运用思想政治课程与信息技术的深度整合，使所有学生都能积极参与其中，并能最大限度地发挥学生的自主学习能力？

（一）创设情境式的课堂教学

美国教育学家彼得·克莱恩曾说过："接触、全面分析和亲身参与是学会

的三个主要因素。"新课程改革的目标是让学生主动地去探索，去发现，而非被动地去接受。要让思想政治课变得生动活泼，最好的方法就是创设情境，激发学生的学习兴趣。

在教学过程中，学生的学习兴趣和学习动机是学生认识问题的来源，是学生积极参加学习活动的内部心理要求，是影响学生学习兴趣和学习动机的重要因素。教师在教学中，应从吸引眼球的电影片段、广为流传的谚语、优美动听的音乐，以及学生感兴趣的热门话题等方面入手，使学生在对情境进行思考的同时，能更快地进入学习状态。例如，在"价值规律"的课堂上，以叶圣陶的《多收了三五斗》的短片为例，运用多媒体手段，从经济理论的角度，对一斗米的价格为何会有如此大的差异进行探讨，教师提出的问题应尽量引人入胜、发人深思、有深度，并能启发和深化学生的思考。

（二）建立多边交流机制

传统的思想政治课课堂主要表现为教师在课堂上一味地向学生灌输思想，一味地向学生提出问题。新课程改革要求教师与学生、学生与学生之间的相互影响、相互制约、相互促进。在这样的背景下，教室里的教学过程看似混乱，但实际上却是一种由学生自主思维、自主参与而产生的新课程改革模式，它比没有自主思维所产生的所谓条理清晰、井然有序更能反映出新课程的精神。

例如，在"建立适当的消费观"的课堂教学中，教师为学生展示了3张卡片：A的消费观念是节俭，B的消费观念是物尽其用，C的消费观念是"以明日之财来实现今日之梦想"，要求学生从以下几个方面进行讨论：为何会有这样的现象发生？这些现象如何影响现代社会的发展？你花了多少钱来改变你的消费观念？由于本课的讨论题目来自真实的生活，因此更能引起学生的兴趣，大家都积极地发表意见，积极地参加研讨。教师带着学生从社会保障体系、金融市场化的服务功能、中国的经济风险承受能力，以及人们对未来消费的期望等方面，提出了自己的看法。学生你一言我一语，形成了三个不同的论调：大多数人支持"以明日之财来实现今日之梦想"，相信消费能带动国内需求，推动经济发展，促进市场繁荣，使人们的生活更快速地得到改善；还有一些人坚持"量入为出"的消费观念；个别学生觉得还需要节省开支。在辩论中，教师对学生的意见进行了正面的评价，并鼓励学生从辩证的角度来看问题。以学生积极思维为基础的课堂氛围，更能反映新课程的思想。

（三）学生的参与经历

参与式教学是课堂教学的核心部分，它由学生的参与和教师的引导两部分组成。学生在其中扮演着主要角色，其参与的本质是将对学习的渴望转化为对学习的实践，并在实践中体验、理解和运用所学知识。在"市场经济的共性"一课的教学中，教师通过学生的看、听、说、做等实践活动，把他们的人生经历与所学到的理论知识有机地联系起来，进行深入剖析，使他们的人生经历变得更加丰富。学生通过对电视广告中所出现的广告用语的微妙变动，对其背后所隐含的经济规律进行了深入细致的剖析，从而较好地把握了这节课的核心内容。结合教材组织专题辩论会、模拟小品表演、个案研究、课外小组活动等形式的活动，使学生在特定的教学氛围中进行活动，在潜移默化中接受教育，在参与活动中学会学习。另外，必须坚持教师的指导，即教师在课堂教学中起引导作用。教师是导演，多在"导"上下功夫，注重研究"导"的艺术，通过教师的"导"让学生主动参与到教学活动中来。

（四）小结——升华、提高

教师或学生对课堂教学的小结是对知识的升华与提高。教师在小结时，要注意以下几个方面：第一，要肯定学生在学习过程中所做出的一切努力，即肯定学生以积极的态度参与课堂教学活动；第二，要肯定学生在学习中所得出的一切结论，因为这些结论的得出过程及其结论的本身从侧面反映了学生的学习品质；第三，要表扬活动中见解创新的学生，这样才能让每个学生在参与活动时充满信心，培养学生的创新能力；第四，要通过讲评使学生领悟到所学内容的情感基调，做到情与理的统一，并使这些知识转化为指导他们思想行为的准则。

（五）建立多种评价机制

新课程改革是要改变现有的以知识性和纸笔测试为主的评价机制，要立足思想政治素质的提高，建立一个能激发学生不断进步的评价机制。评价学生的能力要更注重学生掌握知识、形成技能的过程和方法，了解学生在学习过程中对社会现象的情感态度以及是否形成正确的世界观，既重过程又重结果。对学生的评价不仅仅是通过笔纸测试，而是要通过综合测评，了解其学习态度、生活态度，以及是否有创新能力。评价主体由单一化向多元化过渡，可以由教师评价，也可以学生自评，师生间还可以互评，形成多元化评价机制。这种评价机制既考评学生掌握和运用相关知识的水平和能力，还要考查学生思想变化的过程。

新课程改革理念中，多元评估是指采用不同形式和方式的评估方法，综合考查学生多个维度的能力和成就。以下是对多元评估的详细阐述。

1. 多样性评价方式

多元评估强调使用不同的评价方式，包括书面测试、口头表达、实际操作、项目报告、展示、观察记录等。通过多样性的评价方式，可以更全面、准确地了解学生的学习情况和能力发展。

2. 多维度能力评估

多元评估关注学生的多个能力维度，旨在评价综合素质。除了传统的学科知识和认知能力外，还注重评价学生的创造力、批判思维、沟通能力、合作精神、实践技能等维度的能力。

3. 综合性评价

多元评估强调综合考查学生的能力和成就。评估结果不仅仅依赖于单次考试或单项任务的成绩，而是通过多次、多方面的评估来综合判断学生的整体表现。这样可以减少对单一测试的过度依赖，更全面地了解学生的学习状况。

4. 学习过程评估

多元评估注重对学习过程的评价，而不只是结果。通过观察、记录、反思等方式，评估学生的学习策略、问题解决能力、合作与沟通能力等。这种评估方式可以帮助学生了解学习方式和进步方向，促进其自主学习和持续发展。

5. 个性化评价

多元评估鼓励个性化评价，充分考虑学生的差异性和个体发展特点。评价方法应灵活、差异化，并结合学生的个人兴趣和特长进行评估。这有助于激发学生的学习动力，提升学习效果。

6. 反馈与提升

多元评估注重为学生提供及时、具体的反馈，并帮助其制订个人发展计划。评估结果不仅仅是一种得分或等级，更重要的是指导学生认识自己的优势和不足，并提供有针对性的改进意见和支持措施。

通过多元评估，教师可以更全面地了解学生的学习情况和能力发展情况，也能够更准确地评估课程教学的实效性和学校教育的质量。对学生而言，多元评估能够鼓励其全面发展，促进个人潜力的挖掘和实现。

（六）新课程改革理念给我们的启示

将新课程改革理念引入思想政治课课堂教学，打破了思想政治课的传统教学模式，给思想政治课教学带来了新的生机和活力，激发了学生学习思想政治课的兴趣，提高了思想政治课的教学实效。

1. 坚持师生在教学中地位的平等性

任何成员都不是单纯的受教方或施教方。坚持学生在教学中的主体性，教师要引导学生进入角色，发挥学生在活动中的主观能动性和创造性，引导学生按照自己的思路去探索、解决问题。

2. 教师要引导学生作经常性的自我评价

学生学会自我评价能坚定自控的信心，使学习活动过程的定向发展建立在自我控制的基础上。因此，教师要引导学生作经常性的自我评价，还要教给学生自我评价的辩证方法。学生在得到教师的认同和评价中，形成一定的自制、自励能力。

3. 注重实效性

由于学生对该门学科的最终学习成果不仅仅停留在书本上，因此教师必须在具体的教学活动中真正把握学科特点，注重学生学习的知行统一，提高政治教育教学的实效性。将新课程理念引入思想政治课课堂教学，打破了思想政治课教学的传统教学模式，给思想政治课教学带来了新的生机和活力，

总之，新课程改革理念下的思想政治课教学强调学生参与教学活动，真正发挥了学生在教学中的主体作用，激发了学生学习思想政治课的兴趣，提高了思想政治课的教学实效性，大大调动了学生学习的积极性和创造性。当前世界经济飞速发展，对广大教育者来说，既是机遇又是挑战。对于思想政治课教师来说，只有利用好信息技术与思想政治课程的深度整合，才能培养出社会需要的创新型人才。

◆◇ 三、在新课程改革理念中，信息技术和思想政治课可以有机地整合和运用

（一）教学资源丰富化

利用信息技术手段可以获取和整理丰富的教学资源，如网络文章、资料、

图片、视频等。教师可以通过多媒体展示、在线资源分享等方式，为学生提供多样化、生动有趣的学习材料，激发学生的学习兴趣和学习动力。

（二）知识传授与互动学习相结合

在课堂教学中，通过信息技术工具，如电子白板、投影仪、多媒体课件等，将与思想政治相关的知识点以图文、音频、视频等形式呈现给学生，丰富教学内容和形式。同时，结合互动学习平台，鼓励学生在课后进行在线讨论、问答、小组合作等活动，加深对思想政治课的理解和应用。

（三）创新思考和问题解决

通过信息技术的应用，鼓励学生进行创新思考和问题解决。可以设计课堂活动，要求学生利用信息技术工具进行研究、调查、采访等，培养他们信息获取和分析的能力，并引导他们在思想政治问题上提出自己的观点和解决方案。

（四）社区参与和实践活动

教师可以借助信息技术工具，引导学生参与社区活动和实践项目。学生可以利用互联网搜索、社交媒体、在线问卷等工具开展调查研究，了解社会现象和舆论动态，从而更好地理解和应用思想政治知识，增强社会责任感。

（五）多元评估和展示方式

学生可以利用信息技术工具创新评估方式，如在线测验、电子作品展示、视频述职等，多角度地评价学生对思想政治知识的掌握和运用能力。同时，鼓励学生利用信息技术工具制作和展示自己的作品和成果，增强学习的自主性和创造性。

通过信息技术和思想政治课程的深度整合，可以拓宽学生的学习渠道，提高他们对思想政治知识的兴趣和理解，培养他们的信息技术素养和创新能力，促进思想政治教育的有效性和实用性。但需要注意的是，教师在思想政治课程和信息技术的深度整合运用中应确保内容的合法性、客观性，并遵守相关的教学伦理和法律法规。

新课程改革全面推进了素质教育，建立了新的学习观，重视学生的个性化发展；建立了新的人才观，重视多样化的人才培养模式；积极实现了学习方式的转变，建立充分调动、发挥学生主动性的学习方式，即自主、探究与协作的学习方式，学习方式的转变是本次课程改革的显著特征之一；建立了新的教学观，强调师生交往和互动；确立了新的评价观，重新建构了课程评价体系。

第三节　多元智能理论

多元智能理论是由美国心理学家霍华德·加德纳在多年研究神经学、遗传学、人类学、心理学等的基础上，于1983年提出的一种智能理论。该理论认为，人类的智力并不是单一的，而是由多个相互独立但又互为补充的能力组成的。霍华德·加德纳对人类认知能力的发展进行了多年的研究。他突破了传统智能理论所依据的人类的认知是一元的，采用单一的智能概念对个体进行恰当的描述。

◆ 一、对多元智能理论的详细阐述

（一）背景

多元智能理论的提出可以追溯到对传统智力测试的质疑。传统智力测试主要以语言和逻辑数学能力为核心评估指标，忽视了其他领域的智力发展。加德纳通过对不同文化、不同领域的能力进行研究，提出了多元智能理论，试图更全面地描述和评估人类的智力。

多元智能理论的背景可以从以下两个方面来阐述。

1. 心智科学研究

加德纳在研究儿童发展和脑功能方面积累了大量的实证数据。他发现，不同领域的天才和专家在某些特定智能上表现出非凡的能力，而在其他方面可能相对较弱。这一观察启发了他对智能的重新思考，认为智能多样化和多元性是存在的。

2. 文化和教育经验

加德纳还受到了跨文化和教育经验对人的智能发展产生影响的启示。他观察到不同文化背景下的人们可能具有不同的智能倾向和优势。同时，他也意识到传统教育过于注重语言和逻辑数学智能，忽视了其他智能类型的发展。

（二）多元智能的概念

多元智能理论将智能定义为能够解决问题、创建价值或产生产品的能力。该理论主张人类具有不同的智能类型，每种智能都独立存在，可以在相应的领域发挥作用。加德纳最初提出了七种主要的智能类型，后来又增加了两种。

（三）不同智能类型

根据多元智能理论，以下是九种智能类型及其主要特点。

语言智能：善于使用语言表达和理解，具有良好的口头和书面交流能力。即听、说、读、写和交流的能力。

逻辑数学智能：对逻辑结构关系的理解、推理、思维表达能力，善于逻辑推理、分析和解决问题，具有较强的数学和科学能力。

空间智能：即人对色彩、形状、空间位置等要素的准确感受和表达的能力，善于感知和操作空间，具有较强的想象力、视觉化和空间导航能力。

音乐智能：即个人感受、辨别、记忆、表达音乐的能力，善于感知、理解和创造音乐，具有较强的音乐表演和欣赏能力。

身体动觉智能：即人身体的协调、平衡能力和运动的力量、速度、灵活性等，善于运用身体协调和控制，具有较强的运动技能和身体表达能力。

自然观察智能：即人们辨别生物以及对自然世界的其他特征感知的能力，善于观察自然环境和生物现象，具有较强的生态意识和自然科学能力。

人际交往智能：即对他人的表情、说话、手势动作的敏感程度及对此做出有效反应的能力，善于与他人相处和交流，具有较强的人际关系管理和领导能力。

内省智能：即个体认识、洞察和反省自身的能力，表现为个体较好地意识和评价自己的动机、情绪等，善于自我反思和理解内心感受，具有较强的情绪智力和自我意识。

存在主义智能：善于思考人生意义和哲学问题，具有较强的道德判断和自我价值观。

加德纳认为，传统的教育比较重视前两个方面的智能，而实际上每个学生都不同程度地拥有上述九种基本智能，这九种智能通常以复杂的方式共同起作用。每一种智能类别存在多种表现方式，而大多数人是有可能将其中一种智能发展到令人满意的水平的。

多元智能理论提供了一种更广阔、更全面的智力观念，突破了传统智力测试对智力的狭隘界定。该理论认为，每个人都具备不同的智能天赋，并强调培养学生全面发展、发挥潜能的重要性。它对教育实践和个体发展具有重要的指导意义。

◆ 二、信息技术与思想政治课程的深度整合实现学习的多元智能培养

多元智能理论对教育具有重要启示。该理论认为，教育应该重视学生的多元智能发展，提供多样化的学习机会和教学方式。教师可以通过创造性的教学设计、个性化的评估方式和优化的学习环境，激发学生各种智能的潜力。同时，学校还可以通过课程设置、社会活动和特长培训等方式，促进学生全面发展。

（一）多媒体教学资源

学校可以利用信息技术提供多媒体教学资源，如教育网站、在线课程平台、教育软件等。这些资源可以包括文字、图片、音频、视频等形式，满足学生对不同智能类型的学习需求。教师可以引导学生使用这些资源进行独立学习和合作探究，从而培养他们的语言智能、视觉智能、音乐智能等。

（二）互动学习环境

教师可以利用信息技术创造互动学习环境，例如，在线讨论平台、即时通信工具、虚拟实境等。通过这些工具，学生可以在教师的指导下展开讨论、交流意见，并参与角色扮演和模拟实验等活动。这样的互动学习环境有利于培养学生的逻辑数学智能、人际交往智能和空间智能。

（三）创新性任务设计

教师可以设计信息技术支持的创新性任务，鼓励学生运用多元智能解决问题或开展研究。例如，学生可以利用信息技术收集、整理和分析相关数据，完成一项调查研究；或者使用多媒体工具制作展示文稿、视频等，表达个人观点和创意。这样的任务有助于培养学生的逻辑思维、身体动觉智能和自然观察智能。

（四）个性化学习支持

信息技术可以提供个性化学习支持，根据学生的不同智能类型和学习特点，提供个性化的学习资源和学习路径。教师可以利用智能化教育平台和学习分析工具，对学生进行个体化评估和反馈，为每个学生制定相应的学习计划和指导措施。个性化学习支持有助于发掘和发展学生的潜能，培养其多元智能。

在整合信息技术与思政学科教学时，需要教师具备相应的信息技术应用能力和教学设计能力。同时，教师还应持续关注教学效果，及时调整教学策略，确保学生的多元智能得到全面培养。最重要的是，要遵守中华人民共和国法律法规，确保教学内容合法合规，不涉及政治敏感和不良信息。

第四章　思想政治课程与信息技术深度整合的内涵和教学模式

第一节　思想政治课程与信息技术深度整合的内涵与目标

◆ 一、信息技术与教育深度整合的提出

《教育信息化十年发展规划（2011—2020年）》的通知已于2012年3月13日由教育部发布。《国家中长期教育改革和发展规划纲要（2010—2020年》明确提出了"信息技术对教育发展具有革命性影响"这一重大命题，并对教育信息化的意义、实现途径和方法等进行了全面的阐述，为我国教育信息化建设奠定了基础。

教育信息化的内涵是"以信息化推动教育现代化"、"以信息化解决教育发展中的瓶颈问题"、"推动教育创新与发展"（以前是"推动教育革新与发展""推进教育改革与发展"），因此，教育信息化是"推动支持我们教育现代化目标"的重要内容。

实现教育信息化的思路和方法，应该是"充分利用现代信息技术的优势，重视信息技术和教育的全方位、深层次的结合"（其实，这也是信息技术真正对教育发展带来变革的思路和方法）。

众所周知，实现教育信息化（即以教育信息化促进教育现代化）的国家目标，推进教育信息化是国家教育改革的重要内容之一。

实现在各个层面推动教育改革和创新的目标，一般的途径和方法是把信息技术和课程结合起来。2020年是我国教育信息化发展的第十个年头，提出了信息化与素质教育深度结合这个概念。只有深入探讨信息技术和学科教学的融合内涵和实质，才能实现教育信息化的跨越式发展。

信息技术与教育深度融合的提出是为了充分利用现代信息技术的力量，促进教育的发展和变革。在过去的几十年中，信息技术取得了巨大的发展，对社会各个领域产生了深远的影响，教育领域也不例外。信息技术与教育深度融合的提出旨在将信息技术应用到教育的各个层面，从教学内容到教学方法，从学习环境到评价方式，全方位地推动教育的创新和改革。

首先，信息技术与教育深度融合为学生提供了更广阔的学习资源。通过互联网和数字化技术，学生可以轻松获取到丰富多样的教学资源，包括文字、图片、音频、视频等。教师可以利用网络平台和在线资源库，灵活选择和组织教学内容，满足学生个性化学习的需求。同时，信息技术也提供了开放式在线课程（MOOC）、网络数据库等形式，让学生可以随时随地参与学习，突破时空限制。

其次，信息技术与教育深度融合改变了传统的教学模式和方法。传统的教学往往以教师为中心，注重知识的传授和灌输，而信息技术的应用可以促进学生积极参与、自主学习。通过在线协作平台、虚拟实验室、远程教学等方式，学生可以与教师和同学进行互动交流，开展合作学习。信息技术还支持个性化教学，根据学生的学习情况和兴趣特点，提供个性化的学习路径和反馈。

此外，信息技术与教育深度融合推动了教育评价方式的创新。传统的教育评价主要依靠考试和文字报告，难以全面评估学生的综合能力和潜力。而信息技术的应用可以提供更多样化的评价方式，例如，基于项目的评价、多媒体作品展示、个性化学习记录等。通过信息技术的支持，教师可以更全面地了解学生的学习情况和发展轨迹，为学生提供有针对性的反馈和指导。

最后，信息技术与教育深度融合还促进了教师专业发展和教研水平的提升。教师可以通过在线学习平台、教学资源共享社区等途径，获取最新的教育理论、教学方法和教学资源，不断提升自己的专业素养。信息技术还可以支持教师之间的教研合作和互相学习，促进教学团队的协作和创新。

总之，信息技术与教育深度融合的提出旨在利用现代信息技术的优势，推动教育的变革和创新。通过丰富的学习资源、创新的教学模式、多样化的评价方式以及教师专业发展的支持，信息技术与教育深度融合为培养具有综合素质和创新能力的学生提供了广阔的空间。

◆◇ 二、思想政治课程与信息技术深度整合的内涵

思想政治课程与信息技术深度整合是在现代教育理念、教育理论指导下，特别是在建构主义思想指导下，在"以人为中心"的教学模式指导下，将信息技术、信息资源、信息手段、人力资源、思想政治课程内容等要素有机地结合在一起，以实现思想政治课程目标的一种新的教学模式。它由以下三个基本要素构成。

第一，将思想政治课的教学活动置于多媒体技术和网络技术的信息环境中。教学活动包括网上授课、自学、讨论、创作和实践四个部分。

第二，思想政治课的教学内容经过信息处理后，成为学生的学习资料。将课程内容转变为学习资源不仅能让教师在课堂教学中应用，更重要的是提供给学生共享。

第三，利用信息加工工具让学生对经济与政治基础知识进行重构。利用文字处理、图像处理等数字化工具，对知识进行重组和创作。

思想政治课程与信息技术的深度整合，旨在充分利用现代信息技术手段，提升思想政治教育的针对性、趣味性和互动性，促进学生思想政治素养的全面发展。具体来说，思想政治课程与信息技术深度整合的内涵包括以下几个方面。

（一）教学资源丰富化

信息技术可以为思想政治教育提供丰富多样的教学资源。教师可以利用网络、电子书籍、在线期刊等资源进行教学。这些资源可以提供形式多样的教学内容，包括文字、图片、音频、视频等。通过信息技术的支持，教师可以扩大教学资源的覆盖范围，使学生能够接触到更广泛的知识和观点。

（二）互动学习环境的构建

信息技术为思想政治教育提供了创建互动学习环境的机会。教师可以借助在线讨论平台、虚拟实境技术等工具，组织学生进行问题探究、集体研讨和角色扮演等活动。这样的互动学习环境有利于学生思考问题、交流意见、拓展思维，培养他们的批判性思维和团队合作能力。

（三）创新教学方法运用

信息技术为思想政治课程提供了创新的教学方法。教师可以利用多媒体演示、在线测验和游戏化教学等手段，激发学生的学习兴趣，提高他们对课程内容的理解和记忆。通过引入信息技术，教师可以更好地呈现抽象概念，提供形象直观的教学材料，激发学生的主动参与意愿和探索精神。

（四）个性化学习支持

信息技术可以为思想政治教育提供个性化学习支持。借助智能化教育平台和学习分析工具，教师可以根据学生的学习需求和兴趣特点，提供个性化的学习资源和学习路径。个性化学习有助于学生有效地获取所需知识，提高学习效果。

（五）素质评价方式改革

信息技术也提供了新的素质评价方式，从传统的口试、笔试转变为多样化的形式。例如，学生可以利用信息技术制作PPT、短视频等来呈现他们对思想政治问题的理解和思考。这样的评价方式能够更全面地了解学生的学习情况和成果，鼓励学生创新，培养他们的表达能力。

总之，思想政治课程与信息技术的深度整合旨在通过丰富教学资源、构建互动学习环境、运用创新教学方法、提供个性化学习支持和改革素质评价方式等途径，促进学生思想政治素养的全面发展，增强他们的综合能力和社会责任感。同时，教师在整合过程中需要关注课程内容的合规性，遵守相关法律法规，确保教学活动的合法合规。

◆◇ 三、思想政治课程与信息技术深度整合的性质

思想政治课程与信息技术的深度整合，就是把信息技术有效地应用到思想政治课程的教学中，用以激发学生学习的主动性、创造性，从而改变传统的"以教师为中心"的课堂教学模式，转变为"主导—主体相结合"的课堂教学结构。以"自主、探究、合作"为特色的新的教与学的模式，能够充分发挥学生在课堂教学中的主体作用，从而实现思想政治课程与信息技术的有机结合与深度融合。

　　思想政治课程与信息技术深度整合包括三个基本性质：第一，建立一个可以利用信息技术的教学环境；第二，建构新的教学模式；第三，对传统课堂教学结构的变革。必须牢牢把握这三个基本性质，才能正确认识思想政治课程与信息技术的深度整合，真正把握"深整合"的本质，实现"深融合"的目标。

　　上述三个基本性质不是平行的，也不是并列的。

　　① 信息环境的构建是信息技术和课程深度融合的基础、前提。信息化的教学环境是指：能够支持情境创设、启发思维、信息获取、资源共享、人机互动、师生互动、生生互动、自主探究、合作学习等多种教学和学习需求的环境。

　　② 实现"自主、探究、合作"的新的教学模式是"深度融合"课堂教学模式的具体体现，也是"深度融合"课堂教学模式的目标所在；而新的教学模式、新的教学理念、新的教学方法、新的学习资源又为教学提供了有力的支撑。只有这样，"深度融合"的总体目标才能最终实现。

　　③ 信息技术和课程深度融合的总体目标是改变传统的以教师为主导的课堂教学模式，转变为"主导—主体相结合"的课堂教学结构。

　　思想政治课程与信息技术的深度整合旨在充分利用信息技术的力量，促进思想政治课程的有效教学和学生思想政治素质的全面提升。通过将信息技术应用于思想政治教学的方方面面，可以丰富教学内容、改变教学方法、拓展学习渠道，并提高学生的参与度和学习效果。

　　首先，思想政治课程与信息技术深度整合可以丰富教学内容。传统的思想政治课程注重理论知识的传授，但往往缺乏直观的案例和实践活动。通过信息技术的应用，可以提供大量的相关资源，如多媒体资料、网络视频、真实案例等，使抽象的概念和理论变得具体而生动。教师可以运用信息技术工具设计教学方式，让学生通过浏览网页、观看视频、参与在线讨论等方式更深入地了解和分析各种思想政治问题，增强他们的理论运用能力和批判思维。

　　其次，思想政治课程与信息技术深度整合可以改变教学方法。传统的思想政治课程常采用单向讲解、课堂互动较少的方式，学生的参与度和主动性不高。而信息技术可以为思想政治课程提供多样化的教学方法，如在线讨论、虚拟实验、模拟演练等。通过在线平台，学生可以分享自己的见解、提出问题、参与小组讨论，实现师生互动和同学间的互动，促进深度思考和交流。同时，信息技术还可以结合游戏化教学的方式，设计情景模拟、角色扮演等教学活动，激发学生的学习兴趣和积极性。

此外，思想政治课程与信息技术深度整合可以拓展学习渠道。传统的思想政治课程主要依靠课堂教学和教材阅读，学生的学习资源和渠道相对有限。而信息技术提供了广阔的学习平台和资源库，学生可以通过网络搜索、在线学习平台、电子书籍等途径，获取更多的学习资料和信息。此外，信息技术还可以推广在线学习和远程教育，使地域和时间的限制不再成为学习的障碍。学生可以根据自己的需求和兴趣，自主选择和安排学习内容和学习进度，实现个性化学习。

最后，思想政治课程与信息技术深度整合可以提高学生的思想政治素质。思想政治课程的目标是培养学生的思想觉悟、价值观念和道德品质。信息技术的应用，可以让学生更加广泛地接触到不同的政治思潮、意识形态和价值观，增强政治思维和政治判断能力。在信息时代，学生面临着各种各样的信息和观点，因此培养学生的信息素养和批判性思维也变得尤为重要。思想政治课程与信息技术的深度整合可以引导学生正确获取、评估和利用信息，提高他们的信息素养和思辨能力。

总之，思想政治课程与信息技术的深度整合为思想政治教育提供了新的途径和可能。通过丰富教学内容、改变教学方法、拓展学习渠道和提升学生思想政治素质，信息技术与思想政治课程的深层次整合有助于培养具有良好政治素质和创新能力的新时代公民。

◆◇ 四、学科课程与信息技术紧密结合的方式与方法

在学科课程与信息技术紧密结合的过程中，应从以下三个方面入手。

第一，对课堂教学的结构变化进行深入理解。

第二，改革传统的课堂教学方式，探索一种新型的课堂教学方式。

第三，对思想政治课的教学内容进行整合，使之成为学生进行认知探索的手段、情感经验和内在动力。

教师、学生、教学内容、教学媒介是教学体系的四大要素，它们之间存在着密切的联系并相互作用。

教师应从讲授者和课堂的掌控者转变为组织者和指导者，帮助和促进学生构建知识体系，培养学生高尚的情感和道德品质。

学生应从知识的传授对象、外部刺激的消极接收方转变为信息处理的主动方、知识的积极构建方，学会自主体验、内化和培养崇高的思想感情。

教学内容（教科书）应从单纯的以学生的知识为本位转变为以教科书为本位，辅以大量的电子资源，如资源库、案例库、专题网站、光盘、课件等。

教学媒介也应从单纯的辅助教师"教"的可视化展示工具转变成能够帮助教师"教"的工具。更重要的是，它应该是一种认知工具，一种合作交流的工具，一种使学生能够自我探索、自我发现的工具，一种使学生能够自我经历、自我内化的工具，一种能够推动学生自主学习的工具。

因此，在思想政治课程改革中，要实现思想政治课课堂教学结构的改革，就必须对思想政治课课堂教学进行改革。在思想政治课教学实践中，应积极探索将思想政治课教学改革与计算机网络技术相结合的教学模式。

开展思想政治课程与信息技术的深度融合可以通过以下途径和方法。

1. 教学资源的丰富化

利用信息技术平台和工具，整合多媒体资源、网络视频、电子书籍等教学资料，为学生提供丰富的学习资源。教师可以通过在线教育平台或自建网站分享和发布相关教学资料，让学生随时随地获取学习资料。

2. 课堂互动的增强

运用信息技术工具如电子投影仪、智能白板等设备，将多媒体内容与课堂教学相结合。通过演示、展示案例、展示学生作品等方式，激发学生的兴趣和参与度。同时，鼓励学生利用电子设备进行课堂互动，如在线投票、小组讨论等，促进学生思想交流和合作学习。

3. 虚拟实验和模拟演练

结合信息技术的虚拟实境技术，设计思想政治课程的虚拟实验和模拟演练活动。通过虚拟场景的模拟，学生可以在虚拟环境中体验现实情境，深入了解各种思想政治问题和决策过程。这样的实践活动有助于培养学生理论知识的应用和实际问题的解决的能力。

4. 在线讨论和社交媒体

利用在线讨论平台或社交媒体，搭建学生之间和学生与教师之间的交流和互动平台。鼓励学生分享观点、提出问题、组织辩论，并由教师进行引导和指导，促进学生批判性思维和主动学习能力的提升。

5. 利用人工智能技术

结合人工智能技术，开发智能化的学习辅助工具。通过自然语言处理、机器学习等技术，为学生提供个性化的学习支持和反馈。例如，基于学生的学习情况和需求，智能化系统可以推荐适合的学习资料，提供针对性的讲解和解答。

6.远程教育和在线学习

利用信息技术开展远程教育，提供弹性学习的机会。通过在线学习平台或视频会议工具，组织远程授课和学习活动，使学生无论身在何处，都能参与到思想政治课程的学习中。同时，通过开设在线课程等形式，为广大学生提供自主学习的机会。

7.数据分析和评估

应用信息技术的数据分析方法，对学生的学习情况和成绩进行监测和评估。通过收集学生的学习数据和行为数据，分析学生的学习特点和问题，帮助教师进行有针对性的教学改进和个性化辅导。

在实际操作中，需要教育部门、学校和教师共同配合，加强师资培训和技术支持，推动思想政治课程与信息技术的深度融合，并注意保护学生的个人信息和隐私安全。

◆◇ 五、思想政治课程与信息技术深度整合的目标

学科课程与信息技术深度整合的目的是要创造一种理想的学习环境、一种全新的学习方法，它不仅是一种辅助教学的手段，更是一种认知的手段、一种情感的激励手段，它能帮助学生更好地自主学习。在信息技术环境下，学生可以自主探索，参与多种互动，合作学习，共享资源。打破以教科书为唯一知识来源的限制，让学生进入由计算机网络构建的学习空间，拓宽学生的知识面，丰富他们的情感体验。教师的作用在于充分调动学生的积极性和主动性，为学生的自主学习提供必要的资源和指导，使学生在自主学习中形成有意义的知识系统，并在此基础上培养学生的创新精神和实践能力。以学生为主体、教师为主导的教学结构是学科课程与信息技术整合的体现。思想政治课程与信息技术深度整合的目标是通过充分利用信息技术，提升思想政治教育的质量和效果，培养学生的思想政治素养，实现以下几个方面的目标。

（一）提升思想政治教育的针对性和有效性

信息技术可以帮助教师更好地针对学生的不同需求和兴趣特点进行教学

设计。通过个性化学习支持和分析工具，根据学生的学习情况和差异制定相应的教学策略，让每个学生都能够得到有效的学习支持，提高思想政治教育的针对性和有效性。

（二）激发学生的学习兴趣和积极性

结合信息技术的多媒体演示、游戏化教学等手段可以使课程更加生动有趣。丰富多样的教学资源和创新的教学方法可以激发学生的学习兴趣，提高他们的学习积极性和主动性。通过互动学习环境的构建，学生可以积极参与课堂活动，发挥自己的主观能动性，充分展示自己的才能和创造力。

（三）培养学生的信息素养和创新精神

信息技术的应用需要学生具备一定的信息素养和创新能力。思想政治课程与信息技术深度整合可以培养学生的信息素养，使他们能够有效获取、评估和利用信息，发展批判性思维和创新精神。学生通过信息技术的运用，可以进行数据分析、信息检索、问题解决等活动，提高信息处理和创新能力。

（四）培养学生的社会责任感和公民意识

思想政治教育的核心目标之一是培养学生的社会责任感和公民意识，使其成为具有社会责任感和良好公民品质的公民。信息技术的整合可以通过引导学生参与社会实践、开展公益活动等方式，培养学生的社会责任感和公民意识。同时，通过信息技术的支持，学生也可以更好地了解国家法律法规、公民权益等相关知识，促进他们法治观念的形成。

（五）培养学生的综合素养和适应能力

思想政治课程与信息技术深度整合可以提供多样化的学习和评价方式，注重学生的综合素养培养。学生在信息技术的支持下，不仅可以获得专业知识，还能够提高批判思维、沟通协作、问题解决等综合技能，提高适应社会发展和面对未来挑战的能力。

总之，思想政治课程与信息技术深度整合的目标是通过充分利用信息技术手段，提升思想政治教育的质量和效果，培养学生的思想政治素养，提升他们个人发展和社会适应的能力。

第二节 思想政治课程与信息技术深度整合的教学模式

思想政治课程是一门理论性很强的课程，是关于马克思主义的一些政治和经济的基础理论。如果不注意授课的方法，仅是干巴巴地讲述理论，会很难调动学生的积极性，还易使学生产生反感情绪。那么，如何使思想政治课活跃起来，使学生乐于接受经济与政治基础知识，的确是一个很艰难的过程。

这些年来，根据思想政治课程自身的特点和学生的具体情况并结合自身教学的实践，笔者在教学方法方面进行了探索和改进，尤其是对思想政治课程与信息技术整合的教学模式进行了新的探索。在思想政治课程的传统教学基础上建构思想政治课程与信息技术整合的新型教学模式，最大限度地发挥信息技术的整体功能与作用，采用多元化的教学方法，提出"学教并重"的信息技术与思想政治课程深度整合的教学模式。即基于课堂讲授的情境探究教学模式、基于网络的研究性教学模式、基于网络的主题探索教学模式在思想政治课程中的具体研究。

◆ 一、基于课堂讲授的情境探究教学模式

（一）以信息技术为工具，进行情境探究性学习与发现性学习

这种教学模式是在建构主义和新课程改革理念的指导下，以教师为主导、以学生为主体、以教学需求为导向，通过创设一定的情境，让学生在情境中探究、发现，促进学生对所学内容的理解，提高学生的学习能力，从而实现知识的自主建构的教学模式。根据课堂教学的要求，有以下三种方法可供选择。

① 通过观察、分析和思考数字化资源中所展示的社会文化现象，激发学生的学习兴趣，培养学生的观察能力和思维能力。

② 通过对多媒体、超文本等数字化资源创设问题情境进行思考、探索和利用，学生可以在发现问题和解决问题的过程中获得知识的构建能力。

③ 通过建立虚拟实验教学环境，培养学生科学探究的态度与能力，使其初步掌握科学探究的途径与方法。

（二）情境探究性教学模式的实施步骤

情境探究性教学模式的实施步骤如下。

① 运用数字化资源创建探究式学习环境。

② 引导学生观察情境，并提出问题进行思考。

③ 通过数字化教学资源的呈现，引导学生深入地观察、探究、操作，找出事物的特点、联系、规律。

④ 利用PowerPoint等信息处理工具进行意义建构。

⑤ 通过测试工具对学生的学习进行评估，及时地发现学生存在的问题并获得反馈。

情境探究性教学模式可用图4-1表示。

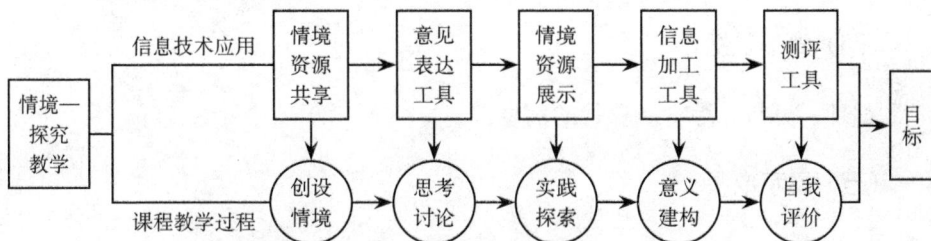

图4-1　基于课堂讲授型教学的"情境—探究"模式

二、基于网络的研究性教学模式

研究性学习是指在教师指导和帮助下，学生根据自己的学习、生活、社会、环境及个人发展的特点，选择相关的课题，通过探索的方法，主动地获取知识，运用知识，进而获取问题解决的能力。研究性学习的开展离不开丰富的资源的支撑，而互联网上海量的资源，同步的、异步的、并行的信息传输方式以及超时空的信息传输能力，使得研究性学习的信息资源得到了充分的利用，为探索现实世界中的实际问题提供了可能。

根据研究性学习的特点和网络技术的教学要求，将网络技术的研究性学习模式的实施分为6个阶段：确定课题、设计方案、收集数据、处理数据、展示成果、总结评估。

（一）确定课题

课题应以教科书为基础，着眼于社会和科学技术的发展趋势。一般情况下，不同学科的研究方向、研究方法各不相同，可以由教师选择，也可由学生选择。在实践操作上，教师应根据具体的、可行的、新颖的、切合实际的原则，重点引导学生以某一方面为研究方向。

（二）设计方案

在确定了研究和学习的主题后，要根据学生的实际情况进行分组，明确每个主题小组的研究目标，并制定相应的研究计划，同时教师要及时对学生在学习过程中遇到的问题和困难给予正确的引导。

（三）收集数据

学生根据学习目标和计划获得必要的学习信息，在此基础上进行自学。

（四）处理数据

整理、分析、综合所获得的信息。

（五）展示成果

研究结果的表达应遵循实事求是的原则，教学中应引导学生运用正确的方法进行研究。这是研究性学习的一个重要环节。通过交流、研讨和分享研究成果，学生可以在交流、研讨过程中获得更好的学习效果。研究论文、多媒体、演出、展览等是研究性学习成果的常用传播形式，通过 Web（Universal Network，校园网）将研究成果进行展示，充分体现了网络技术在研究性学习领域的优势。

（六）总结评估

学生在学习的过程中进行能力的自我评估，总结自己的不足和成功之处；有条件的学校还可以利用校园网论坛、BBS 和留言板等平台进行沟通，为相关部门提供参考意见，从而达到有效地展示成果的目的。

◆◇ 三、基于网络的主题探索教学模式

这种教学模式分为如下步骤。

① 在教师指导下，组织学生进行社会调查，了解可供学生学习的主题。

②根据课程学习需要，选择并确定学习主题，制订主题学习计划（包括确定目标、小组分工、计划进度）。

③组织合作学习小组。

④教师提供与学习主题相关的资源目录、网址、资料收集方法和途径（包括社会资源、学校资源、网络资源的收集）。

⑤指导学生浏览相关网页和资源，并对所得信息进行去伪存真、选优除劣的分析。

⑥根据需要组织有关协作的学习活动（如竞争、辩论、设计、问题解决或角色扮演等）。

⑦）形成作品，要求学生以找到的资料为基础，做一个与主题相关的研究报告（形式可以是PPT、电子文稿、网页等），并向全体同学展示。

⑧教师组织学生通过评价作品，形成观点意见，达到意义建构的目的。

这类教学模式主要适用于校园网络环境，可用图4-2表示。

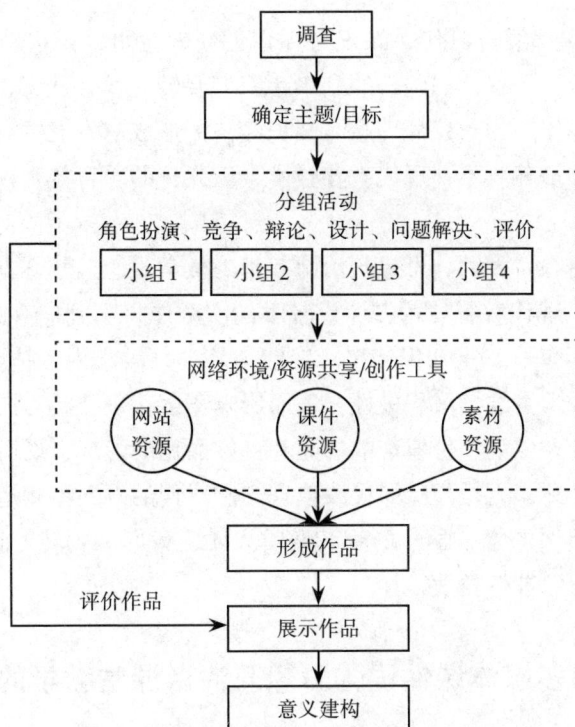

图4-2　基于校园网络的主题探索教学模式

第三节　多媒体课件在思想政治课程教学中的应用

随着现代科技的发展，以计算机为核心的多媒体技术已经运用到课堂教学中，为课堂教学拓展出一片崭新的天地。多媒体技术形象、生动、直观性强，能够将课本中的一些抽象的概念、复杂的变化过程、形态各异的运动直接展示在学生面前，从而调动学生的学习积极性，使其变被动学习为主动学习。充分发挥教师的教育引导作用，创造一个可以使学生积极参与的教学场景。为此，越来越多的学校思想政治课教师都在进行计算机辅助教学的研究。

◆ 一、利用现代教育技术的必要性和重要性

21世纪是知识经济时代，知识与知识创新的竞争，归根结底是人才的竞争、教育的竞争。随着知识经济的到来，我们要转变教育理念、教学方法，实施发挥学生主体作用的新课程理念。知识经济的形成与发展依靠创新人才的培养，创新人才的培养离不开现代教育技术，而先进的教育技术则可以促进先进思想的实现。

另外，目前有一大部分思想政治课教师的教学观念、教学方法和教学手段仍旧十分落后，现代教育技术在课堂教学的实践中得不到应有的体现和应用。例如，教学目标单一，重知识传授、轻能力培养，教学内容枯燥乏味，等等，已经严重影响了学生的学习积极性，进而影响学生正确政治方向的确立，以及科学的世界观、人生观、价值观的树立和良好品德的形成，妨碍了其作为德育主渠道功能的发挥，更是与新课程改革理念和时代的发展不相适应。因此，要想优化思想政治课课堂教学，培养高素质人才，我们就要转变教育思想观念，运用现代教育技术进行教学。

◆ 二、运用多媒体课件优化思想政治课课堂教学的具体实践

（一）利用多媒体，巧设导入，激发学生的学习兴趣

兴趣与思维的发展有着密切的关系。兴趣吸引学生去思考、去从事活动，

从而促进思维的发展。把握学生的兴趣特点，促进其形成某种思维能力是开发学生智力的一个重要方面，培养学生的学习兴趣，需要启发学生的好奇心、激发他们的求知欲。在课堂教学中，教师可以利用电脑播放电影片段，以直观的、生动的形象呈现在学生面前，可一下子抓住学生的注意力，使课堂学习有一个良好的开始，并为以后的学习奠定较好的基础。如在讲价值规律的内容时，可以播放电影叶圣陶的《多收了三五斗》片段，激发学生的学习兴趣，调动学生的求知欲，使学生急于想知道教师为什么要放这些电影片段。此时，教师可以马上提出问题：同样是一斗米，为什么在粮食丰收和粮食青黄不接时，价格相差甚远呢？学生积极思考，踊跃回答问题。这样就自然而然地引入了新课的学习。

（二）突破时空限制，优化教学过程

随着多媒体网络的运用，各种思想政治信息资源源源不断地出现，突破了时间和空间、微观和宏观、历史与现实的界限，使课堂节奏加快、内容丰富、密度增加，缩短了学生的认知过程，在一定程度上可以帮助教师进行课堂教学。在借助互联网进行课堂教学时，能优化的环节已被优化，需书写的材料已被互联网所代替。如教师在讲法律基础知识中的法律责任时，可以在课前播放中央电视台《今日说法》"事故发生之后"案例：四川省崇山市的徐某驾驶摩托车出了车祸，由于害怕承担法律责任，他让坐在摩托车后座上的妻子替他顶罪进了看守所，而徐某却将家里值钱的东西藏到朋友家，自己在山中躲了起来。中国政法大学的教授就此事回答主持人提问时说："他是在对法律有误解的情况下作了一个错误的决定。因为过失犯罪是轻罪，如果被害人谅解并且接受赔偿，行为人也没有太多的恶性表现，法律是可以不起诉、不判刑的。如果是一个无照驾驶的人，他直接就会被认定负全部的责任。在负全部责任的情况下致一人死亡，就进入刑事领域了。这个案件当中，妻子为丈夫顶罪，可能出于一种夫妻之间的感情，但他们都是公民，每个公民都应该在法律允许的范围内规范自己的行为，当我们遇到这样一些突发事件的时候，在每个环节上按照法律规范去做，就能将损失降到最低，否则就是聪明反被聪明误，反而会受到更为严厉的惩处。"这样，教师利用多媒体把生活中的具体实例与教材中承担法律责任的内容相结合，突破了时空的限制，使学生能够轻松地学习，提高了课堂效率，从而达到了优化教学过程的目的。其效果是"一支粉笔一本书，一块黑板一张嘴"的传统授课形式所无法比拟的。

（三）化抽象为形象，变枯燥为生动有趣

思想政治课教材有大量的概念和原理，这些概念和原理很抽象，用传统的教学方法去讲解很枯燥。同时有许多概念、原理，学生对其缺乏感性认识，也使得教师的讲解在学生心目中缺乏可信度，难以激发学生的求知欲和学习兴趣。多媒体课件利用图形、图像、声音、动画技术等综合手段，将抽象问题形象化，把枯燥的文字叙述变得生动有趣。同时，通过动画模拟可以将事物发展过程及其内在联系动态地展示在学生眼前，增强教师讲解的可信度。优美的画面、动听的音乐，配上教师简练的讲解，能够激发学生的学习兴趣，使得枯燥乏味的学习变得轻松愉快。如在讲解哲学中"社会存在和社会意识"的辩证关系原理时，就可以播放一段关于张家港"两个文明"的录像，从而引出社会存在和社会意识，教育学生树立科学的社会意识，培养学生分析与综合能力。

◆◇ 三、多媒体课件在思想政治课课堂教学中应用的启示

多媒体课件走进课堂，使广大思想政治课教师可以充分利用多媒体技术制作富有时代气息的教学内容来充实和丰富课堂教学内容。教师不仅能够强调教学重点、突破教学难点，而且能够帮助学生更好地理解和接受教学内容，也为综合性教学创造了更好的条件。但是随着多媒体网络技术在教育中的广泛应用，人们愈来愈关注它们，结果导致出现了一种多媒体网络热，即不管教学内容和教学要求如何，都片面地认为制作一个多媒体教学课件就可以上一堂示范课。因此，我们在使用多媒体课件进行教学时，要注意以下几点事项。

① 不要盲目滥用。要明确多媒体只是一种辅助教学手段，不是用得越多越好。一会儿投影，一会儿影像，多媒体辅助教学使用过多，会造成对学生刺激过度，有时反而冲淡了教学主题。因此，能用传统教学手段达到最佳教学效果的，就不必用多媒体。

② 不要重画面，轻语言。多媒体辅助教学的运用强化了教学过程的形象性、直观性，能够把一些抽象的内容形象化、具体化。但是，有些简单问题用语言、文字就能表达清楚，有些问题借助粉笔、黑板就能让学生明白，我们就不应花费大量的时间和精力去制作动画、影像等资料，否则就是画蛇添足，效果自然也会不佳。

③ 制作课件要讲究科学性，要突出重点，突破难点，考察"热点"，讲求

时效性。多余的或过时的内容以及与教学内容相关性不大的素材要大胆删除，这样有利于课堂结构的优化配置。

④ 制作课件不但要面向全体学生，而且要兼顾个体，因材施教，引导学生自主学习。处理教材时要厘清"三点三线"，即厘清知识点、思想点、技能点，厘清知识网络线、思想教育线、技能训练线。理论联系实际，力求做到"三点三线"的完美结合。

思想政治课教师要恰到好处地利用现代教育技术手段改变目前学生学习思想政治的现状，激发学生的学习积极性，提高学生综合分析问题的能力，提高学生的思想政治素质，使教学效果达到最佳。

第五章　思想政治课程与信息技术深度整合的教学案例

第一节　价值规律基本内容和表现形式
——基于课堂讲授的情境探究教学模式教学案例

◆◇ 一、教学目标

本节课以建构主义、新课程改革的理念为指导，为了每个学生的全面发展，依据教学大纲、教学内容和学生实际制定了"三位一体"的教学目标。

知识与技能：识记价值规律的基本内容和价值规律的表现形式，培养学生运用所学原理分析经济现象及经济问题的能力，培养学生动口、动手、动脑的创新能力，培养学生交流合作和分析探究的能力。

过程与方法：通过讨论、分析、归纳等方法，学会全面地思考分析问题，实现知识向能力的转化。

情感态度与价值观：通过认识价值规律，更好地利用它为我们服务，更好地理解国家有关经济政策。

教学重点：价值规律的基本内容和价值规律的表现形式。

◆◇ 二、教材分析

本节是职教版思想政治第一章第三节价值规律的内容，是第一章乃至全书的重点和难点。它是在学习前两节商品及商品经济知识的基础上，进一步揭示价值规律。其中价值规律的基本内容是本节的教学重点，价值规律的表现形式是本节的教学难点。本节理论性强、内容重要、学生理解难度较大，教师可以改变以往学生被动接受知识的方法，发挥学生的主动性，力求取得最佳教学效果。

◆〉三、对学生的分析

学生的心理特点、认知水平和学习基础是教学的依据，也是教学的出发点。

①学生已经学过商品价值量原理，对把握价值规律内容有一定的帮助，但在理解价值规律表现形式上有一定的难度。

②学生能够掌握基本的材料收集和事物分类技巧。

③学生具备一定的口头表达能力和逻辑思辨能力。

◆〉四、教学设想

建构主义理论认为，教学不是向学生灌输知识的过程，而是学生主动构建知识的过程，教师是教学过程中的帮助者、引导者，学生是教学的主体，因此，本节课教师可以采用"情境—探究"教学模式，以发挥学生的主体作用。同时依据新课程"倡导学生主动参与，乐于探究，勤于动手"的要求，以及中职二年级学生的认知特点，以读书指导法、导学探究法和情境创设法为主要教学方法，引导学生掌握和运用阅读自学法和合作讨论法等学习方法，达到教法和学法的相融。

鉴于教材感性材料较少，教师可以号召学生搜集网上的资料。在具体运用上，采用Flash动画辅助教学手段，以提高教学效果，最终实现教学目标。

◆〉五、教学过程分析

根据教学目标、教学重点和难点以及新课程的要求，教师可以设计"创设情境—思考讨论—实践探索—意义建构—自我评价"的总体教学思路。

（一）创设情境

教师可以采用情境创设法，利用大屏幕播放叶圣陶的《多收了三五斗》中的故事片段,引导学生在观看中思考。教师提出问题:同样一斗米,为什么价格相差甚远呢?归纳得出价值规律像一只看不见的手,支配着商品经济的变化和发展,导入新课——价值规律。

(二)思考讨论

为使学生自主构建知识,教师可以采用读书指导法,指导学生阅读教材,并提出问题:① 什么是商品的价值量?② 在商品交换中买卖双方应遵循的原则是什么?引导学生思考分析,并使学生自主构建知识——价值规律基本内容。

接着教师可以举一些学生身边的实例(数字化学习资源展示)。北京曾有一段时间洗浴困难,平均五万人才有一个公共浴池。经了解,几十年来燃煤费、电费、水费都有所提高,而澡票的价格始终没变,浴池不但没有盈余,反而连年亏损。请学生运用价值规律原理说明为什么北京有一段时间浴池少,洗浴业发展不起来?学生思考、分析、借助信息表达工具Word或BBS发表意见,教师最后归纳结论(数字化学习资源展示)。价格是由价值决定的,不顾价值的大小,人为地冻结价格,违背了价值规律,影响了企业的发展,给人民的生活带来不便。接着设疑,等价交换原则在现实生活中是如何被贯彻的?自然过渡到下一个问题。

(三)实践探索

结合学生的生活实践,观看学习资料(数字化学习资源展示)。有的学生说:"一分钱未必买到一分货。春节期间我上街去买菜,发现菜价涨了好多!"

有的同学说:"一分钱也能买到两分货,前几天汗衫大减价,我花三十元买了两件,而之前我的同学花三十元只买到一件。"

还有的同学说:"一分钱只能买到一分货。"

教师指导学生就"一分钱买一分货"的说法展开讨论。这种说法对吗?为什么?让学生畅所欲言、热烈讨论。

引导学生思考、分析、探究,最后得出结论"一分钱买一分货"是正确的,这体现的是商品交换等价原则。但有时受供求关系的影响可能出现价格高于价值或价格低于价值的现象,这并没有违反价值规律而正是价值规律的表现形式。通过学生间的互动讨论,培养学生交流合作和分析探究的能力。

接着，进一步探索价值规律表现形式的原因，教师利用大屏幕展示一则Flash动画材料（数字化学习资源展示）。

某省农民种植数量有限的苹果树，每斤苹果价格为五元钱，果农收益非常好。因此，吸引其他农民纷纷效仿种植苹果树，数年后，苹果价格急转直下，每斤苹果卖到一元甚至几角钱，此后有的农民改建蔬菜大棚，有的买汽车，搞运输，种植果树的人越来越少。根据这则材料，请学生分析苹果价格涨跌的原因是什么？学生分析、归纳得出供求关系影响价格。接着再设疑，价格会不会无限制上涨或下跌呢？（数字化资源分步显示价格与供求变化图，如图5-1所示）

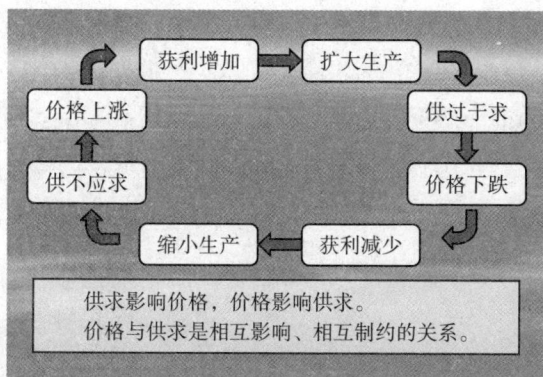

图5-1　价格和供求的关系

学生通过观察此图，分析问题，得出结论。教师再设疑，价格围绕价值波动的根本原因是什么？（数字化资源显示价值规律表现形式图）学生观察、分析曲线运动的特点，教师引导并要求学生能够动手绘制此图，突出学生的主体作用，培养学生动口、动手、动脑的创新能力。最后教师点拨，这是从单个交换过程看价格与价值的不一致，但从长期看价值与价格基本相符，可见等价交换是在动态中实现的。

（四）意义建构

通过学习，对思考和实践的结果进行归纳总结，让学生利用信息加工工具PowerPoint或FrontPage对所掌握的知识进行意义建构。（如图5-2所示）

价值规律的基本内容	价值规律的表现形式
商品的价值量是由生产商品的社会必要劳动时间决定的。	价格归根到底是由价值决定的，同时又受供求关系的影响。
商品交换要以价值量为基础实行等价交换。	价格围绕价值上下波动不仅不违背价值规律，反而正是价值规律的表现形式，而且是唯一可能的表现形式。
（学生自主建构1）	（学生自主建构2）

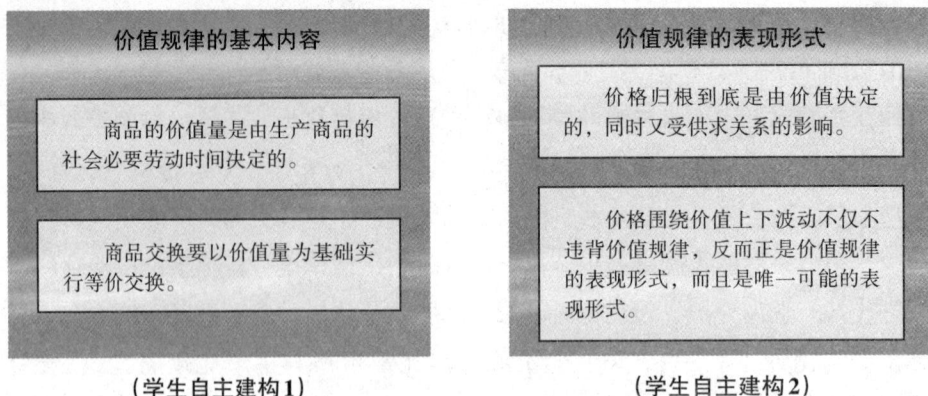

图5-2　学生自主构建的价值规律的基本内容和表现形式

教师引导学生自主建构学习知识，并进一步将知识外化为实际行动。结合生活实际，结合学生建构的知识提出了两个探究性问题：① 冬天购买空调夏天卖是否赚大钱？② 当前形势下，为什么汽油的价格居高不下？请用经济学价值规律原理分析，组织学生分小组讨论、研究、回答，创设高潮，深化本节课教学目标。

（五）自我评价

通过情境探究式教学，借助数字化资源展示本课的测试题。测试题分难、中、易三个层次，有基础知识和能力迁移，学生答完测试题后让其进行自我评价，了解学习效果。许多学生掌握得很好，获得了良好的反馈信息。

课后作业：逛集市，让学生切身体验在市场经济条件下价值规律的调节作用，写一调查报告，培养学生社会实践能力及写作能力。

◆◇ 六、教学效果

本节课是在建构主义理论指导下的一堂真正"以学生为中心"的课。从总的效果上来说，学生对这堂课相当投入，课前做好了充分的预习，课堂上自主探究，独立思考，获得知识。

（一）建立新型的师生角色意识和互动关系

学习方式的改变是师生互动的前提，本节课彻底改变了学生的学习方式，课堂上主要是学生的研究活动。教师注意创设教学情境，学生通过思考讨论、实践探索、意义建构，真正成为学习的主人。同时教师也不再是喋喋不休的讲授者，在课堂上，教师的作用主要体现在提示、引导、点拨、激励等方面，教师在课前做好了各种准备工作，设计了有活力、能联系学生实际的案例，有利于师生课堂互动。

（二）培养了学生各方面的能力

新课程改革的核心是改变学习方式，培养学生的创造能力和实践能力。为此，在处理本节课的教学重点、难点的过程中，教师注意创设教学情境，化抽象为具体，提出有启发性、开放性的问题，培养了学生分析、归纳的能力。同时，通过分组讨论、图表演示、动手绘制图表、课堂练习等一系列教学活动，培养了学生动口、动手、动脑的创新能力及交流合作和分析探究的能力。课后布置调查报告形式的探究题，体现了"在活动中体验，在体验中感悟，在感悟中成长"的新课程教学理念，对培养学生学以致用的良好风气起到较好的导向作用。

总之，在整个教学课堂中，采用情境探究教学模式，凸显思想政治课程理论联系实际的学科特色，强调主体参与、主体探究，达到落实知识和技能、过程与方法、情感态度和价值观的三维教学目标。

第二节　中国共产党领导的多党合作和政治协商制度
——基于网络的研究性教学模式教学案例

◆ 一、教学目标

知识与技能：通过学习，学生能够了解我国各民主党派的名称、性质；现阶段中国共产党和各民主党派的根本活动准则；我国多党合作制度的基本内容；我国政党制度具有的显著优越性。

过程与方法：通过社会走访、调查或研究性学习等形式，了解我国多党合作制度的有关实例，逐步培养学生理论联系实际的能力，培养学生在探究现实社会政党制度问题上的创新能力。

情感态度与价值观：使学生明确我国政党制度的基本内容及其优越性；帮

助学生增强积极参与我国政党制度建设的情感，确立对建设中国特色政党制度的政治责任感。

教学重点：中国共产党领导的多党合作和政治协商制度。

◆◇ 二、教材分析

该内容是职教版思想政治教材第九章关于政党制度部分的内容，知识点较多，主要任务是正确认识我国具有中国特色的政党制度，对于进一步理解我国的社会主义现代化建设必须由中国共产党领导、坚持四项基本原则具有重要意义。只有正确认识我国的政党制度，划清同资本主义国家多党制、两党制的区别，才能进一步认识我国社会主义民主的本质。

◆◇ 三、对学生的分析

职业院校的学生掌握了一定的技能，能够初步使用一些计算机软件；学生的学习基础不是很好，对于政治问题，学生普遍认为其高高在上，高不可攀，学习兴趣不高；学生掌握基本的材料搜集的技巧；具备一定口头表达能力。

◆◇ 四、教学设想

本课涉及的中国共产党领导的多党合作和政治协商制度是我国的基本政治制度，是政治常识的重要内容。但其理论性强、内容抽象，教师可以采用突出学生主体地位的社会调查和研究性学习等形式，使学生通过相关的调查和研究的学习过程，深刻领会本课中的知识点，从而构建有关的知识体系。

通过师生互动、网络查阅等形式，充分发挥信息技术在思想政治课程中的作用。收集、整理有关教学内容，并通过形象生动的相关材料，展示学生自己建构的有关学习成果。

◆◇ 五、教学过程分析

（一）研究项目

本课的研究项目是"中国共产党领导的多党合作和政治协商制度"重要思

想专题。学生在媒体中接触过"中国共产党领导的多党合作和政治协商制度"，但大多认为与自己无关，或认为这个问题高高在上，高不可攀，所以学习兴趣不高。在这种情况下，如果仍然按照传统的教学模式操作，教学效果不会很理想。所以，教师可以选取这部分内容尝试网络研究性教学模式。

（二）制定方案

为了避免学生面对网络中浩如烟海的资料，觉得头绪太多、杂乱无章，理不清思路，教师可以启发学生讨论，明确本课学习的两个任务：一是了解我国有八个民主党派；二是掌握中国特色的社会主义政党制度。明确了学习任务后，根据学生的学习情况、计算机掌握能力等实际情况分成四个研究小组，其中有两个小组研究我国的八个民主党派，有两个小组研究中国特色的社会主义政党制度，每组写出课题研究方案，教师根据学生存在的问题和困难及时给予指导。

（三）收集资料

各小组都确定了自己的主题，组内进行分工合作，开始收集资料。而学生一旦进入角色，他们对信息的要求也就越来越高，不但要求信息丰富，更要求信息有特色。

（四）加工处理资料

面对收集到的大量资料，如何处理，又是学生要面对的问题。一开始，学生只会不加选择地把网上相关的现成资料原封不动地照搬过来，罗列在一起，根本谈不上形成自己的观点和看法。此时，需要教师进行适当指导，强调要使资料为自己的观点服务，必须对收集到的资料进行筛选、整理、分析、综合，用自己的语言来表达自己的观点。

收集到资料后，重要的是如何把资料进行重新组织整理，使资料成为表达小组主题的重要论据，这时教师的引导作用特别关键。

（五）展示成果

学生收集、组织、整理资料后以探究的方式获取的成果，需要通过互相展示、交流分享研究成果，使全班学生对"我国的八大民主党派和中国特色的社会主义政党制度"有一个全面、完整的认识。各个小组之间通过多媒体、展览等形式交流，各小组的研究成果通过制作成幻灯片或网页的形式来展示。学生用最适合的画面、颜色把内容组织起来，最后形成既突出主题又各有特色的幻灯片和网页。

（六）小结评价

教师根据整个学习过程中对学生能力的要求制作了学生自评和互评表格，引导学生从具体政治现象，转向总结研究学习的方法和规律。通过评价，学生对思想政治课学习的方法、掌握信息技术的能力、合作学习的重要性等方面都有了全新的认识和感受，为进一步开展自主学习打下一定的基础。通过评价，学生对学习过程和结果也有了新的认识。

◆ 六、教学效果

本节课的实施，取得了比传统教学形式更好的效果。

首先，由于上课形式生动活泼，学生以极大的热情投入其中，通过自主探索增强了对思想政治学科学习的兴趣。更重要的是，学生开始感受和体验到如何进行自主学习，发掘自己的学习能力，从被动地接受知识转变到主动地探究、构建知识。

其次，学生开始体会如何根据需要去选择和使用信息技术工具，如网络搜索、幻灯片操作等来为学习服务。

最后，由于学习的过程始终以小组的形式完成，而整个过程又是全班各小组合作的结果，因此，学生体会到合作学习的重要性和优越性。

第三节　银行的分类及其职能
——基于网络的主题探索教学模式教学案例

◆ 一、教学目标

以建构主义、新课程改革理念为指导，引导学生自主构建知识。

知识与技能：了解我国商业银行的种类、主要功能；使用PowerPoint创建电子文档，建立"银行分类和功能"的知识库。

过程与方法：通过与其他学生的合作和交流，在课堂教学中进行过程教学，通过团队合作和交流，达到对知识意义的建构；加强沟通协调能力，增强语言表达和逻辑思考能力。

情感态度与价值观：通过建立银行的分类与功能的知识系统，让学生对国家的财政等经济政策有更深入的了解，从而更好地服务于中国特色社会主义现代化建设。

教学内容：中国的商业银行系统以中国人民银行为主体。

◆〉二、教材分析

本节课的内容是在职教版思想政治第一单元第三课的第三个方框中提出的。这是关于"银行的分类及其职能"的教学内容，有很多知识点。在传统的教学模式下讲这节课，通常采取的是讲授式的教学模式，学生往往处于被动接受的状态，课堂教学很可能变得枯燥无味，甚至无趣；针对这堂课，教师可以采用开放式的、资源导向的主题探索和协作学习方式，以任务为导向的多策略学习方式。

◆〉三、对学生的分析

职业院校的学生尽管有些人在文化课上的成绩并不理想，但是在接受了学校的专业技术培训之后，已经具备了使用互联网进行必要的信息搜索，使用 PowerPoint 进行电子文档制作，使用 QQ 聊天，使用博客和贴吧进行在线交流以及使用 Word 进行文字处理等多方面的计算机技能；具备较强的语言表达和逻辑思考能力；掌握了收集材料和给事物分类的基本技能。这些都为以资源为核心的"探索式""合作式"课程整合教学模式的实施提供了可能性。

◆〉四、信息技术应用的基础和考虑因素

互联网可以迅速地将银行的标识、特征、业务等信息传递给学生，而这些信息在现实中是很难收集到的。信息技术可以扩展信息收集的范围，为银行提供信息的储存、管理和分析等功能，从而使银行能够更好地了解自己的分类和

职能。教师通过对学生提出清晰的问题、明确的任务要求来指导学生运用信息技术进行信息的收集与处理。通过制作一些简单的PowerPoint演示文件，实现对学生在课堂上所学到的知识的构建与内化，从而促进学生信息素质的提高。

◆◇ 五、授课流程

（一）明确学习目标

在教师的引导下，学生进行相关的社会调查研究，了解相关的研究课题，并根据学生自身的特点和能力确定研究内容。如银行的种类、银行的主要功能等。使用Word文档工具编写专题学习方案，并明确各小组的任务分配。

（二）组建学习小组

根据教学内容、学生对计算机的掌握程度和学习能力，将全班40个人分成4个小组，各小组的任务各不相同。第一组的任务是了解央行的性质与功能；第二组的任务是了解商业银行的分类及基本职能；第三组的任务是了解政策性金融机构的分类及职能；第四组的任务是了解中国的银行制度，区分"央行和商业银行""商业银行和政策性银行"之间的差异。每个小组都有不同的分工，组长是小组的负责人，负责进行小组讨论和分配任务。为了方便组员之间的沟通，组员之间可以互相交换邮箱和QQ。

（三）自主研究

为了让学生能够更好地进行自主学习，教师可以提供一些有关"国家网上银行"的资料和网站。

资源目录：高校思想政治理论课教学资源网

中学政治网：http://zxzz.net/

中国人民银行网站：http://www.pbc.gov.cn/

中国农业银行网站：http://www.abchina.com/cn

中国工商银行网址：http://icbc.com.cn

中国建设银行网站：http://www.ccb.com/cn

中国银行网站：http://www.boc.cn

交通银行网站：http://www.bankcomm.com

在 Internet 环境下，学生可以使用 IE 浏览器来浏览所需的 Web 页面和资源，在 Web 页面"文件"工具条上单击"另存为"按钮，然后在弹出的下拉列表中将所需的 Web 页面和资源保存到自己的文件夹中。四个协作小组以协作和个别学习的方式进行综合研究，每个小组的成员都在既定研究任务的激励下进行独立的探索和研究，并取得自己的成果。

（四）小组合作

小组成员在小组自主学习的基础上，由组长负责组织讨论，商讨小组的任务。在教师的指导下对学生获得的信息和资料进行去伪存真和择优处理，以形成最优的自主学习方案。在 E-mail 和 BBS 等网络通信工具的帮助下，学生可以在必要时进行沟通，参与协商、讨论活动。

（五）成果展示与评价作品

学生以所找到的资料为基础，完成一个与"我国银行"内容相关的创作作品，形式可以是 PowerPoint 电子作品、网页、Word 文本。通过学生的创作作品，学生完成对知识的初步构建和内化。学生自主构建的知识如图5-3、图5-4所示。

我国的中央银行——中国人民银行

中央银行的含义：

中央银行是一个国家中代表国家进行金融控制和管理的特殊金融机构。它不是以赢利为目的的金融企业，而是国家行政机关。

中央银行的特殊职能：

一是政府的银行；
二是发行的银行；
三是银行的银行。

图5-3 学生自主构建的"我国的中央银行——中国人民银行"

图5-4　学生自主构建的"我国的商业银行"

各小组向全体同学展示电子作品成果，学生先自评，并解说自己所构建的知识体系，然后教师组织学生之间相互评价作品，学生可以就作品发言、提问、讨论、展开评价。根据评价意见，修改并正式发布完成的作品，达到知识构建的目的。

◆ 六、教学效果

从总体效果上来看，学生们非常认真，每个小组都初步完成了电子作品并构建和内化了知识，基本的知识板块结构清晰，同学间的竞争和互动气氛热烈。学生的主体性地位得到了充分的体现，达到了本次教学设计的目的。

基于网络的主题探索式课程对教师和学生的知识水平、能力水平的要求都很高。就教师而言，仅仅熟悉课本的基本知识结构、对课本的知识有一定的深度和广度的理解是远远不够的，还需要有自如地打破知识结构和重组知识体系的能力和水平。就学生而言，不仅需要学生具备一定的知识水平和能力水平，还需要学生的积极参与和热情投入，若没有学生的主动学习精神，以及一定的理解能力、表达能力、信息素养，是无法通过信息技术完成对知识的构建的。

在"以学生为中心"的建构主义教学设计中，培养出优秀的具有发散性思维、创造性思维以及出色的分析、综合、实践能力的创新人才是关键；不仅打破了旧的知识体系构建新的知识体系，而且也在打破原有的教育体制和教育观念，建构新的教育体制和教育观念。

第六章　思想政治课程与信息技术的
深度整合创新教学模式

第一节　思想政治课程的网络教学模式

◆ 一、计算机网络中的思想政治教育

（一）网络与思想政治教育的有机结合——兼论网络与思想政治教育的
关系

1.网络环境下学生思维与行为的关系

随着Internet的飞速发展，计算机和网络已经成为大多数学生学习、生活
和娱乐的基本工具。网络以其独特的魅力，吸引着职业院校学生的"眼球"，
使职业院校学生在网人数不断增加、次数不断增多、持续时间不断延长，网络
与职业院校学生的思想和行为联系日益紧密。

（1）网络对职业院校学生思想观念的改变——正负效应并存，网络有助于
职业院校学生形成新的价值观。网络的发展经历了从"集中"到"共享""开
放"的过程，其中蕴含着共享、公平、高效、开放等价值观。首先，网络具有
虚实二重性、交互性和大众化的特征，这些特征都对培养学生的平等和共享意
识起到了积极的促进作用。其次，快速增殖性、同步性，简便易行的网络操作
方式对提高学生的学习效率具有重要意义。再次，因为网络的广泛兼容性，时
间与空间的观念也发生了很大的改变，把世界上的一切都纳入到网络之中，这
对于学生开阔视野、活跃思维、更新观念、多元意识的提升等都有很大的
帮助。

网络有利于培养学生的创新思维。传统的教育由于受诸多因素的制约，使

得学生的创造性思维发展十分有限，而网络在一定程度上扩大了学生的创造性思维的发展空间，使得学生在学习过程中能够接触到国内外的前沿思想、理论和科技成果。另外，网络中文字、图片、声音等多种传播形式，能够更好地反映事物的实质，为学生超前思维、立体思维、创造性思维的培养提供了不可多得的契机。

网络很容易使学生的价值观发生偏离。过去，学生每天都会接触到媒体和教师灌输给他们的东西，这些东西都是经过重重筛选的，其中的缺点都被"过滤"掉了。网络作为"第四媒体"，内容多样，良莠不齐，很难对其进行有效的管理，因此，对其进行有效的管理是十分必要的。虽然防病毒技术、防火墙技术和分级过滤技术都在不断的发展，但是这些技术并不能完全去除网络病毒中的有害物质。一些鼓吹享乐主义、拜金主义、极端个人主义的事物，都是直接给学生看的，而且是一人一台机器，让学生自己判断对错、是非、真假、美丑、善恶，很难抵挡不好的东西。美国心理健康专家詹姆斯·米勒指出，当一个人承受的压力超过了他所能承受的范围，就会产生心理障碍。一些学生的价值观受到了影响，因为他们的社会经验很少，他们的判断力和辨识力很弱，他们的"自我中心"意识和个人主义越来越强，他们的道德选择在社会生活中越来越模糊，他们的价值观越来越混乱。

（2）网络增加了职业院校学生的精神需求，减弱了职业院校学生的道德责任。物质需求和心理需求是人类的两大基本需求。马斯洛认为，人类的基本需求包括生理需求、安全需求、社交需求、尊重需求以及自我实现需求。网络在满足职业院校学生的社交、尊重、自我实现等需求方面有着特殊的功能，这就是为什么职业院校学生如此热衷于上网的原因。网络空间中，学生能够进行大量的心理文化交流与互动，以满足他们的心理需求。而对精神需求的开发，又使学生的精神世界得到本质的升华。

人的思想道德主要包括知、情、信、意、行等方面。在过去的德育活动中，思想感情的面对面交流、人格的直接熏陶、榜样的示范作用是德育活动的根本手段。但是，网络把人们带到了虚拟社会中，人们的感情关系很容易被冷漠的人与人之间的对话异化，而这种对话又往往是人为造成的。虽然网络使学生对社会伦理道德有了更多的了解，但却很难像过去的直接交流那样，在"情""意""行"等方面对学生进行熏陶。网络道德的产生与发展之初，以现实社会为基础的道德规范因不能适应新的网络环境而失去了应有的约束力，同时，多种价值取向的共存也使得网络道德成为诸多道德选择之一，这必然导致网络道德的评价与行为失范。有些学生的道德责任感下降，自我约束能力下降，这就是问题所在。

（3）网络对学生行为、群体存在方式的影响。网络已经渗透到了学生的生活中，它改变的不仅仅是学生的生活方式，更多的是学生的生存方式。这种变化的积极影响表现在以下几个方面。一是网络对学生人际交往的促进作用。一些学者认为，由于网络交际具有虚拟性，在现实生活中使用网络交际可能导致人们变得孤独。而多数学生认为，网上聊天能让人在短时间内交到许多朋友，而快速、低成本地与人接触是网上聊天最大的特点。相关的对比调查结果表明，经常访问互联网的人比不经常访问互联网的人拥有更多的网络朋友、更多的人际交往。许多职业院校学生在网络上与家人、朋友和老师进行了更多的沟通，使他们的沟通更有效率、更频繁。许多学生在网上认识了来自不同地区、国家和民族的人，并通过电话、见面等方式建立了实际的联系。因此，互联网对人与人之间的交往具有积极的推动作用。二是网络已成为职业院校学生情感调控的重要工具。现实生活中，由于种种原因，有的学生不能很好地表达情感，从而导致了心理上的压抑。匿名网络为人们的心灵世界提供了一个相对平等和自由的环境，让情感在其中表达和释放，并在某种程度上扮演着情感调节阀的角色。三是网络使学生的课余生活更加丰富多彩。网络娱乐功能强大，资源丰富，价格低廉，受到学生的欢迎。网络文学的兴起，使学生的阅读习惯和写作习惯发生了很大的变化。网络还改变了学生的学习习惯，使一些网络用语在校园中逐渐流行起来。四是网络对职业院校学生群体生存方式的影响。目前，大多数班级组织、党团组织和社团组织都在网上拥有自己的网页和办公空间，通过网络进行召集和组织相关活动。有些同学是通过网络认识的，由于兴趣相投，在网络上形成了稳定的团体，大部分是在真实生活中进行相关的活动。五是计算机网络对学生人格发展的促进作用。无论个人的兴趣爱好有多狭隘，只要上网，就能很快找到志趣相投的人。个人的爱好和兴趣，是一个人性格的重要反映。网络空间中丰富多样、个性鲜明的学生群体，为学生的个性发展创造了良好的学习环境。

网络对职业院校学生行为、群体存在等方面的影响也产生了一定的负面影响。一是网络交往中存在着明显的玩世不恭、缺乏信任等现象，主要局限于同龄人之间的交往、学生和成年人之间的交往很少，两代人之间的交流也很少。二是在网络环境下，如果学生不能很好地处理网络与现实社会之间的关系，就会产生一定的人格分裂和心理障碍，进而导致网瘾的产生。如有些学生沉迷于网游、色情网站中，渐渐迷失了自我，学业成绩一降再降。一些人在网上呼风唤雨，但在现实生活中却是沉默寡言，双目无神。三是学校对一些网络团体的认识和管理不足，使其成为学生心目中的"透明团体"。在一些紧急情况下，这可能会对维持稳定产生负面影响。四是网络为学生提供了一个广阔的学习空间，通过网络对学生的学习起到了很大的促进作用，使学生的资源得到了扩展。学生可以在图书馆、多媒体教室等处检索图书，预借书籍，阅览期刊和资料库，收集学习方面的资料，以前要到处收集，很难弄到，现在可以很容易地在网络上找到，这极大地方便了学生的学习，提高了学习的效率和质量。

互联网使学生们的学习模式发生了变化。一方面，网络课堂突破了传统课堂教学的时间和空间限制，使课堂教学具有弹性，提高了学生的自主学习能力和学习自由度；另一方面，师生互动和交流也得到了加强。教师可以在线发布通知，发布讲义，布置作业，修改作业，答疑，组织讨论，学生也可以在线上阅读讲义，完成作业，回答问题，接受学习辅导，使教学变得非常方便。网络带来新的学习观念。""素养"是学生应具备的基本条件，它意味着学生必须有能力判断所需要的知识，并有能力对知识进行查询、评估和有效使用，也就是说，学生要有能力去假存真、去粗取精。网络还对教育资源进行了重新配置，使教师的角色从控制学生学习的角色转变为促进学生学习的角色，从信息传递的角色转变为能力开发的角色。网络时代对终身学习理念和能力的培养提出了更高的要求。网络也给职业院校学生的学习自控提出了新的挑战。网络上游戏和音像媒体的娱乐性很强，这会让学生分心，可能会让一些学生沉迷其中无法自拔。如果不合理地安排上网的时间，将会扰乱日常生活和学习的正常秩序。综上所述，网络对学生的影响具有广泛性和深刻性，网络对学生的正面影响较大，负面影响较小。其负面影响主要表现在个别学生身上，主要表现在网络活动可能引发的不良行为上，对职业院校学生的自控能力造成一定的挑战。随着年级和网龄的增加，职业院校学生的上网行为和思想逐渐趋于理智、成熟。

2. 网络和思想政治教育之间的相互联系

网络是当今世界最具变革意义的科学技术，它对职业院校的思想政治教育起到了巨大的促进作用。网络作为一种新型的信息传播媒介，加快了知识和价值的传播，实现了教育与学习的双向互动，提高了教育的效率，使职业院校学生的心理健康水平得到了提高。

（1）信息载体可以作为职业院校思想政治工作的载体。

载体是职业院校思想政治工作不可或缺的一部分。没有特定的载体，就没有教育的目的、任务、内容、方法、对象和主体的相互作用。网络是思想政治教育的媒介，它将思想政治教育中丰富的、正确的、鲜活的信息通过网络传播给人们，使人们在思想上、政治上、道德上、心理上形成一种与时俱进的良好心态。思想政治教育的载体是承载和传递思想政治教育的要素，能够为主体所使用，并能通过主体与客体之间的互动来实现思想政治教育的行为形态。思想政治教育可以通过开会、谈话、理论学习、管理工作、文化建设、大众媒体、精神文明建设等方式进行。教育工作者就是通过这种媒介来与受教育者进行双向交往，以实现其特定的教育目标。

网络环境下的思想政治教育的信息载体表现出以下几个特征：一是多媒体技术使得思想政治教育的内容形式从平面到立体、从静止到动态、从真实时间到虚拟时间；二是互联网的巨大信息量使得教育内容具有多样性和综合性、客观性和可选性；三是高度的文化性和技术性，在传统的历史文化知识、现代的科学技术信息中，蕴含着教育信息政治属性；四是思想政治教育信息在不知不觉中有意识地被淹没，很难向学生有效传递；五是思想政治教育的内容呈现出多元化的特点，可以在网络上传递出各种正面或负面、先进或落后、健康或堕落的思想政治教育信息。

网络作为思想政治教育的载体，其作用是扩大其影响范围，让广大的职业院校学生和网民在网上得到更多的社会资讯及思想政治教育资讯，得到更多的思想政治教育熏陶，进而促进他们的思想道德水平的提高。

（2）网络环境下的思想政治教育信息传递可以加快知识和价值的传递。

思想政治教育在传播学意义上是以意识形态、政治理念、道德规范为主要内容的思想政治教育信息的传递行为和传递过程，是阶级社会中特有的社会信息传递现象和传递活动。

思想政治教育网络信息交流是指在网络环境下，教育工作者利用网络，有目的、有意识地对学生进行信息交流、接受和反馈，从而达到信息共享、信息交流的一种社会活动和社会进程。如果教师发送的消息能够被学生接收，则在教师和学生之间存在消息共享，也就是说，教师对消息的专享变为教师和学生对消息的共享。此外，意识形态教育是一个教育工作者有目的地将其自身价值与学生所认同的社会主流价值观进行传播的过程。

网络对思想政治教育知识和价值的传播，与传统的传播方式相比，有很大的优越性。其理由如下。一是它更具诱惑力。网络融合了多种形式的多媒体信息，充分发挥了学生的好奇心和想象力、主动性和参与性。二是更容易传染。

网络上彩色的图片、悦耳的声音、生动的三维动画和模拟图像，让人有一种置身其中的感觉，对人们的影响极大。三是速度更快。网络的四通八达，使用户可以在任意的终端有效地获得所需的知识、资料。四是更加开放。网络给学生带来了一个更加广阔的学习与生活的空间，让他们更加关注世界，关注社会，更加了解和理解自己，并在社会生活中不断地成长和提高。

（3）网络交互式平台能够很好地满足职业院校思想政治教育的交互性需求。

在职业院校思想政治教育过程中，教师与学生之间存在着一定的交互性。这种交互性是通过信息的传递、接收和反馈来实现的。换言之，思想政治教育的信息传播应该是一种以人与人之间的交往为前提的理念与情感的传播。但是，过去的思想政治教育往往采取"一面倒"的教育方式，把思想道德观念和社会所需要的道德规范硬塞到教育对象的头脑中，而忽略了教育对象的需要和接受的能力，从而限制了教育对象的主动性和创造力的发挥，形成了教育对象的被动地位。

网络是一个开放式的交互式平台。丰富的互联网资讯，将学生从相对封闭的校园空间中解放出来，带到了一个广阔而多彩的新天地中，让他们接触到了很多以前从未听说过的新东西，也让他们的主体性得到了快速的唤醒和强化。他们对教育工作者的灌输并不感到满足，而在网络中积极地寻找各类思想政治教育学的有用信息和知识，在生活中不断地探索心理的迷茫、理想的迷失、感情的失落、精神的追寻，与教育工作者在网络上建立了良好的互动关系。此外，在网上交流中，不存在有直接的利益冲突的交流，这样有助于形成宽松的人际关系。所以，在交流思想和感情时，交往者可以坦诚地表达自己的想法，而不会像平时一样犹豫不决或畏缩，很容易就能到达更深层的交流。同时，学生在网络中的角色也可以相互转换，即学生在网络中浏览、选择、吸收不同类型的思想政治教育资料的过程中，扮演的是学生的角色；而在网络中，人们通过制作、发布各类网络信息，把自己的想法、见解、观点和信息散播开来，就变成了一名教育工作者。所以，在网上交互式教学中，思想政治教育工作者与学生的关系更加和谐，两者的主观能动性都得到了很好的发挥。因此，从传播学的角度出发，在网络上开展思想政治教育的信息交流，既要以教育工作者为主体，也要以受教育者为主体。两者之间存在着相互影响、相互制约的关系，这就导致了信息传播的发生。教育工作者与受教育者之间的关系，是一种相互依赖、相互制约、相互影响的双向互动的关系。

（4）计算机网络的技术特点可以促使职业院校思想政治工作产生较好的效果。

检验职业院校思想政治工作的有效性和成效，主要根据职业院校思想政治工作的目标和意图的实现程度来进行。一是在思想政治教育过程中，教育者将思想观念、政治观点和道德规范等社会需要的思想政治教育信息输入到学生的感知和回忆体系中，使学生的感知和回忆体系中的思想政治教育信息增多，信息组成发生改变，这是一种认知效应，即学生对思想政治教育有了一定的认识。二是对受教育者的思想观念、价值系统产生影响，使其产生情感上的改变，这是一种心理、态度上的影响，是对社会主流价值观的内化和捍卫。三是这种改变是由受教育者的言谈举止所体现的，是一种行为上的影响，即形成了一种行为模式或一种行为习惯。上述三者中的第一、第二点属于"内化"，也就是说，在接受教育的同时，或在其他社会教育要素的影响下，学生接受了社会对政治观点、思想体系和道德规范的要求，并在一定程度上形成了自我认识，同时，学生对社会的政治观点、思想体系和道德规范的要求也产生了真正的信仰、接受和服从，并自觉地把它们当作自己的价值观和行为基础。第三点是"外化"，也就是教师把个人的认识转变成好的行动，并且反复地把好的行动变成一种行动惯例，从而导致好的行动成果。这三点反映了影响的各个阶段，即从认识到态度到行为，是影响的积累、加深和扩展。

思想政治工作要达到最好的效果，关键是要做到内化。要使学生的内化进程顺利进行，就必须为他们提供大量宝贵的教学材料，使这些教学材料成为自己的一部分。从网络思想政治工作表现出的技术性特点可以看出，它为职业院校思想政治工作的改革与发展，为职业院校学生的内化创造了一个新的机遇。一是网络信息资源的丰富，为网络思想政治工作提供了大量的信息资源，有利于网络思想政治工作的发展。二是利用互联网传递信息的快捷、隐蔽等特点，可以迅速准确地了解学生的心理状态和所关注的热点问题，提高教学的目标定位能力。三是网络教学中的平等、互动，使学生能够积极地进行对话和交流，将教育转变为学生自己的学习活动，提高了教育的有效性。四是网络传播的超时空性，使其在一定程度上扩展了意识形态的传播范围，推动了意识形态的社会化进程。

另外，互联网的开放以及超越时间与空间的特性，也促进了人们的多元思想和全球化意识的形成；信息的快速传递与更新，促进了人们对效率的认识，提高了企业的竞争意识，进而促进了企业的创新；网络交流的自由与平等，有利于提高公民的民主与人权观念；网络中的匿名行为，一方面减弱了外部的制约，另一方面也促进了人的伦理自律。这些理念的确立，在促进职业院校学生主体性、自主性、创造力、协调性等素质的提高，促进职业院校学生协调发展，促进职业院校学生心理健康水平的提高等方面，都起到了积极的作用。

3. 网络环境下的思想政治教育发展过程

网络思想政治教育的多年实践给我们的启示是：要适应不断变化发展的思想政治教育环境，必须进一步加强和完善网络思想政治教育，把握其特点是深入研究网络思想政治教育的关键。我国于1994年正式加入了国际互联网，这标志着网络时代的到来，也标志着我国思想政治教育发展的新阶段。近三十年来，我们的网络思想政治教育工作经历了三个基本阶段：一是被动适应期，主要表现为基层自发的探索；二是主动出击阶段，其特点是建设各种各样的"红色网站"；三是以全面发展的网络社区为特点的自觉深入期。

（1）被动适应期。

目前，我国的信息化网络硬件设施建设迅速发展，但还没有形成完善的教育软环境。青年学生是网络应用的先行者，也是网络的负面影响对他们的冲击最大的群体。网络思想政治教育处于被动状态，"防堵管"是网络思想政治教育的主要工作措施。学生上网的超前性不仅表现在他们上网的积极性，也表现在他们上网的自觉程度。一些研究人员认为，在网络环境下，学生的信息意识、信息媒介使用、国际视野等方面已经超越了教师。与此同时，网络对思想政治教育提出了严峻的挑战，这也是广大教育工作者十分关注的问题。一是职业院校思想政治教育工作者信息素养低，网络技术知识匮乏，网络使用经验不足，对职业院校学生的网络行为、网络心理特征、网络文化特征等方面的认识不足，影响了职业院校思想政治教育工作的开展。二是网络环境下的信息传播对职业院校思想政治教育工作信息权威性提出了挑战，职业院校思想政治教育工作信息权威性难以实现有效控制。面对学生对网络的注意力转移，积极的网络宣传教育缺少有效的载体，吸引不了学生的注意力。三是职业院校学生面临前所未有的网络自由空间和多元文化强烈的冲击，他们的思想意识、道德心理、行为方式等方面存在着较大的不确定性。从网络的发展、学生的网络行为、思想观念的转变等方面进行反思，1997年前后思想政治教育工作者开始对网络进行思想政治教育的探讨。这一阶段的理论探讨重点是网络对职业院校学生的消极影响，尤其是网络对职业院校学生政治思想、道德、心理等方面的危害。如部分思想政治工作者对"信息高速公路"给职业院校德育工作带来的挑战给予了及时的关注，认为应从网络安全犯罪、西方思想文化的渗透、信息污染、网络对职业院校学生道德素质的影响等方面予以重视，并且提出了相应的对策。一是以"防"为核心的防御体系。国家要对网络信息、网络行为进行监督，发挥好法律、规范的作用；学校应加强网络安全教育，防范网络安全隐患。二是这条路被"堵"了。学校应对网络信息内容进行审查和控制，并运用信息技术手段对网络中的不良信息进行拦截。三是用"管"这个词。加强对学生思想政治教育、行为规范，积极开展思想政治教育活动。

（2）主动出击阶段。

1999年中共中央颁布了《关于加强和改进思想政治工作的若干意见》，2000年教育部颁布了《关于加强高等学校思想政治教育进网络工作的若干意见》，这两个文件对学校思想政治教育的发展起到了很大的促进作用。信息网络的硬件建设日趋成熟与完善，以校园BBS和学生网站为主的校园网络媒体发展迅速，涌现出各种各样的红色网站，职业院校思想政治工作网站建设的主动性已成为职业院校思想政治工作的重要实践内容。网络思想政治教育的理论研究已开始在部分地区开展，主要是以网络为媒介的思想政治教育的理论研究。在此期间，中国已成功地建成了教育与科学计算机网的高速骨干网络。截至2000年底，CERNET（中国教育和科研计算机网）已将国内150多座城市的800多家教育和科研机构联系在一起，拥有500万用户。在此基础上，有一些职业院校实施了校园网，覆盖了教学楼、办公楼、图书馆、实验室、职工宿舍、学生宿舍等，职业院校思想政治工作人员也积极参与到校园网的建设中来，在网络环境下开展思想政治工作。

随着校园网在职业院校思想政治教育中发挥的作用越来越大，网络思想政治教育研究也进入了一个新的阶段，一是思想政治教育研究不仅从理论上分析了网络对职业院校思想政治教育的消极影响，而且从现实的角度提出了职业院校思想政治教育走入网络时代的必然性。二是在网络思想政治教育阵地建设中应遵循完整性、主动性、参与性等原则。三是论述了职业院校思想政治教育网络化的途径与形式，指出了职业院校思想政治教育网络化的内容要到动起来、活起来、实起来，互相结合，形式上要合理布局，各版块要精心设计。思想政治教育网络化的实现方式成为这一时期人们关注的重点。

（3）自觉深入期。

校园网络的建设和应用日趋成熟、完善，职业院校学生的网络主体行为对校园网络的依赖性日益增强，在职业院校学生思想政治工作中发挥着越来越重要的作用。网络思想政治教育的实践已扩展到校园综合网络社区的建设中，网络教育与校园内的网络教育正在逐步融合，并形成了一种联动、协调的网络教育模式，网络思想政治教育是职业院校思想政治教育的重要组成部分。网络思想政治教育的研究已进入一个较为完整的发展阶段，构建网络思想政治教育的理论体系已成为当前网络思想政治教育研究发展的必然趋势。

自2001年成立以来，校园网的建设和应用逐渐向综合化发展，并逐步形成一套较为完善的信息服务系统：第一，网络技术在学校管理、教育、科研等方面的广泛运用，构建了一个基于网络的信息服务平台；第二，实现了网络的全方位服务职能，包括新闻宣传、后勤保障、就业辅导、心理辅导等；第三，学生宿舍中的网络无处不在，它为职业院校学生的课余生活开辟了新的空间，是职业院校学生获得信息的一个重要渠道。在这样的背景下，我国许多职业院校开始了校园网络信息门户的建设。

经过多年来的实践与研究，我国目前的网络思想政治教育从宏观上来说已进入了一个较为完善的发展阶段，总体上已经形成了如下模式：一是以"两大阵地"即宣传教育站点和校园网公众论坛为基础；二是做好思想政治工作和网络科技工作两个队伍的协调工作；三是承担"建设"和"管理"两项任务。随着网络思想政治教育的实践和发展，其研究也从单纯的工作研究向理论研究，多学科综合研究、局部研究向系统研究方向发展，并试图建立起一套完整的网络思想政治教育理论体系。

（二）网络思想政治教育研究现状

网络思想政治教育作为一项庞大的社会工程，其研究现状已成为当前党、国家、社会各界人士共同关注的问题。自1990年以来，伴随着全球公民社会和全球经济一体化的发展，青少年的思想政治问题日益受到国际社会的重视。西方学者最早将网络政治和虚拟现实相结合。在《预测与前提》一书中，美国未来主义学者阿尔文·托夫勒认为，在一个信息社会中，一切信息都与权力同进同退，与政治密不可分，而且随着人类进入信息政治时代，信息与政治的关系将更加密切。这就是为什么国外第一次提出对网络政治进行研究。国外学者对网络政治的研究在近几年取得了一些成绩，但仍有许多问题需要深入探讨。网络政治学问题的研究主要围绕着两个问题展开：第一，网络如何影响政治。网络技术能让人们直接参与政治吗？网络如何影响传统政治制度？网络对推动自由、平等的政治生活以及国际政治发展的作用是什么？相关论著《网络政治：使政治过程上网》是怀纳·拉什的重要著作。二是政治问题在网络空间的体现。网络空间到底是私人的还是公共的，它的权利归属，虚拟政府，电子政府，网络责任问题等等。相关论著《网络权力：网络空间与互联网的文化与政治》等是蒂姆·乔丹的有关著作。青少年群体的多样性，使得青少年思想政治教育的多样性得到了进一步的加强。因此，从网络思想政治教育的角度出发，世界各国都把它作为一种战略来看待，认为它可以为青少年提供精神食粮，对国家的未来发展起到促进作用。

1. 国外学校思想政治教育网络研究现状

近几年来，国内外对学校思想政治教育网络研究给予了广泛关注。几乎所有的发达国家都将思想政治教育的改革放在了非常重要的位置。许多国家的思想政治教育体制与我国有很大的不同，但它们也都在加强学校的思想政治教育方面采取了具体的措施。国外对网络思想政治教育的研究主要有如下几个方面。

第一，普遍关切。计算机、信息和网络技术对人类的生活产生了巨大的影响。网络思想政治教育在西方引起了广泛的关注，从理论界、教育界到各行各业都在关注。美国是西方最早对网络思想政治教育进行研究的国家之一，在信息自由、版权、民主、监督、审查等方面建立了专门的研究机构，制定了网络道德标准，开办了网络思想政治课程，并对网络道德教育进行了系统的阐述。20世纪90年代以来，网络思想政治教育的研究在社会各界都引起了极大的重视，大量的论文、专著、文集出版，以及国际学术会议的频繁召开，使得学术界对网络思想政治教育的研究从各个方面进行了深入的探讨，并产生了利奥塔（1979）、詹明信（1981）、鲍德里亚（1984）等人的三大理论，这三大理论对网络思想政治教育的发展起到了积极的推动作用，并对网络思想政治教育产生了深远的影响。

第二，涉及的范围非常广泛。当前，西方的网络思想政治教育主要是以知识产权、计算机犯罪、黑客、安全、保护隐私权、公民自由权利和公民道德义务等方面为研究对象，而我国的网络思想政治教育则是以知识产权、计算机犯罪、黑客、安全、公民自由权利和公民道德义务等方面为研究对象。这些问题关系到各个方面的共同利益，已经成为整个社会共同关心的问题。随着计算机网络技术的发展、新的计算机伦理规范的颁布、法律法规的修改，计算机网络思想政治教育已经不仅仅是学校和个人的事，而是整个社会的事。

第三，继承传统。在西方国家，很多学者都认为传统的意识形态教育是有必要的。网络思想政治教育的理论与原则是指导和规范网络思想政治教育的依据，而功利主义、义务论和权利论则是传统思想政治教育理论的基础。功利主义是由戴博拉提出的一种理论，他把功利主义看作一种道德原则，一种为了所有人的福祉而必须遵循的道德原则，一种帮助人们在与电脑应用相关的道德矛盾中作出理性选择的道德原则；康德的义务论主张，人应始终被视为目的，而不只是一种手段；霍布斯将权利论视为一种以权利为道德基础的现代理论形式。

第四，运行过程。在西方的网络教育理论中，对网络运行规范的研究尤为重要，它是通过专家学者与计算机技术人员之间的有效合作，为促进计算机技术伦理建设而提出并制定的一种有效的职业规范。

目前，国外对网络教育的研究主要分为四个方面。一是网络技术方面的研究。网络技术方面的研究主要集中在计算机科学和信息科学领域，以IT产业的经营者为研究对象。二是对网络管理理论和应用的研究，主要是以IT企业管理部门、管理人员和科研人员为研究对象，还以市场运行为研究对象。三是以网民为主体的网络感性体验评论。四是以哲学社会科学研究者为主体的网络哲学层次的深入系统研究。

2.我国网络思想政治教育研究的现状

（1）网络冲击下的逼迫阶段。

1994—1998年，是我国网络思想政治教育研究的第一个探索阶段，在这一阶段，我国的网络思想政治教育工作者对网络思想政治工作进行了深入的探讨，并提出了相应的对策。"思想政治教育者"的概念在当时还没有形成，而"途径""方式""方法"的提法在当时则更为流行。其主要特征是：信息网络的硬件建设发展迅速，而教育的软环境还没有形成；青少年学生在网络应用方面处于社会的前沿，网络对他们产生了很大的负面影响；网络思想政治教育的实践是在一种被动的状态下开始的，"防、堵、管"是网络思想政治教育的主要工作策略；应对策略是网络时代思想政治教育研究的重要内容。1994年10月，中国教育科研计算机网在全国范围内全面铺开，校园网的建设和应用也在全国范围内拉开了序幕，部分职业院校学生在学生会和学生科协的支持下，自发地开展了校园网建设和应用工作，并在宿舍楼内建立了一大批校园网局域网。学生上网的超前性不仅表现在他们上网的积极性，也表现在他们上网的自觉程度。总体而言，当前我国的互联网发展速度很快，一些学生在使用网络的过程中处于领先地位，而网络对他们的消极影响也是不容忽视的，这也是职业院校思想政治教育必须重视的问题。由于职业院校思想政治工作在网络环境下的研究和实践才刚刚开始，校园网络硬件设施建设迅速发展，但教育软环境的开发和建设还处于探索阶段，缺乏行之有效的网络思想政治教育手段，因此，职业院校思想政治教育面临的网络负面影响以"防""堵""教"为主要特征，研究还处于"被网络冲击、被迫接受、无可奈何"的阶段。

（2）应对挑战的积极构建阶段。

1999—2000年，是我国网络思想政治教育的积极发展阶段。1999年，中共中央发布了《关于加强和改进思想政治工作的若干意见》；2000年，教育部发布了《关于加强高等学校思想政治教育进网络工作的若干意见》。这两个文件对职业院校思想政治教育的发展起到了很大的促进作用，也是对职业院校思想政治教育进行全国性研究的重要标志。在此期间，校园信息网络的硬件建设日趋成熟与完善，以校园BBS和学生网站为主的校园网络媒体迅猛发展，涌现出各种各样的红色网站，积极开展思想政治教育网站建设已成为职业院校网络思想政治教育工作的重要实践内容，职业院校思想政治教育网站建设是职业院校网络思想政治教育工作的重要组成部分。在此基础上，通过实证分析和对策研究，对网络思想政治教育的相关理论进行了较为深入的研究。同时，校园BBS作为一种重要的网络媒介，也越来越多地吸引和聚集了学生之间的社交活动和信息交流。部分职业院校党委根据教育部印发的《关于加强高等学校思想政治教育进网络工作的若干意见》，建立了网络建设、网络宣传、网络学生工作、网络科技等相关部门，对职业院校开展网络思想政治工作进行了重点指导；建立了相关的管理制度，配备了专职工作人员、资金和设备；开办了在线党校、在线团校；建立了理论学习网站、时事政策网站、思想政治理论课辅导与答疑网站、心理咨询网站、学生生活咨询网站、校务公开咨询网站等。在此期间，随着校园网络的迅速发展，网络媒体在学生群体中的影响力、吸引力和凝聚力日益显现。红色校园网站已在各职业院校广泛开展，并已成为职业院校思想政治工作的一个重要平台；校园BBS因其在学生群体性事件中的独特功能，引起了广大职业院校学生的广泛关注。随着校园网在职业院校思想政治教育中的重要作用越来越明显，职业院校网络思想政治教育研究也进入了一个新的阶段，对职业院校网络思想政治教育的机遇与挑战以及阵地建设的研究也越来越多。

（3）成长过程中的自主性超越阶段。

2001年后，一大批承担了网络思想教育任务的红色校园网站在各校园网上相继建成。以"红旗在线""学生党建窗口""觉悟网站""党校在线""青年共产主义在线学校"为代表的等红色网站在各学校中形成了一股强大的红色力量,为学校的思想政治工作提供了强有力的网络传播阵地。教育部2000年发布的《关于加强高等学校思想政治教育进网络工作的若干意见》,对职业院校开展网上思想政治教育提供了理论和政策支持,并就如何开展网上思想政治教育提出了以下几方面的具体建议。从那时起,校园网的建设和应用开始向综合化、集成化方向发展,并形成了较为完善的信息服务系统。第一,网络技术在学校管理、教学、科研等方面得到了广泛的应用;第二,校园网络具有综合性的服务功能,通过校园网络为学生提供新闻、物流、就业、心理辅导等服务;第三,学生宿舍的网络普及,为学生的课余生活开辟了新的空间,也成为学生获得信息的一个重要渠道。在这样的背景下,很多学校都开始致力于校园门户网站的建设。应当说,从2001年开始,网络思想政治教育进入了深度发展阶段。学校校园网络的主要特征是:校园网络的建设和运用日趋成熟、完善,学生的网络主体行为对校园网络的依赖性日益增强,校园网络在职业院校学生思想政治工作中发挥着越来越重要的作用;网络思想政治工作的实践已经扩展到校园的综合网络社区,网络教育逐步与"下一个教育"结合起来,形成了"上一个教育"与"下一个教育"相互联系、相互协调的网络教育模式;网络思想政治教育的研究已进入一个较为完整的发展阶段,构建网络思想政治教育的理论体系已成为网络思想政治教育研究发展的必然趋势。

(4)学校网络思想政治教育的全面发展时期。

这一时期的思想政治教育理论和实践都在向纵深发展。由于学校校园网的建设和应用已日趋成熟和完善,学校学生的网络使用也从最初的"小众"发展到了"大众化",从最初的浏览新闻、收发电子邮件等单纯的上网行为,发展到了全方位的"网络生活",校园网的迅速发展,使学校受益于信息网络时代,学校学生的学习和生活环境发生了翻天覆地的变化。在新形势下,学校网络思想政治教育的发展和相关理论的深入研究,都表现出与日益成熟的校园网建设和应用实践相适应的特点。这一阶段被称为网络思想政治教育的全面发展时期,即面向信息时代的积极阶段。

(三)思想政治教育网络发展的趋势

网络思想政治教育的发展是一种循序渐进的发展,是网络信息技术发展的必然结果,也是网络思想政治实践发展的必然趋势。网络技术的发展既符合社会发展的要求,又符合人的全面发展的要求,其发展趋势可以预见。

1. 对网络思想政治教育未来发展趋势的预测

马克思认为,事物的发展既有其内在的原因,又有其外在的因素,其中,内在因素是其发展的基础,外在因素是其发展的前提。从马克思主义的角度看,网络思想政治教育发展的趋势应把握两点:第一,网络思想政治教育是社会发展的内在需求;第二,网络思想政治教育是社会发展的客观要求。马克思和恩格斯认为,每一个具有划时代意义的制度,其真正内容,都是在这个制度出现的时候,人们的需求所决定的。网络信息技术可以满足人们的需求,为人们的需求提供便利。网络思想政治教育的发展需要互联网的支持,但互联网的发展是一个循序渐进的过程,并非一蹴而就。网络信息技术的可及性是网络思想政治教育走向未来的一个重要标志。

2. 网络思想政治教育的主要发展趋势

网络思想政治教学的发展趋势是可以预见的,但如何把握这一趋势是一个值得探讨的问题。由此提出了网络思想政治教育发展的四大趋势:个性化发展、社会化发展、生活化发展、制度化发展。

(1) 个性化网络思想政治教育的发展趋势。

网络思想政治教学的个性化,是指在网络环境下,通过网络传播思想政治教育信息,培养学生的个性化。这和传统的思想政治教育将不同的个体以相同的方式进行培养有着本质的区别。网络德育个性化的预测基于如下几个方面。

第一,随着人的个体发展,人们需要进行个性化网络教育,这是个性化网络教育的内在动因。人格是一个人相对固定的人格特征,它是一个人对自身的认识以及由此产生的人格特质、人格气质、人格情感等的综合。人格是人的主观能动性的具体体现,西方哲学将人格理解为人的主观能动性。思想政治教育对人格发展起着至关重要以及决定性作用。从这一角度来看,人格发展需要有:① 大量思想政治教育的信息资源,这些信息资源是人格发展的自主性资源;② 思想政治教育的实践活动,尤其是创造性的实践活动,可以为学生提供一个较大的自主空间。只有这样,才能使思想政治教育成为一种自由的、自觉的,有利于人格发展的活动。

第二,网络技术的发展为个性化网络思想政治教育提供了一定的条件。

互联网的传播是一个具有开放性、交互性、虚拟性和快速性等特点的分布式、发散性网络传播结构,在网络环境下,网络思想政治教育的个性化是网络思想政治教育发展的必然趋势。Internet 的开放性使得其任意一个节点都可以进行信息的生产和发布，并且所有节点所生产和发布的信息都可以以非线性的方式进入到Internet中。因此，人们能够自主选择、发布和传播思想政治教育方面的信息，具有较强的自主性；网络的交互性使得成千上万的受众能够在同一时间内对信息和观点进行即时、直接的反馈，从而彻底改变了传统的思想政治教育互动方式的局限；网络的虚拟性和多媒体特性为人们的创新活动提供了最佳的平台，人们可以在网络的虚拟世界中自由翱翔，突破传统思维的桎梏，创造更加丰富的精神财富，缓解当前公共资源匮乏的局面；网络的快速性，极大地提高了劳动生产率，节省了大量劳动时间，使人们不需要把所有精力和时间都用在生产材料上，从而使人们有更多的时间和精力投入到思想政治工作中去。通过上述分析，可以得出如下结论：人的个体发展需要个性化的网络思想政治教育，而网络为个性化的网络思想政治教育提供了充分的条件，个性化的网络思想政治教育是时代发展的必然趋势。

（2）网络德育社会化发展的趋势。

网络德育社会化是指在网络环境下，以社会和学生为主体，通过网络方式进行的德育活动。网络德育社会化的预测是基于如下几个方面的。

① 网络思想政治教育社会化是思想政治教育发展的必然要求，在网络思想政治教育社会化的过程中，我们进行了大量的探索和实践。例如，建设思想政治工作网络，加强对论坛的指导，建立网络道德教育研究基地，开展网络道德教育系统研究等。然而，网络思想政治教育在内容上也存在着诸多问题，其中包括新形势、新问题与网络思想政治教育内容滞后之间的矛盾。互联网的出现，使原有的生产要素结构、劳动力分布发生了变化，推动了社会生产的快速发展，形成了适应网络社会的思维模式，也就是"网络思维模式"，该模式以其独特的思维模式推动着人类思维模式的变化和民主政治的进程；促进新经济形式的形成以及产业结构调整和重组；推动了我国经济增长模式的根本性变革，提高了生产力；推进企业经营观念和销售方式的转变，经济全球化进程的加快等。综上所述，网络对社会产生了深远的影响，改变了人们的观念和生活方式。网络思想政治教育内容相对来说比较单一、空洞。如何根据新形势、新问题的发展变化，及时调整和充实网络思想政治教育的内容，使之适应已发生的变化，是当前网络思想政治教育亟待解决的重要问题。网络思想政治教育的形式是一种全方位的、多层面的、社会影响较大的思想政治教育，但其方式却是一种比较狭隘的思想政治教育。因为现代信息传播方式的普及，给人们的思想带来了正面和负面的影响。网络思想政治教育要解决的另一个重要问题是如

何及时有效地应对来自各个方面、各个层面的社会冲击。思想政治教育本质上是人的思想改造工作，是人在现实生活中求得生存与发展的过程。网络思想政治教育应以网络社会为导向，以网络社会的发展为目标，在社会生活中广泛渗透。为此，必须改变目前职业院校思想政治工作仅靠学校思想政治教育部门和思想政治教师的现状，要实现职业院校思想政治工作的社会化。

② 网络技术的进步为学校思想政治工作社会化提供了一定的条件。

一是网络资源的丰富；由于 Internet 的开放性和其他特点，尤其是采用电信网、计算机网和有线电视网相结合的下一代 Internet，确实可以把世界各地不同社会和民族的文化资料"一网打尽"，使世界各地的文化资料融为一体。与此同时，除那些与国家安全有关的网站为防止非法入侵者而设置了防火墙之外，其他网站都可以被视为对每个互联网用户"门户大开"，向每个人开放，向每个人提供同样多的文化商品。永远不会因为您是一名领导、一名专家、一名学者、一家公司的董事长，就可以享受到特殊的文化盛宴。网络上的每一种文化产品，无论贫富，无论男女老少，都具有世界性和全民性。尤其是在 Internet 上提供的文化用品不设限额、不设"数量"、不设时限。传统的思想政治教育难以社会化的一个重要原因就是思想政治教育的资源匮乏，而思想政治教育的资源往往是少数人的专利，如党政干部、思想政治工作人员、相关专业人员等。有了互联网的支持，每个人都可以获得思想政治工作的资源。二是提出了解决这一问题的途径、方式和手段。各种局域网和城域网与国家主干网相连，网络思想政治教育已经渗透到社会生活的方方面面。由于互联网的飞速发展，人们可以通过廉价的互联网电话、互联网寻呼、互联网传真、互联网会议、互联网论坛等方式，为社会各阶层的思想政治工作提供技术保障。网络思想政治教育的多渠道、多形式立体模式已初见端倪。随着新一代 Internet 的普及，虚拟与现实逐渐融合，尤其是多媒体技术的不断发展，使得网络思想政治教育的方式和手段越来越多。

（3）面向生活的网络思想政治教育发展方向。

网络思想政治教育生活化就是要把网络思想政治课的内容融于受教育者的生活中。网络思想政治教育生活化的预测是基于如下两个方面的。

① 网络思想政治教育是在人的生活方式不断发展的基础上，对人的生存方式提出了更高的要求，这就要求网络思想政治教育必须把人的生存方式生活化，即人的生产方式、生活方式生活化。生产方式包括生产力与生产关系，是人类获取物质信息的主要方式。生产力是指人通过改造和征服自然而获得的物

质资源，它包括人、自然、物三个方面，而人是决定因素。生产关系是指生产活动中人与人之间的关系。它包括生产资料的归属、人与人之间的关系、产品的分配方式等。其中，生产关系决定了生产资料的所有制。生活方式这一定义可以分为广义的和狭义的。从广义上讲，生活方式可以分为生产方式和非生产方式。从狭义上讲，生活方式是指除生产活动外的各种社会生活方式，包括衣、食、住、行、用等日常生活方式的总和。Internet的高速发展使得人们处于两个不同的世界：真实世界和虚拟世界。而在网络虚拟环境下，网络用户的身份是虚拟化的，用户与用户之间的身份是对等的。在这一背景下，接受网络思想政治教育的学生可以自主选择接受什么样的信息，使得"灌输"等传统的思想政治教育方式在这一背景下变得毫无意义。因此，网络思想政治教育要取得实效，就必须把网络思想政治教育的信息与职业院校学生的生活信息有机地结合起来，这样才能使网络思想政治教育焕发出勃勃生机。

② 网络技术的发展，为思想政治教育网络化、生活化创造了良好的条件。

互联网从1994年开始进入商业运营以来，随着人们对网络的需求越来越大，各种新技术、新应用的范围也越来越广，思想政治教育网络化、生活化的趋势越来越明显。电子邮件技术、远程教育技术、虚拟现实技术、电子商务技术、网络社区技术、网络新闻技术、网络游戏技术等技术的不断发展和普及，极大地改变了人们的生产、生活和学习的方式，提高了人们的生活水平。随着计算机网络和信息技术的发展，新时期学校思想政治工作的实践性将进一步提升，信息终端将会无处不在，可以预见，随着网络的普及，人们的生活将会更加网络化，网络思想政治教育生活化将得到提升。

（4）网络思想政治教育的制度化趋势。

网络思想政治教育的制度化，就是要依法开展网络思想政治教育。网络思想政治教育的制度化依据是以下几个方面。

① 治理网络思想政治教育环境需制度化。

开展网络思想政治教育，必须对网络思想政治教育的环境进行治理，否则很难取得良好的效果。网络的开放性使其在为用户提供大量信息的同时产生了很多负面信息，进而对用户产生了负面影响。例如暴力、虚假信息、经济欺诈、"黑客"的骚扰、病毒的产生等等。要改变这一状况，保持良好的网络秩序、净化网络环境，必须依靠制度的强制作用。尤其是法律和条例，它们能阻止人们超越法律和条例的限制，而这种限制的形式就是"必须"。完善的法律法规对于有效地管理网络、防止和控制网络中的各种违法犯罪具有重要意义。

虽然人们不可能对制定网络相关的法律问题一蹴而就，且对网络相关的法律法规的制定与执行也需要较长时间，但对网络思想政治教育的环境治理一定会走向制度化。

②实现思想政治教育网络化有两个基本途径：一是建设思想政治教育网站，或是构建思想政治教育网页。这一途径的重要性不言而喻，它能使网络思想政治教育更加系统、及时、有效。但是，要建设好学校思想政治教育专业网站，必须从网站的功能定位、目标定位、内容定位、队伍建设、经费筹措等方面入手，从制度上予以保证，切实解决学校思想政治教育专业网站建设中存在的问题。二是把思想政治工作的信息融入到企业的各项业务信息中。我们认识到，真实的个人"缺场"使得他们没有责任和约束，因为网络主体以隐性的形式出现，这就造成了人们对网络信息的选择是自由的。在这样的背景下，思想政治教育工作者自觉地寻找和吸收信息是不可能的。因此，网络思想政治教育应继续"灌输"，把思想政治教育资料和各种业务工作资料结合在一起，使思想政治教育资料不知不觉地被受教育者获取和吸收。思想政治教育信息和业务工作信息相结合是实现思想政治教育信息化的有效途径。

③网络技术的进步为网络德育的制度化奠定了一定的基础。

互联网的虚拟性使网络中的主体能够隐藏自己的真实身份，不受现实世界的约束，在现实世界中的任何法律法规都无法对其产生影响，但这仅仅是相对而言的。利用已有的技术，通过对IP地址的分析，可以从IP地址中"顺藤摸瓜"地识别出网络使用者。因此，Web用户的隐藏仅是相对的。下一代Internet具有更严格的管理标准，并且装备有唯一标识的IP地址协议。从长期来看，随着技术进步，这类技术上的严格控制必将会发生，从而使自由与控制之间形成"身影"的关系。因此，网络思想政治工作的制度化是有保证的。网络思想政治教育的个性化、社会化、生活化、制度化是网络思想政治教育发展的必然趋势。

（四）网络思想政治教育研究的价值

研究网络思想政治教育的基础理论问题，对马克思主义理论的丰富和发展，对思想政治教育学的学科建设和研究领域的拓展，对网络思想政治教育实践的指导与创新，对网络思想政治教育活动的实效性的提高，都有重要的现实意义。

1. 基于 Web 的思想政治教育的理论价值——兼论基于 Web 的思想政治教育的实施

深入对网络思想政治教育基础理论问题的研究，有利于马克思主义理论发展，有利于思想政治教育学科领域的拓展。

（1）充实马克思主义经典作家的科技对社会的影响理论。马克思主义经典作家针对科技对社会的影响进行了大量的论述，认为科技对社会的影响是一种革命性的进步，是一种崭新的社会形式的产生。互联网是人类科学技术的产物，它的飞速发展必将对人类社会的发展和人们的思想、行为及生活方式产生巨大的影响。网络思想政治教育基础理论研究是马克思主义有关科技与社会发展关系的论述的进一步深化和发展，是现代科技与社会发展关系研究的一个重要组成部分。

（2）对网络时代思想政治教育学的研究视野和理论体系进行了拓展。网络时代的思想政治教育理论研究应该是时代性、科学性、系统性的，既要对传统思想政治教育的理论进行创造性的反思，又要对新出现的理论进行有效的应用。网络思想政治教育的基本理论研究将使其呈现出社会化、个性化、生活化和制度化的发展趋势，使其关注的对象更加广泛、更深层次，使其在网络时代的视野更加宽广。伴随着网络技术的发展，网络思想政治教育理论的研究也不断从经验层面向科学层面迈进。网络技术的发展、网络思想政治教育的实践经验积累，使网络思想政治教育学的理论研究日益系统化、科学化，这是当前思想政治教育理论研究的一个新的发展趋势，也是对思想政治教育学科建设的一种新的要求。站在理论的高度，从系统化的角度对网络思想政治教育进行理论研究，是当前网络思想政治教育理论研究的一项创新，也是今后网络思想政治教育理论研究的发展方向。在内容与方法方面，主要借鉴了信息学、传播学、社会学和文化学等方面的理论成果，强调了网络思想政治教育理论与实践的交叉与复合，以充实和扩展思想政治教育学的理论体系。

（3）顺应思想政治教育现代学科发展的步伐。思想政治教育学科发展 30 多年来，成绩斐然，但在当前的形势下，要进一步深化思政学科建设，就必须"注重开发人的非智力因素，积极开展新的思政分支学科建设"。《现代思想政治教育学》一书明确指出，网络是非智力因素与思想政治教育的直接关系，是思想政治教育的重要组成部分。思想政治教育的学科建设始终是围绕着解决当前社会对人的思想道德素质的要求与人的实际思想道德水平之间的这一特殊矛盾而展开的，从而确定思想政治教育的学科主体内容。而随着网络社会的不断发展，这一基本矛盾并没有发生根本性的变化，但对学校思想政治教育的学科建设提出了更高的要求。

2. 互联网对学生思想政治教育的现实意义

研究网络思想政治教育的基础理论问题，对指导网络思想政治教育的实践活动，特别是提高网络思想政治教育的针对性、实效性，有着十分重要的意义。

（1）体现了我国职业院校思想政治教育工作的发展方向，符合我国职业院校思想政治教育工作的特点。

现代社会在经济、政治、文化等方面的迅猛发展，尤其是在科技进步的推动下，使得社会发展的方向和特点更加突出，这些方向和特征，对思想政治教育发展产生了一定的影响。《现代思想政治教育学》一书中指出，中国思想政治教育的发展方向是：特色化、现代化、社会化、标准化、国际化，这是中国思想政治教育发展的必然趋势。网络思想政治教育的理论研究是对网络文化、网络社会、网络思想政治教育本质与特征的深入剖析，是对网络思想政治教育的社会定位的全面而深刻的认识，是对思想政治教育理念、制度、内容和手段的更新，是对思想政治教育发展方向的反映和顺应。

（2）在网络思想政治教育的实践中运用创新的理论与方法

网络思想政治教育的理论研究虽已取得了一定的成就，但由于工作经验的积累多于理论的升华和提炼，导致理论对实际工作的指导往往是滞后的、无效的，从而降低了理论的实用价值。科学理论对实践的指导作用，是因为科学理论准确地反映了客观事物的发展规律，实践活动也应遵循这一规律。理论通过总结大量的实践经验，为人们提供了对事物的本质、规律的理解，从而引导人们在实践中实现自己的目标。理论越能深刻地反映客观规律，就越能指导实践。网络思想政治教育的理论研究应该是以系统化、理论化的观点为基础，在理论研究的基础上有所突破，在理论指导下不断创新。

（3）提高网络思想政治工作的实效性。

提高网络思想政治教育的实效性，是当前网络思想政治教育工作中的一个难点，也是网络思想政治教育要顺利解决的一个切实可行的问题。针对当前我国职业院校网络思想政治教育中存在的低实效性问题，提出了解决这一问题的有效途径，并以此为切入点，以提高网络实效性、开拓网络思政教育发展的新途径为应用目标。通过对网络思想政治教育理论研究成果的运用，对网络思想政治教育的实践活动进行系统化、科学化的理论引导，从而使网络思想政治教育的实践活动具有更强的实践性和可操作性，同时体现了网络思想政治教育理论研究的实际应用价值。

（五）基于网络的思想政治教育研究的思路和方法——兼论网络思想政治教育在职业院校思想政治教育中的作用

从网络技术、网络文化和网络社会的融合发展出发，对网络思想政治教育的新形式进行了系统的考察，并在此基础上对网络思想政治教育的基本问题进行了深入的探讨，以期对网络思想政治教育的基础理论研究和网络思想政治教育学科建设做出一定的贡献。因此，要从分散的经验研究向系统的理论研究转变，对网络思想政治教育的实践与研究进行全面、系统的考察。网络思想政治教育作为一种新的思想政治教育形式，其研究方法既有对传统思想政治教育的继承，又有对传统思想政治教育的融合与创新。

1. 针对网络思想政治教育的研究思路

首先，从对其产生和发展过程的论述入手，对其内涵、基本特征进行阐释；然后详细阐述了网络思想政治教育工作的理论依据和借鉴，为后面对网络思想政治教育工作的载体、过程和基本内容的分析打下了良好的基础。在此基础上，结合网络媒介和网络技术的发展特点、网络文化的特征和内容、网络社会特有的制度和运行方式，对网络思想政治教育的媒介、过程、环境和方法进行了较为详细的论述。研究中应注重对网络思想政治教育的基本理论的系统梳理与升华，注重提高网络思想政治教育的实践效果。

（1）网络思想政治教育发展及其内涵的研究。

重点回顾网络思想政治教育的理论与实践研究，厘清其发展方向，并在此基础上对其发展前景进行展望；通过对网络思想政治教育的内涵、特征的分析，明确网络思想政治教育是一种全新的网络环境下的新型思想政治教育，而不是一种以网络工具为基础的新型思想政治教育。网络思想政治教育具有社会性、时代性等特点，是进行思想政治教育的重要载体。

（2）系统论述了网络思想政治教育工作的理论依据和借鉴，注重梳理网络思想政治教育工作的理论依据，以便更好地把握网络思想政治教育工作的方向。网络思想政治教育是一门多学科的研究，它对传播学、社会学和文化学等学科的研究也具有一定的借鉴意义。

（3）对网络思想政治教育基本理论问题的研究。

以网络思想政治教育的实施与发展为例，探讨了网络思想政治教育的基本理论问题。从网络媒介和网络技术的发展特征、网络文化的特征和内容、网络社会特有的制度和运行方式等方面，对网络思想政治教育中的媒介理论、过程理论、环境理论、方法理论进行了深入的探讨，提出了网络思想政治教育学中的媒介与过程理论、媒介与环境理论和方法理论。网络思想政治教育是科技发展所带来的一种新的思想政治教育，它是一种新的传播媒介，它的产生与其传播载体的变化有着密切的关系，所以，对网络思想政治教育进行媒介分析是当前思想政治教育研究的首要任务。思想政治教育过程是教育主体与教育客体在教育活动中相互影响、相互促进的过程，是教育管理与机制创新、教育目的实现的过程。网络思想政治教育过程理论的研究，是在分析网络文化对思想政治教育各个环节、要素的影响的基础上，厘清二者之间的内在矛盾，深入分析网络环境下的教育者与受教育者之间的互动关系与模式，探讨网络环境下思想政治教育的内容与方法，并在此基础上对网络环境下学生思想政治教育中的心理健康状况等问题进行分析。随着互联网的飞速发展，人们越来越清楚地认识到网络社会的兴起，也越来越清楚地认识到它对人们的生活方式所产生的深远影响，由此，我们可以对思想政治教育中的思想政治社会进行全方位的描绘。思想政治教育环境的变化是显而易见的，网络思想政治教育环境的分析是为了实现其目标、取得良好的效果。网络时代，人们的思维特征和道德实践发生了翻天覆地的变化，对网络思想政治教育的方法进行创新，是提高网络思想政治教育实效的必然选择。

2. 基于 Web 的思想政治教育的研究方法

目前，网络的发展和对中国的影响还处于一个变化的时期。对于处于网络建设和应用前沿的中国而言，它的发展和对学生的思想、行为等方面的影响正处于一个动态的过程中，这就要求我们在实践的基础上，根据实际的发展情况，在理论研究上不断地进行创新与拓展。网络思想政治教育作为一种新的思想政治教育形式，是政治教育学的一种有效的研究手段。是以网络媒介技术、网络社会和网络文化的融合与发展为基点，对网络思想政治教育进行了全面的审视，在对网络思想政治教育进行研究的过程中，借鉴了信息学、传播学、文化学、社会学和心理学等多种学科的研究成果，力图在前人的基础上进行继承与借鉴，并在此基础上进行创新。

（1）理论与实践的结合。网络思想政治教育的研究成果来源于实践与理论的相互作用，大量的实践经验的总结为理论提炼、升华奠定了基础。科学的理论指导实践，推动着实践与理论的良性发展。网络思想政治教育要达到引导受众转变和提升思想道德素质的目的，必须注重提高网络思想政治教育活动的实效性，坚持网络思想政治教育活动的长效机制，而网络思想政治教育的指导责任只能由系统科学的理论来承担。由于网络思想政治教育的特殊性，本书的研究方法必须是理论与实践紧密结合的，并在对基础理论的系统研究中运用了大量的实证研究资料。

（2）文献研究法。文献研究法是指在一定的研究目的下，通过对报纸、杂志、书籍、档案、文件、报告等各类音像资料的搜集、整理，对研究对象进行全面、正确的了解和掌握的研究方法。通过这种方法，可以了解有关问题的过去和现在，可以对调查对象形成一般性印象，以方便观察和访问，并且可以获得实际数据，以帮助全面地理解事物。经过十几年的发展，网络思想政治教育研究已经取得了丰硕的成果，也积累了大量的网络媒介技术、网络社会、网络文化的相关研究资料。但在全面搜集信息的过程中，要注意甄别信息的真实性，特别是要甄别网上的鱼龙混杂信息，并对信息进行全面的分析。

（3）系统化、科学化的研究方法。

系统论、控制论、信息论等科学方法论的出现，为人们的全面思考、科学研究和科学认知提供了有力的工具。系统科学方法突破了传统科学方法的局限，是一种对科学方法体系进行深刻变革的方法，它可以作为一种经验方法、一种获取感性资料的方法，也可以作为一种理论方法、一种分析感性资料升华为理性知识的方法。网络思想政治教育的研究是科技发展与思想政治教育相结合的研究范式，其研究成果既有经验的总结与理论的升华，又有思想政治教育学等多学科的综合研究，既有局部问题的解决与个别问题的解决，又有整体体系的把握与建构。网络思想政治教育是一种新兴的思想政治教育模式。为了适应思想政治教育的现代化发展，对网络思想政治教育进行媒介分析、环境概述、方法创新，是一种较为系统、科学的方法。

（六）开展网络思想政治教育势在必行

随着我国信息化基础设施建设的不断完善，微型计算机和Internet已经进入了千家万户，网络使人们更好地了解世界，增长知识，拓宽视野。同时，国际敌对势力借助互联网对中国的思想文化渗透力度加大，在其网络文化的强势作用下，一些西方社会普遍存在的价值观、意识形态和某些腐朽衰败的生活方式，通过网络在一定的范围内、一定的人群内传播开来，使一些没有坚定信仰和辨别是非能力的人，沦为网络文化中有害信息的"奴隶"和"囚徒"。

1. 经济全球化背景下的客观需求

（1）坚持科技创新的要求，促进社会整体进步。

技术的发展本身就是个人和社会之间交换想法需求和物质可能满足需求的过程。随着世界经济的全球化、生产的国际化，科技的国际化已成为世界经济发展的新趋势。网络思想政治教育的构建是建立在职业院校学生社会实践的基础之上的，并以职业院校学生思想观念和立场等问题的解决为中心。社会化与大生产之间的内在关联、社会主义市场经济体制的建立和发展、新旧两种社会秩序的并存和交错、经济与技术的全球化，这些都客观地促使学生与社会之间的个体互动更加深入人的内心。

在这样的背景下，网络的"对外开放"，为职业院校学生的思维成熟和创造性思维的形成，直接提供了必要的条件和环境，也为职业院校学生的创造性思维的形成奠定了基础，帮助学生在网上的交流和对话中不断地获取最新的世界技术发展信息和碰撞出更多的思想火花。同时，把学生作为辐射点，通过网络辐射到社会中去，就可以以点带面，调动和组织起整个社会的力量，为国家政策和方针的制定提供参考意见；运用科技手段，应对经济全球化产生的种种复杂矛盾，团结一致，共同推进经济与社会的发展；为实现最终造福人类的科技创新目标，必须切实营造一种强有力的科技创新氛围。只有对学生进行广泛的指导，使他们能够将自己所做的具体科技工作与现实所需的伟大事业有机地结合在一起，用高尚的理想激励和指导他们不断地探索和追求，充分发挥他们的科技创造力和创造性，学生的潜能才能得到充分发挥，人才的智慧宝库才能得到充分开发。同时，由于网络信息快捷、及时，可以减少学习的时间和途径，降低学习的费用，克服传统"书本知识"的"垄断性"，使学生在网上的知识汪洋大海中畅通无阻，从而为职业院校的思想政治工作提供一个契机与生长点。

（2）要有坚定的政治立场和政治方向。

我国的职业教育以培养社会主义事业的建设者、接班人为目标，学生是国家的宝贵人才资源，但由于他们的世界观、人生观、价值观还不够成熟，思想政治教育还处于灌输的落后状态，对他们的教育很难起到应有的作用。而且，网络在思想观念、价值取向、思维方式、行为方式、个性心理等方面的广泛影响，使西方国家的意识形态渗透更加容易。一些居心叵测的敌对势力，仗着自己技术先进、经济实力雄厚，又仗着学生忧国忧民的强烈愿望，采取诱骗、拉拢、蛊惑等手段，对我国社会主义政治经济体制、党的路线方针政策等进行大肆诋毁和歪曲，恶意宣传所谓"民主""人权"，宣扬西方政治体系的正当性，企图将我国"西化""分化"。政治斗争的纷繁复杂和尖锐，极易造成学生思想的混乱，从而导致学生的消极逆反和麻木。尤其是职业院校学生在"两点一线"的青春发育期，对丰富多彩的社交生活有着强烈的向往，因此，虚拟网络社会就成了追求新奇、体验刺激和惊险的理想之地。

社会主义市场经济条件下的职业院校网络思想政治教育，必须顺应时代发展的需要，以马克思主义的立场、观点、方法，占据网络的制高点，以辩证唯物主义、历史唯物主义为指导，引导广大网民科学、客观、准确地分析、处理网络信息，以正确的政治观念、世界观和人生观为指导，以网络伦理、网络心理为指导，培养职业院校学生的政治意识、政治认识、道德修养和心理品质，使其具有较强的抗逆性和防御性，不受网络消极因素的侵害，具有较强的自觉性和免疫力。

（3）对"广泛性"的基本性质赋予"先进性"。

学校网络思想政治教育就其实质而言，是在网络环境下，符合社会整体发展目标、符合学生整体发展目标的思想政治教育活动中所表现出来的一种积极意义关系，只有在思想政治教育的主体参与其中，并在这种积极意义关系中，使社会整体发展、学生整体发展成为现实，才能真正体现其价值，形成完整的价值形式。网络思想政治教育作为一种新型的思想政治教育形式，其自身的特点和作用，在理论上体现在适应社会和职业院校学生的需要，构建人的精神家园，提高全民族的综合素质，但是，由于其价值还没有真正地对社会和学生起到积极的影响，因此，它的价值还仅仅是一种潜在价值，网络思想政治教育中的隐性价值是指通过对职业院校学生进行思想政治教育，灌输政治理念、思想内容和道德规范，使其在一定条件下，通过多种途径、多种方式，自觉地、主动地、合理地接受和吸收网络思想政治教育所传递的思想政治信息，并将其转化为自身的主体性、稳定性和逻辑性，从而使其具有一定的表现性。当前，由于网络政治、经济、科技、文化等相互交织、相互渗透的特点，以及市场经济的消极作用和封建迷信、伪科学、黄赌毒等不良社会风气的侵蚀和影响，网络思想政治教育面临着空前的挑战，必须在网络思想政治教育的创新过程中，把"先进性"和"广泛性"有机地统一起来，把"科学发展观""新时代中国特色社会主义"作为指导思想政治教育可持续发展的"大局观"，通过网络思想政治教学，学生在学习过程中不断地掌握科学的知识和方法。

（4）强化重建信仰、重塑道德、重构价值的意识形态手段。

社会转型时期的学生，在意识形态和政治状态上，普遍存在着信仰缺失、道德失范和价值多元化等问题。然而，人们在心理上却始终需要寻找一种归属的意识。事实上，没有信仰，没有任何价值观的人，是不可能在一个社会中生存的。互联网以其丰富的信息量、便捷的传播方式、广阔的辐射范围、极强的开放性和交互性等特征，被广泛地接受为文化活动、思想传输的主要媒介，也是对党的思想政治工作的一种有益的补充。一些职业院校和政府机构也纷纷在互联网上开辟了马克思主义的新的阵地，在互联网上开展了积极的思想政治工作，在互联网这个受广大群众欢迎的平台上进行了信仰重建、道德重建和价值重建，收到了良好的成效。特别是在当今中国社会，随着中国整体经济实力和综合国力的不断提高，中国已经开始着手建设社会主义核心价值观，以实现中国软实力的进一步提升。加强互联网上的思想政治工作，是重建公共信仰、重塑道德、重塑价值的重要手段。

2. 加强职业院校思想政治教育的时效性是提高职业院校思想政治教育质量的必然选择。

（1）有利于树立新的育人观念。

自我展示的愿望，对自身的全面展示，对自身价值的追求，是现代社会人们普遍认可的，也是促使职业院校学生自我实现的愿望不断增强的重要因素。然而，由于当前我国学校的思想政治教育仍注重集体利益甚于个体利益，而现实社会中的社会地位、能力、财力、人际关系等因素又制约着职业院校学生实现自身价值的可能性，因而职业院校学生实现自身价值的可能性并不大。但在互联网的虚拟世界中，所有的约束都不复存在了。只要加入其中，每个人都可以成为互联网的主人或过客，他们可以根据自己的喜好，在一个让自己心满意足的社交环境中畅所欲言。只要不触犯法律，就可在网上自由散发自己的人格魅力，而无须顾虑道德和舆论的限制。

（2）有助于调整新的教育价值取向。

网络时代到来之前，传统学校、教育媒体和宣传媒体对学生的学习和生活都是垄断的。这种单向的、不互动的信息输入，使学生总是处于学习目标的客体地位，把他们看成"机器人"，使他们完全被动地、机械地接受所学习的内容，使他们在学习过程中产生了一种强烈的逆向思维，很难真正地投入到学习中。网络社会具有交互性和双向沟通的特点，它创造了平等、自由的环境，也是现代社会中学生所向往的。网络思想政治教育并不是单纯的"消防车"或

"救火队"，用来处理学生现存的矛盾和问题，也不是单纯的保持学校的安定和提高学生的思想素质。网络思想政治教育既决定于过去，也决定于现在，更决定于将来，也就是决定于它的发展方向。学校网络意识形态教育具有前瞻性、超越性、发展性、指导性等特点，它不仅能为学生的发展和社会的发展指明道路，而且还能转变当前的状况，激发学生的创新意识，提高学生的思想道德水平，促进学生全面发展，从而更好地实现新的价值观。网络思想政治教育的发展对职业院校的发展具有重要的现实意义。

首先，要充分利用其作为一种精神动力的价值，促进生产力的发展。网络技术的开放性体现了科学技术与管理思想的发展趋势，有利于提高职业院校学生的劳动意识和劳动能力，激发他们学习新技术的动力，促进社会主义市场经济体制下的生产关系改革。在科技向生产力转化的过程中，学校网络的思想政治教育发挥着重要的推动和促进作用。

其次，要充分利用这一优势，为我国的发展提供方向和保证。从历史的角度来考察，凡是在经济、政治上占据主导地位的阶层，他们的意识形态都对社会生产产生了一定的影响，并对其发展产生了一定的限制作用。学校在网上进行思想政治工作，是要坚持向学生灌输党的先进思想、党的政策方针、党的方针路线，这样才能形成坚强的心理力量，才能展所长，确保我国发展社会主义市场经济的顺利进行，确保改革开放的正确方向，确保社会主义国家的公有制在新的历史条件下，能够更加坚定地发展。

再次，充分发挥公有制在促进经济发展中的生态环境建设作用。网络环境下的思想政治教育是一种崭新的思想政治教育形式，对学生进行可持续发展意识的培养，促进学生充分地从纯粹的经济发展的思维定式中解脱出来，为经济发展创造良好的认知环境、伦理环境和社会心理环境。辩证地认识人与自然的协调发展问题。将学生的视野从狭隘的、片面的、单纯的经济发展的老一套框架中解放，为促进社会的发展创造良好的认知环境、伦理环境和社会心理环境。

最后，有助于思想政治课内容的充实。网络思想政治教育是传统的思想政治教育与现代信息技术的融合，在一定程度上发展了传统的思想政治教育。可以说，网络思想政治教育已发展为一种新的思想政治教育分支，是一种新型的思想政治教育。在这里，我们可以称其为"意识形态教育"。网络思想政治教育学是以网络思想品德的形成规律、发展规律和网络思想品德的教育规律、信息素质教育规律为研究对象的一门学科。网络思想政治教育事业的发展，将促进其走向良性、繁荣、有序的发展道路。

3. 全面发展的价值取向

（1）我们必须正视传统的教育价值取向所面临的挑战。传统上，学校思想政治教育工作的主要形式是"教"与"管"相结合，特别强调"以人为本"。教师依靠对知识的把握，将自己在思想政治教育中积累的丰富经验与社会实践相结合，通过摆事实、讲道理，采取课堂讲授、小组讨论、先进事迹报告会等形式，以直接的、积极的方式对学生进行正确的教育，使学生的思想得到疏通。让学生对马克思主义的真理有更深刻的认识。而在以互联网为传播媒介的现代社会中，互联网已经成为现代学校学生获取科学文化知识，接触世界，了解世界的一个主要途径，互联网对学生思想观念和意识的冲击和影响是不可避免的。当代学生对与自然、社会、他人的关系有了新的认识，他们的思想、生活方式也有了很大的改变，与过去有了很大的不同。一是世界观上，过去以广播、报刊、电视等媒介为主的思想政治教育工作，以其"不设防"的宣传内容为学校的思想政治工作的喉舌，具有鲜明的社会主义意识形态特征。随着互联网的广泛使用和迅速推广，特别是世界贸易组织将互联网列为"全面开放"的宣传阵地，以互联网为传播媒介，对学生进行西方意识形态和政治观念的教育，将民主、自由、人权等资本主义价值观作为意识形态的头号攻击对象，这就更是当代学校必须防范的。二是现代学校学生的人生观、价值观发生了根本性的变化，学习、娱乐、时间、空间等观念发生了根本性的变化，产生了一种极端的个人主义思想。在网络环境下，由于信息检索的技术性，难以对网络中的信息进行严格的检索，也无法对网络中的每一条信息都进行详细的核查，使得网络中的信息呈现出多样性，这就造成了职业院校学生的价值取向的多样性和价值取向的模糊。少数学生存在着自我价值主体化、价值取向多元化、价值目标不明确、价值实现手段虚无化、德育意识不强、责任感不强等问题。三是人才之争中，技术为尊的观念越来越强烈。以互联网为代表的现代信息技术，能够快速地进行信息的交换和交流，能够实现在线学习、在线医疗、在线商务、在线通信、在线游戏等，在为人们提供全方位的信息服务的过程中，也产生了一种"以技术为中心"的观念。

（2）顺应了当代自由、开放、多元的教育理念。随着计算机科技的不断发展，从校园局域网到世界范围内的 Internet 网络，网络接入已经是一个不可阻挡的发展潮流。网络时代，虚拟社会已成为一个有别于真实世界的概念。非实体性和数字性的虚拟社会与真实的社会有很大的不同。网络时代对个体的重视，对个体的权益和隐私权的重视，将使传统的思想政治教育家在学校中的统治地位逐步瓦解，使不同国家、不同民族、不同文化的价值观在学生心目中产生强烈的冲突。随着中国改革开放进程的不断推进，人们的思想观念、道德观念、文化观念等都呈现出日益多样化的趋势。作为最具感性的年轻人，职业院校学生对思想道德和文化开放有着与生俱来的渴望。学生要接触到各种各样的观念，要理解各种各样的文化，要倾听各种各样的呼声，要观察各种各样的人生，要去感觉，去认识，去辨别，去体验。但是，这些信息不能从相对封闭、一元化、正统的传统大众传媒中获得。而在互联网上，各种思想道德、文化观念、信仰、宗教，都能发现蛛丝马迹，互相争论。在互联网上，学生可以利用QQ、网络电话、电子邮件等各种网络通信工具，与来自世界各个角落的青年进行交流，获取社会信息和科技发展的最新动态，从而实现思维的多样化和人生的多样化。当然，凡事都有两面性，这样的平台，也会造成学生的文化、观念、价值观等方面的碰撞，但没有认识，就没有累积，没有对比，就没有辨析与提升，在当今世界政治、经济、文化日趋多元化的情况下，学生这样的追寻，对于他们的知识、理念、经验等的累积，仍以正面的影响为主。同时，也为学校的网上德育工作奠定了坚实的理论和实践基础。

◈ 二、思想政治理论课教学网站建设

1. 构建职业院校网络德育平台

（1）职业院校学生的特点。

职业院校学生大多为16—18岁的青少年。在这个时期，虽然他们身体上的发育已经差不多了，但是心灵上的发展和变化是他们生命中最快的时期，很有可能出现混乱的心态；这也是心理冲突最多的时期，很有可能导致他们在生理上和心理上的发展出现严重的不平衡。职业院校的学生经历了从少年到成人、从上学到工作的过程，总的来说，学生的心态仍然是积极的、乐观的。但是，学生的心态因其所处的生活环境的复杂性以及社会的多面性，会受到一定的影响。环境的变化对学生心理健康也会产生影响。

第一，有强烈的自卑感和强烈的反叛情绪。大部分职业院校的学生在初中阶段表现欠佳，常常被老师批评，被家长忽视。有的孩子是单亲家庭，有的孩子家庭比较困难，缺乏父母的关怀。随着时间的推移，他们逐渐产生了严重的自卑感，对周围的同学、老师、朋友感情淡漠，对学校也变得冷淡起来。再加

上传统的职业教育观念，使他们感到未来一片灰暗，他们的自尊心受到极大的伤害，常常以极端的方式来宣泄内心的情绪。

第二，自我意识强，自我控制性低。职业院校学生因其身体和精神发育迅速，有被视为成人的强烈愿望。想要获得和大人一样的身份和权利，想要从精神上脱离对别人的依赖。但是自己没有钱，没有社会阅历，心理还不够成熟，经常因为一点小事情就产生巨大的情绪波动，过度兴奋，过度激动，过度悲观，很难控制。而父母在生活中忽略了这方面情况，没有对他们进行适当的指导，结果可能会使他们的性格扭曲。

第三，渴求他人的认同，缺少理想的人际关系技巧。他们渴望交友，渴望聆听，渴望展示自己的才华，渴望得到别人和社会的认同。但他们的情感经历往往是冷淡的，导致他们性格孤僻、多疑，应对感情的方式也过于激烈，经常因为不满而打架斗殴。大多数学生是被父母逼着上职业学校的，他们对自己的未来没有清晰的规划，在学习上也没有良好的习惯，在学业上不思进取，在生活上更是放荡不羁。

（2）职业院校网络环境下的学生思想政治工作特征。

① 时效上，网络访问模式已经显著改变。连接网络不仅是通过常规的计算机，在与不同的移动装置固定连接的情况下，通信终端可以在任何时间和任何地点连接到Internet，并且可以在任何时间和任何地点根据用户的需要来获得和发送消息。方便、快捷、灵活、多样的特性，使信息的传播速度和容量都得到了极大的提高。因此，对职业学校学生的思想政治教育具有重要的指导意义。

② 开放性。基于互联网的职业院校思想政治工作具有鲜明的开放性特征。思想政治工作在信息网络中是公开、活泼、无障碍的。在这种无障碍的网络氛围中，人们可以在任何时间、任何地点上网，可以自由地发表自己的看法和意见。思想政治教育工作者也可以通过互联网，传播正确的价值观以及国家主流思想，让学生的积极思想在互联网上得到更好地引导，从而使互联网上的思想政治教育真正发挥其应有的功能。

③ 平等性，这是建立在网络思想政治教育的基础上的。在网上，教育者与被教育者的身份相同，彼此平等，面对新思想和新文化，他们的想法和观点可以平等地相互沟通，这就是网络思想政治教育的平等性。它可以降低被教育者的抗拒心理，使职业院校学生更好地融入网络思想政治教育中去，从而弥补了传统思想政治教育中的缺陷。同时网络思想政治教育也能适应职业院校学生

的心理特点和思想变化，使其内容与职业院校学生的心理需要相适应，从而使职业院校学生更好地融入网络思想政治教育中。

（3）构建职业院校网络德育平台的必要性。

网络已经成为职业院校学生自主学习、互动式学习、互动式娱乐、互动式交往的一种不可或缺的方式，而网站则是这种方式的一种媒介，是进行思想政治工作的一个重要平台，也是学校、教师、学生之间沟通的一种重要途径。

2.推动职业院校开设思想政治课网站

（1）注重版面的构建，充实网页的内容。

①新闻活动版面。

第一，掌握好自己在网上的立场，把握住舆论的主导性。新闻媒体是校园信息传播和网络推广的重要途径。同时，它也是一种以学生和教师为主体，坚持正确的舆论引导，创造良好的网络舆论环境的重要媒介。

新闻活动版面是宣传先进文化和进行思想政治教育的重要平台，是舆论引导和价值导向的重要场所。加强职业院校学生校园新闻宣传工作，必须结合职业院校学生的特点和需要，加强社会道德风尚的宣传，在潜移默化中培养他们的世界观、人生观、价值观，提升他们的鉴别力，才能在新闻报道中体现出鲜明的时代感。

第二，突出专业特点，提高站点的针对性。职业院校是一种以"以质取胜"为宗旨，以"专业特色"为发展方向，以"培养初、中、高级应用型技术人才"为主要目标，以"为当地社会、本地经济服务"为宗旨的新型职业教育。学校的网页设计要做到"抓住学生""留住学生"，必须将职业教育的国家扶持政策、行业和企业发展情况、地区人才需求变化情况、就业形势等与具有职业特点和专业特点的新闻报道相结合，做到有的放矢。重视对"职业领袖"的培育、引导和宣传，使之在专业技术、理论学习和生活娱乐等方面发挥带头、示范和辐射作用；对"职业领袖"在各类比赛、活动中取得的成绩和先进事迹进行宣传，使之成为一股强大的精神力量，激发和带动更多的人。同时，加强职业风险防范、职业风险规避、职业风险案例分析等方面的报道、链接、视频资料的建设，把学生的学习融入职业教育，把思想政治工作融入职业教育，把职业院校与社会结合起来，把思想政治工作与职业技能培养有机结合起来，把"以学生为本"的办学理念落实到实际工作中。

②教师培训模块。

a.师德师风建设。师德师风是指教师在教育教学活动中所养成的理想信念、人格魅力及师德素养。师德素养是师德建设的重要内容，它是一种强烈的情感力量，潜移默化地影响着学生的行为和品德。师德师风对学生的个性发展和将来的发展起着决定性作用，对他们一生都有好处。因此，良好的教师道德素质是加强职业院校学生思想政治工作的有效途径。

第一，强化政治意识，巩固政治立场。支持中国共产党的领导，支持有中国特色的社会主义事业，以马克思主义为指导，以先进的理念和良好的文化修养对学生进行教育，不要做出任何有损于国家和人民利益的行为。

第二，做一个好老师，教育好学生。为人师表，要做到言行一致，学风、教风统一，用高尚的师德、人格魅力、学识修养来影响和熏陶学生。坚持立足学生，立德树人，思学相长，因材施教。

第三，勤于职守，严谨治学。教师要像圣贤一样，厚积薄发，积累知识，勤学苦练，才能把自己的一生所学，传播到更广阔的天地。

第四，人性化管理，加强制度建设。"三贴近"的原则，让教师和学生的关系更加密切，课堂更加和谐，教学效果更加显著。用制度来规范、约束人，把它作为评教、晋级、奖惩等工作的重要基础，才能发挥其应有的作用，才能真正达到以德治国、以德治教、以德育人的目的。

b. 改进课堂教学方式。第一，尊重和重视学生的主体性。目前，职业教育的教学仍以教师为主，教育方式主要是批评和指责，缺乏尊敬和赞美，容易引起学生的反感。教师在教学过程中，要以平等的身份，对学生有充分的了解和尊重，与他们进行沟通，了解他们的需要，从而形成良好的课堂教学氛围。在全球化和多元文化的冲击下，我们应该加强对学生自主学习能力的培养，不能让他们只知道被动地接受教育，而是要让他们主动地认识自己、分析自己、反省自己。这就要求教师在思想政治教育过程中，采取"对话式"的教学模式，即师生双方从相互了解的角度，通过平等的交流和沟通，通过言语的表述和磋商，来寻求双方的教学平衡，实现最大程度的融合。人的意志、情感、个性都是不同的，学生更希望得到别人的理解和尊敬。教育要有感情的支撑，作为教师，更应该对学生进行人性化教育，站在学生的立场上思考问题，对他们的思想进行客观、理性的分析和评价。通过这种交流与碰撞，学生的道德情感能得到唤醒，从而形成自身的道德素质，达到思想政治教育的目的。这种针对性教育容易削弱或消灭学生的反抗情绪，有利于创造宽松、包容、积极、和谐的学习环境，使学生更好地内化吸收思想政治课理论知识。教师并非单纯的传道人，而是这个谈话模式的推动者，可以在一些特定的技术性的层次上，给学生一些讨论问题、分析问题、解决问题的特定方式，并有意地指导他们，使他们能够作出自己的判断和抉择。因此，在教学过程中，教师应将学生的主观能动性和客观能动性有机地结合起来，以促进教学过程中对话方式的转换。主体性理念有利于培养学生独立、合作、责任感等品质，而积极性理念则有利于形成自己的看法和想法，这两种理念的融合，形成了一个良性的思维发展进程。因此，教师在教学过程中应充分发挥学生的主体性，让他们主动观察，主动探索，主动提出问题，主动参与，通过学生讨论、体验、沟通，更好地理解和把握教学效果。在教学过程中，教师要因材施教，让学生在教学过程中感受到快乐，激发他们的创造力，充分发挥他们的主观能动性。

第二，隐性教育与显性教育的有机结合。职业院校学生的思想政治教育存在着两种不同的途径，即显性教育和隐性教育，这两种途径各有其优缺点。显性教育可以直接、系统、积极地向学生灌输教育的意图和观点，但有一定的强迫性，对学生的性格、主动性、趣味性等方面的要求较低，易造成学生的逆反心理、不信任心理，难以达到预期的教学效果。隐性教育是一种潜移默化的教育，它通过间接、无意识的方式让学生接受教师的思想和价值观，在一种自由的、快乐的环境中，学生不知不觉地改变过去的错误观念和行为，实现教育目标。隐性教育降低了学生的被动接受意识，减少了学生的逆反心理，提高了思想政治教育的吸引力和感染力，更容易达到预期的教育效果。但也存在着时间长、见效慢的缺点。因此，显性教育与隐性教育应该相辅相成，相得益彰，切实提高思想政治工作实效。

第三，个性教育与共性教育的有机统一。职业院校学生的思维、生活方式日趋个性化、多元化，自我意识、自主性强，喜欢彰显自己的个性，但世界观、人生观、价值观还不够成熟，容易产生价值观上的偏颇。传统的教育只是一种大范围、被动的灌输，而现代教育应该是一种个体化、多层面、积极沟通的教育。即在思想政治教育中，应该以共性与个性相结合的教育方式进行教学。教师不能以标准的模式，让学生平衡地、有条理地发展，必然会扼杀职业院校学生的兴趣、天分和才华。个性教育有利于培养学生自主性、创新性、灵活性方面的能力，重视学生个性教育，可以最大限度地发挥学生的潜力。个性教育不仅是多行灌输，而且是引导正确、突出重点的教育，这种教育是主动的、平等的、有选择的、科学的，它让教师更容易接触到学生真正的想法，更容易发现问题所在，更容易让学生接受这样的教学方法。但是教育者不能过于强调个性教育，这会导致教育的有限性和片面性；也不能过于强调共性教育，这会导致教育的僵化和缺乏个性，只有两者相结合，思想政治教育才能取得更好的效果。

③学生服务板块。

第一，以心理咨询、交友谈心等形式进行心理教育。心理健康是职业院校思想政治教育的重要组成部分，它是一个人良好性格和完善个性的基础。在当今激烈的社会竞争中，良好的心理素质是一个人面对困难、承受挫折、经受考验、从容应对所应具备的重要素质。

作为一名教师，应该时刻关注职业院校学生的心理健康状况，采取有效的心理疏导、教育措施，使职业院校学生具有积极进取、开朗乐观、坚韧不拔的精神面貌。同时，要根据职业院校学生自身的特点，对其个性特征、心理特点、心理挫败感等不同情况进行深入的了解和研究，因人施教，因材施教。结合学生的思想和心理特点，采取平等相待的态度，以朋友的身份关爱学生，用爱心教育学生，用真挚的感情和真诚的态度与学生开展心理沟通，为学生营造一个尊重、理解、宽容、信任、轻松的学习环境。

第二，以感化、关怀的方式培养学生的爱校、爱国精神。思想政治课包括马克思主义、毛泽东思想、习近平新时代中国特色社会主义思想、中国近代史、道德修养、思想政治教育等理论知识。通过学习思想政治课，培养学生的爱国情怀、民族自豪感和崇高理想。思想政治教育的道路各不相同，但爱国精神与民族自豪感却同出一源。培养学生的爱国精神还可以组织其参观烈士陵园，瞻仰革命先烈的遗像，参观仁人志士的故居，让学生置身其中，学习革命先烈的崇高情操和感人事迹。学习马克思主义政治、经济理论，有助于职业院校学生树立科学的世界观、人生观、价值观。爱国主义和国家意识是社会主义的重要思想，这对中华民族的发展和进步起到了积极的推动作用。同时是培养职业院校学生爱国主义精神和民族自豪感的一项重要内容。

（2）加强基于管理的团队建设。

①强化师资队伍建设。

职业院校思想政治课网站建设是一个复杂的系统工程，其中既有思想政治课建设的内容，也有网络信息技术的应用。职业院校思想政治教育网站管理者的素质是影响网站建设与管理的重要因素，对其素质的优化应从以下几个方面入手。

第一，良好的政治敏感性。作为网络的管理者，教师要时刻保持政治立场、观点、方向的正确性，要能通过错综复杂的现象，洞悉网络思想政治发展的趋势和政治实质，做到防患于未然，出现问题及时应对。网站管理人员应具备唯物史观、唯物辩证法观、历史唯物主义的世界观，并具备一定的思想政治理论课的专业知识。帮助职业院校学生更好地解决在世界观、人生观、价值观等方面的困惑。网站管理者应具备良好的网络技能和信息素养，能和职业院校学生在网络语言上达成共识，在交流渠道和方式上形成良性互动，促进和学生的平等直接交流。

第二，网络道德要高尚。在开展网络信息活动时，要遵循国家相关的法律法规和网络信息活动规范，自觉抵制不正当的网络信息行为，不剽窃他人的知识产权和信息资源。

学校的知名度靠的是学校的内涵文化、基础建设和学生品质。学校网站是学校在网络上的一种表现形式，学校网站的知名度需要通过市场营销推广，让更多的目标人群了解到学校网站，并口口相传。

②推动层次型管理队伍的建立。

对于网站建设工作，如果不加以划分，职责不清，势必造成管理混乱、忙闲不均。要使网站管理有条不紊，必须将工作分解到每一项，并将责任具体到人。

第一层管理人员应具备较强的网络技术能力，对网站进行全面管理和维护。能够根据网站的具体教育功能，将网站划分为多个大版块，将相近的信息进行整合，形成不同的版块。

第二层管理人员是每门课程的指导教师。每个主题网站通常可以设置大约7个栏目。比如心理辅导教师负责的"知心姐姐"栏目；思政教师负责为教师和学生开设思想政治教育专栏；"时事通信"由学校宣传部门、团委、学生事务等部门负责，并分别成立管理机构。

第三层管理人员则是聘请一些电脑技术好、思想政治好的学生，负责各栏目的日常管理工作，并由班主任负责审核、编辑、更新、转载、统计、分析各栏目的浏览量。及时掌握职业院校学生的思想动态和存在的思想问题，为学校和学生之间建立良好的沟通渠道提供了便利，有利于及时将学生存在的问题反馈给学校，为解决问题提供科学的依据。可以发掘在各大论坛积极参与讨论、思想言论端正、有号召力的同学担任版主，就不良话题发表建设性意见，引导正确舆论。所有的网站管理者都可以请网站设计和制作方面的教师或校外专家进行分类训练，提高网站管理队伍的素质和能力，使网站管理水平不断提高。

（3）以整合资源为突破口增强影响力。

① 以资源整合为手段，实现 Web 站点的可持续发展。

职业院校思想政治教育网站的建设，既要从技术层面进行管理和维护，又要从资源层面进行整合，以保证其可持续发展。

第一，职业院校思想政治课网络教学资源整合研究。网站管理者与学生的沟通交流不多，对职业院校学生的了解不够，无法准确把握学生的心理需求，难以有效地提高职业院校学生对网络的认同感。然而，在职业院校思想政治课教学中，思想政治课教师对职业院校思想政治课网站日常的管理和维护却很少参与，二者之间存在较大的脱节现象，影响了整个网站的和谐发展，浪费了大量的思想政治教育资源。网站可以开设思想政治教育理论知识专区，比如思想政治教育专线、二课专题等，上传一些经典著作，宣传党的方针政策、时事新闻。这样可以使用网站的实用性增强，点击率提高。构建网络精品课程，建立网络课程资源库是实现上述目标的有效途径。从方便学生学习的角度来看，可以将课后练习放到网站上，使学生在不知不觉中形成良好的学习习惯，从而更好地学习思想政治课。

第二，网络环境下的实践活动资源整合。实践活动是职业院校思想政治工作的重要组成部分，但目前职业院校的理论课程比较多，学生的社会实践能力、动手能力普遍不强。因此，网站可以和团委、学生科共同合作，在校内网站上发布社会实践任务，让职业院校学生从书本上的社会实践，转变为现实生活中的社会实践，积极参与到社会实践中来。也就是在课堂教学的基础上，将社会实践任务反馈到校内网站上。社会实践活动的内容通过网站的呈现，使教育者能够有针对性地指导活动，使其更加贴近学生、贴近生活，从而更好地吸引学生，提高思想政治工作的实效性，拓展网络的影响范围。

第三，Web 站点与社会资源集成。网络资源的整合不能仅仅停留在网站与校内课堂的整合上，而应该走出校门，走向社会。职业院校思政网站可以吸收社会力量来参与，实现共建、共享，优势互补、多方共赢。从而使职业院校思政网站的教育资源更加丰富、功能更加强大，为职业院校思政网站的持续发展做出更大的贡献。

② 建立营销观念，提高网站知名度。

第一，利用强势平台提升网站认知度。学校文化的内涵、基础设施的建设、学生素质的提高，是学校形象的三大要素。学校网站就是在互联网上展示学校的方式之一。需要以市场营销的方式进行网站推广，以使更多的目标群体能够认识到校园网，并且传播校园网。

第二，利用自己的优势进行网站推广。学校在市场营销中具有得天独厚的优势，学校也可以被称作"公司"，每个教师和每个学生都可以成为"公司"的推销员，他们可以利用自己的人脉资源，进行各种各样的推销活动。

（4）加强科技手段建设，增强吸引力。

① 强化网站布局和色彩教学内容的构建。

第一，强化网站布局结构。职业院校思想政治教育网站的版式建设，无论是在建设之初，还是在改版之时，都应注重版式的设计。不同的布局结构展现了不同的风格。学校在建立网站的时候要有自己的特色。有的和谐、理性、庄严、庄重；有的积极活泼、自由奔放；有的充满动感，充满活力；有的舒舒服服，优雅大方；有的稳定，有的宁静，有的富于内涵。确定布局结构，也就决定了整个设计的大方向，这也是职业院校是否能吸引学生的一个重要因素。

学校网站的建设要根据人们的视觉特征来设计。一般情况下，浏览网页都是由上至下、由左至右的视觉过程，在根据网页的视觉特征设计版式的时候，要做到方向感强、主次分明，让学生尽可能地按照设计者的意图来浏览，让他们更容易接收到思想政治教育的信息。这就要求网站建设人员在建设网站过程中，了解和掌握各种类型的版式结构，如骨架型、分割型、中轴型、典型型等。在建设过程中，要注意结构分割、格局大小、位置摆放、形态选择等方面的处理，这些都是与当代职业院校学生的审美习惯相适应，而这些细节的处理往往是决定网站成功与否的关键。不管怎么说，网站的建设都要跟学校的特点结合在一起。

第二，强化色彩教学内容的建构。颜色在网站的制作中起着重要的作用，颜色的不同及颜色的搭配会让人产生不同的感受。良好的网站颜色使用可以让学生在浏览网站时有一个好的印象，可以清楚地记住关键信息，并且可以使学生产生下一次访问的想法。反之，则会使网站的制作显得不够专业，缺乏亲和力，不能让人产生信任感，不能接"地气"，不能使用户持续访问，进而不能达到教育的目的。

网站主色调采用何种颜色，对于是否符合职业院校思想政治课教学内容的需求，是否符合职业院校学生的特点，是否符合职业院校思想政治课教学的特点是很重要的。如何使色彩成为"利器"，是值得设计者思考的问题。所谓关注的程度不同，体验的感受不同，信息的接受效果也是不同的。通过对职业院校学生的性格特征和年龄结构的分析，可以发现职业院校学生对颜色非常敏感，喜欢纯度高的颜色，也喜欢相对大的色彩。在主色统一的条件下，个别部位可以采用色彩对比强烈的手法或图片与文字相结合的手法，突出重点，引人注目，把思想品德教育的信息传达出去。

② 提高网站的科学性与开放性。

a. 强化科学的网站建设。第一，改善站点的响应能力。谷歌网站曾做过一个实验，结果显示网站的响应时间为8秒，随着时间的延长，心理上发生的变化会越来越大，响应时间不超过3秒的网站效果最好。

为使职业院校的思想政治教育网站不会在"起跑线上"落败，应使网站的响应速度更快，使学生更容易浏览。首先要简化网站建设。在网页制作过程中，力求元素精简、图片最小化，在不影响图片的显示效果的情况下，用分辨率相对较小的图片即可，在下载过程中，尽可能采用流式文件，避免超负荷下载。其次是Web页面的表格化。将网站的页面划分为多个部分，将每个部分划分为多个小表，然后将上述的图像划分为数K至数十K的小图像，可以极大地提高网站的响应速度。最后，网站构建中使用的电脑程序、友情链接、流量记录仪等，都应该以网站的快速反应为核心来构建。

第二，网站建设的目的和防止网络侵权的措施。职业院校思想政治教育网站是对学生进行思想政治教育的网站，是职业院校学生思想政治教育的重要载体，是指导职业院校学生开展思想政治教育活动的重要手段，也是学校思想政治教育思想整合的重要载体。明确目标之后，对不同类型的网站，既要吸取其精华，又不能混为一谈，然后在此基础上，运用网站技术手段，对其进行改进，从而使职业院校思想政治课网站的建设更加具有针对性。

网站侵权是一种常见的侵权行为，主要表现为对他人肖像权、版权、名誉权和商标权等权利的侵害。职业院校的网站内容比较单一，有些网站管理者为了丰富网站内容，将其他网站的内容随意转载到自己学校的网站上，给学校造成了很大的安全隐患。校方领导和审核人员必须高度重视，如果有转载，也必须注明版权、声明或特殊说明，声明和说明中必须注明文章、言论并不代表本站观点，文章中的某些信息和部分内容的版权属于原作者，以避免侵权。

b. 提高网站的互动性。职业院校网站建设是职业院校学生思想政治工作的重要手段，也是职业院校思想政治工作的重要组成部分。那么，怎样才能让职业院校的学生更快、更有效地参与其中呢？那就要紧跟时代的步伐，关注学生的兴趣与需求。当网络成为一种联系方式时，怎样才能做到全方位互动呢？如何将学校的网站连接到智能手机上？应用程序和微信账号的出现正好填补了这两者之间的空缺，从而形成了一种有效的联系。

职业院校的思想政治课网站也可以通过应用程序的形式来实现。随着应用程序技术的不断成熟，应用程序的应用领域也在不断扩大，其发展速度越来越快，越来越有针对性，越来越多的新技术被集成到应用程序中，为用户带来了更好的使用体验。也正是因为移动终端具有随机性、随意性、快速性和互动性的特征，所以它们易于以各种方式共享和传播，从而允许网络的扩散生长。正是由于具有以上特征，才能使职业院校网站的交互性、趣味性和可靠性得到加强。通过新的技术手段和大数据分析手段，准确地把握职业院校学生的心理特征，从而提高思想政治教育的针对性和实效性。而如果职业院校思想政治教育门户网站的App能成功加载到手机上，则将会是双传的，可以让职业院校思想政治教育快速发展。

充分发挥App的各项功能和优势，通过App和微信公众号的运用，更好地为职业院校网站服务，更好地为学校思想政治教育宣传，更加拓宽了交流互动的方式，扩展了传播方式，扩大了关注度，吸引了学生的参与，达到职业院校网站传播思想政治教育的目的。

第二节 思想政治课程移动课堂模式的运用

◆ 一、移动互联网对职业院校学生思想政治教育效果的影响

移动网络技术是当今最具发展潜力的信息技术，它对职业院校学生思想政治工作的创新起到了巨大的推动作用。移动互联网以其特有的高速和迅捷的特点，影响着教育信息传播的方式，与传统媒体相比，移动互联网不仅能加速思想政治教育的内容、理念、价值的传递，还为教育主体与教育对象之间建立了一种互动性的交流平台，是实现教育主体与教育对象之间双向交流的不可替代的手段。可见，新时代背景下，移动网络的迅猛发展，给职业院校学生思想政治教育的实效性带来了新的变革。

（一）扩大职业院校学生思想政治教育的载体作用

思想政治教育载体是指能够将思想政治教育要素导入思想政治教育体系，

或将思想政治教育理念在思想政治教育主体与客体之间传递的活动形式，例如课堂教学、讲座等，是思想政治教育的重要组成部分。移动网络对思想政治教育的信息承载能力的影响主要表现在以下几个方面。第一，多媒体技术使得思想政治教育内容更加丰富，信息更加全面，让学生能够跨国界、跨地域获取知识。

第二，移动网络技术改变了传统的单一传播模式，将传统的教育模式中的精华融入其中，使其更加具有针对性和选择性。

第三，移动网络技术所产生的各种正面或负面的信息，也会给受教育者带来困扰，很可能导致健康信息与不良内容混杂在一起，在网络上蔓延，甚至导致跨区域、跨国界的全球化。

移动网络使思想政治教育内容更具多样性，同时体现了它与传统思想政治教育之间的对立。不只是学生，社会上的每一个人都可以借助移动网络这个载体来学习和理解思想政治工作的本质。而科技的进步，也使得思想政治工作的覆盖面不断扩大，影响范围不断扩大。职业院校学生是社会主义现代化建设的基础力量，是高校思想政治工作的主体，职业院校学生和职业院校教职工在学习过程中所获得的内容，是对职业院校思想政治教育的补充与创新。这种多方位、多渠道的教育资源整合模式，是推动职业院校思想政治教育全面发展的重要动力，也是提高职业院校思想政治教育吸引力和实效性的重要途径，是移动网络与职业院校思想政治教育发展的内在统一。

（二）强化职业院校学生思想政治教育观念和价值观的传播

人生价值的实现，在于对社会的贡献，思想政治教育作为一种社会性的教育，是以社会阶级的社会需求和教育目的为基础，将教育需求内化于教育对象的教育。其过程既有阶级目的，又有价值取向，即每个教育者在一定的社会阶级和社会环境中，都有学习和吸收社会主流价值观的目标，在这个过程中，每个教育者都会逐渐形成一种积极的自我价值，这一自我价值的形成，需要教育者在实践中不断探索，才能真正与社会主流价值相契合。移动网络对职业院校学生思想政治教育的推动作用是巨大的，对职业院校学生思想政治教育的知识、价值和传播产生了史无前例的影响。一是更有诱惑力。移动互联网承载着海量的文字、图像、声音、动画等信息，随着虚拟技术的不断发展，它的可视化程度越来越高，它将极大地激发学生的求知欲和想象力，使学生在享受高科技带来的快乐的同时，能更好地掌握政治理论知识，更好地发挥学生的主观能动性和求知欲。二是更具传染性。移动网络的出现，使学生在接受思想政治教育的过程中，不再局限于传统的二维单调的教学模式，而采用了虚拟现实技术、三维动画技术、虚拟图像技术等，在仿生学的基础上，让学生有一种身临其境的感觉，大大提高了学习效率。三是速度更快。移动网络以其庞大的信息库为基础，实现了知识快速、便捷地存储和传输，使人们可以在任何时候、任何地点，通过移动终端随时获得各种信息和知识。四是更加开放。移动网络对经济、文化等各方面的发展都产生了积极的推动作用，使学生能够在更广阔的社会环境中学习、生活，既能促进学生的全面发展，又能使学生在学习的过程中更加关注社会、关心世界。

（三）职业院校学生思想政治教育内在化的优化提高

思想政治教育内化是指教育者通过向学生灌输知识和价值观念，使学生有意识地把知识和价值观念转化为自己的认识，从而达到提高学生思想道德素质的目的，是一种促进学生内化与外化相统一的实践活动。移动网络是学生思想政治教育内化的重要平台，也是职业院校学生思想政治教育内化的重要途径。一是移动网络上有大量的信息共享信箱，将各类信息汇总起来，为职业院校学生提供了大量的信息资源，为职业院校学生的思想政治工作提供了有力的支持。二是移动互联网具有隐蔽性，为所有人提供了一个独立的虚拟世界，在此环境下，可以方便、快捷地了解学生的思想状态、价值取向等情况提高思想政治工作的针对性和实效性。三是移动网络使得主体与客体之间的信息交换、交流和互动更加频繁，主体与客体之间在虚拟世界中处于平等地位，增强了学生学习理论知识的主动性，提高了思想政治教育效果。四是移动网络构建了一个开放的思想政治教育平台，使每一个人都可以在这个平台上接受思想政治教育，扩展了思想政治教育的覆盖面，让社会主义核心价值体系建设深入人心。

◆◇ 二、智慧课堂在学校政治课教学中的应用

（一）智能移动课堂的概念与特点

2016年，教育部在《2016年教育信息化工作要点》中明确，"鼓励企业、社会组织按照教育改革的方向和教师、学生的教学需要，通过政府采购、补助等方式，开发一批专业的教学应用软件，利用教育资源平台为教师、学生提供

教育资源服务，促进教育信息化的普及。"随着国家对教育信息化的高度重视，各种新型的教育信息技术和设备不断涌现，"智能移动课堂"就是其中的一种。智能移动课堂是集大数据、云计算、物联网、移动互联网于一体的新一代信息和智能技术的集合体，它以移动电话为技术载体，在移动电话普及的情况下，通过移动电话进行教学，实现了课前的自主学习，课中的交互式学习，以及课后的延伸学习。

智能移动课堂主要有以下几个特点。第一，以大数据为基础的云端课堂。通过后台的数据，科学地统计学生学情和成绩，并根据学生的学习表现，进行大数据的挖掘、分析和决策，以直观的、科学的、精确的数据显示学生的学习情况，使教师可以更好地掌握学生的学习情况，更好地为教师提供高效的教学素材。第二，实现课内外的有效管理与交流。通过移动智能学习工具及技术应用支持平台，实现师生互动、生生互动、课堂互动。第三，生态班。在新媒体、新信息技术的支持下，利用多种智能手机，实现了不受时间和空间限制的开放式课堂，将课前、课中和课后的学习过程有机地结合在一起。第四，趣味性教学。利用手机终端对学生的测试和检测数据进行实时分析，从而使教师能够根据学生的测试和检测数据进行教学计划和教学策略的制定。第五，课堂教学的智能化。通过对大数据的统计分析，教师可以对课堂教学设计进行适时的调整，对课堂教学内容进行优化和改进，从而实现教学的智能化和艺术化。

（二）学校思想政治课中智能移动课堂的功能

将智能移动课堂融入职业院校思想政治课教学中，是职业院校思想政治课教学信息化的具体体现，并不局限于课前的自主学习，在课堂上可以利用智能移动平台进行现场交互式教学，在课后可以进行任务型学习。智能移动课堂在思想政治课教学中的应用，对提高思想政治课教学的针对性和实效性，增强学生学习的主动性有积极的意义。

1. 创新课堂教学模式，构建"生态课堂"

著名教育家杜威说："如果我们像昨天那样教导今天的孩子，那就是在剥夺他们的未来。"也就是说，教师要根据教学的需要和学生的需要，不断地学习、创新自己的教学方法。在思想政治课教学中，传统的教学方法基本上都是单一的，而随着教育信息化进程的加快，学生认知习惯与规律的改变，思想政治课教学也需要不断地创新，使理论与实践相结合。

　　智能移动课堂是以学生为主体，学生从被动学习向主动参与学习转变的课堂；是以教师为主导，使师生关系和谐、教学方法得当的教学模式；是以教师为主导，以学生为主体的可持续发展的教学模式。智能移动课堂充分利用"智能课堂"环境，尊重学生学习的主体性，重视学生的学习需要，将课前设计好的课堂教学内容上传至智能移动课堂客户端，通过"课堂管理""教学互动"等智能移动环节的构建，实现学生的全面参与，改变课堂只听课的现状，让学生能够在智能移动课堂中"无所不能"，同时，智能移动课堂能够准确、科学、客观地评价学生的学习状况。

　　因此，构建智能移动课堂，不仅可以推动思想政治课教学方式的变革，而且可以使思想政治课中各主体之间平等、互动和生态关系协调，从而实现思想政治课的良性循环。师生积极主动地营造思想政治课的生态环境，以开放的内容、开放的形式进行课堂互动，使思想政治课的教学空间得到了积极的拓展。

　　以构建生态课堂为目标，以新媒体环境为研究视角，以课前、课中、课后三个环节的整合为主线，通过对新媒体环境下思想政治课生态教育的分析，探索新媒体环境中思想政治课的生态教育模式，构建生态化、互动化、和谐化、开放化、动态化的学校思想政治课教学生态机制。

　　2. 提高教学质量，增强政治教育实效

　　哈佛大学前校长德雷克·博克在20世纪早期就曾说过，"教学要回归教育本质，老师首先要重新设计和重建课程。"重新建构的教材与学生的认知、生活更加接近，更能激发学生的兴趣，进而激发其学习的积极性。

　　智能移动课堂是在新形势下，在教育信息化条件下，对思想政治教育的针对性和实效性的一种积极探索，是一种灵活多样，开放性、科学性和客观性强的新型教学模式。在思想政治课的教学应用中，通过智能移动课堂的实施，丰富了教学内容，改进了教学方法，提高了教师的教学效率，培养了学生的学习兴趣，加强了思想政治课教学的针对性和有效性。通过智能手机平台进行教学，使内容更加丰富，学生参与度更高，拓宽了思想政治课的教学渠道，也推动了新媒体环境下思想政治课生态课堂的纵向发展，进一步提高了思想政治课的教学质量。

　　3. 加大课题研究力度，促进职业院校思想政治课的课程改革和课程建设

　　思想政治课是一门理论性和综合性很强的学科，从新媒体和新技术的角度

构建生态课堂是当前职业院校思想政治课建设和发展的一项重要任务。智能移动课堂的出现为职业院校思想政治课的改革开辟了一条新的思路、新的途径。以智能移动课堂为信息化教育载体，以思想政治理论课学科建设为依托，以信息技术为手段，积极探索与思想政治课信息化教学有关的课题，不断提升学生的获得感，使思想政治课的吸引力、感染力、影响力不断增强。在新媒体环境下，如何推进职业院校思想政治课的教学改革和建设，增强职业院校思想政治课的影响力，提高教学的质量，形成"生态课堂"的教学观念，促进教师的专业发展，已成为学术界普遍关注的问题。

（三）学校思想政治课智能移动课堂的实施途径

推动和应用智能移动课堂是教育信息化发展的必然趋势，必须充分发挥教育技术信息化在职业院校思想政治课教学中的重要作用，使职业院校思想政治课教学在实现立德树人的目标的同时，实现教师、学生、课堂和信息环境的有机结合。要充分、积极地营造职业院校思想政治课信息化的生态环境，拓展职业院校思想政治课的实践性课堂，培养学生的实践性思维，制定职业院校思想政治课的生态教学的教育目标。

1. 引导学生自主学习，实现课内与课外的有机结合

课内指的是教师通过课堂授课与学生面对面交流的互动式学习，课外指的是学生通过课堂以外的活动进行的自主性学习或合作学习。随着智能移动课堂的兴起和发展，传统的学习方式将从课内向课外转变。思想政治课课内的理论学习时间有限，不能真正起到教书育人的作用，课内与课外的有效结合，才能使学生的知识积累更多、视野更开阔。智能移动课堂通过对课内与课外教学的有效衔接，充分发挥网络课程等学习资源的作用，使学习空间得到极大的扩展，使学生能够在不同的时间、不同的地点、不同的环境中学习。

在教学实践中，要围绕教学目标、教学资源（MOOC、微课、案例教学等）、教学活动、教学评估等四个方面来构建智能移动课堂。教师在课前就做好了课程创建、资源导入、班级创建、主题讨论和资源共享等课程建设工作；课中，则进行了签到、考试、抢答、选题、小组讨论等课堂交互式活动；课后，学生可以在网络平台上进行自主学习，包括记笔记、群聊、小组讨论、考试等。在此基础上，进行课内、课外相互学习的新型信息化教学模式，推进了智能移动课堂信息技术在思想政治课中的应用，为思想政治课生态课堂的构建

提供了新的思路。

2. 无缝连接"线上"和"线下"，扩大学生的学习范围

"线上"学习与"线下"学习之间的无缝连接是智能移动课堂的一种典型的学习实践模式。基于学生认知特征和学习习惯，智能移动课堂平台为教师提供了丰富的思想政治课教学资源，并将思想政治课教学课件上传到智能移动课堂平台进行视频教学、MOOC教学等。通过手机终端App，学生可以利用课余时间在"线上"进行自我学习，开阔眼界。在思想政治课教学中，学生可以通过观看录像、章节测试、主题讨论等方式进行课前自学。课堂上，学生可以自主学习基础知识，遇到不懂的问题可以参考相关的资源，或发到讨论组中与同学们一起讨论，也可以在课堂上提出问题和教师一起讨论。基于智能移动课堂后台的精准学情统计，教师在课堂上对学生提出的问题和疑惑进行分析和归纳，并对难点和重点知识进行讲解，实现"线上"和"线下"教学的无缝连接。

3. 直接把"教"和"学"结合在一起，构建"学习共同体"

智慧课堂是指在遵循职业院校思想政治工作、教书育人、学生成长三大规律的基础上，使教师的"教"与学生的"学"直接结合起来的课堂。在智能手机的后台，教师可以根据学生的课前预习、在线作业等进行科学的统计，然后有效地针对学生的学习状况，及时调整课堂教学的内容，做到因材施教，"一对一"个性化授课。教师可以通过智能移动课堂应用程序进行班级管理。例如，可以通过手机进行考勤和签到，从而掌握学生的到课情况。通过投屏操作，实现了对云盘资源的调用。在教学过程中，教师会根据学生提出的问题，利用智能移动课堂应用程序中的相关功能，选择合适的问题进行解答。学生也可以对问题进行回答，答对的学生可获得加分，提高参与。在教学设计上，教师可以设计抢答环节，调动课堂氛围。根据学生的答案，教师也可以让全班同学投票，这样教师就可以知道学生在这个问题上的理解程度。传统课堂教学中学生参与度较低，而在智能移动课堂教学中进行主题讨论可以实现全员参与，利用"词云"功能对学生讨论的关键字进行识别，并对讨论结果进行及时评价和归纳。教师也可以采用小组讨论与合作探究相结合的方法进行教学。一门好的政治课"应该像食盐一样，我们不能只吃盐，最好是把盐溶解在不同的食物中，让它们自然地被吸收"。因此，智能移动课堂就是把"盐"融进"教""学"的每个环节，实现思想政治课教育的有效性。

　　智能移动课堂能够有效地进行大数据分析和客观评价，在充分利用现有资源的基础上，提供给学生自主学习、小组学习、合作学习、网上作业、交互式学习等多种学习方式。智能移动课堂能够为教师备课、开发精品课程、课题研究等提供资料。

　　智能移动课堂最大的特点就是将智能手机的投屏和电脑进行同步操作。在智能移动课堂的实践过程中，实现了思想政治课课堂的全员参与，有效地解决了思想政治课教学过程中存在的问题，提高了教师和学生的满意度，实现了思想政治课全员育人的价值导向。

　　智能移动课堂是思想政治课教学模式的一次重大变革，在它进入教育领域后，教师能否充分认识并重视它所产生的深远影响，是值得我们思考的问题。智能移动课堂的应用，将会逐步改变教师在信息化教育中的观念，重构教师与学生、课堂与信息化环境的互动关系。智能移动课堂不仅仅是一场技术革命，更是一场与教育改革同步的技术革命。作为学校思想政治课教师，应主动掌握信息技术，正确认识信息技术的发展规律，顺应新形势下思想政治教育的需要，及早将信息技术应用于智能移动课堂教学，顺应教育信息化的发展趋势，为教学服务，为学生服务，以实现立德树人的目标。

◆◇ 三、思想政治课智能移动课堂教学模式研究

（一）坚持以马克思主义和习近平新时代中国特色社会主义思想为指导思想

　　学生在"三观"的形成过程中，心智尚不成熟，对事物的认识尚不透彻，对马克思主义的理解尚不深刻，极易受各种错误思想的影响，特别是容易受西方享乐主义和拜金主义的影响，很容易造成学生思想上的偏差，从而对世界观、人生观、价值观产生错误的认识。要防范文化渗透，必须在习近平新时代中国特色社会主义思想的指引下，把马克思主义基本理论和基本观点传授给学生，使之成为职业院校学生思想政治教育的生命线。

　　1. 以社会主义核心价值观为导向

　　移动互联网时代的职业院校学生思想政治教育，必须坚持以社会主义核心价值观为主导，把它渗透到职业院校学生思想政治教育的各个环节。一是教育内容要体现社会主义核心价值观。中华优秀传统文化是社会主义核心价值观教

育的重要内容，构建中华优秀传统文化网络开放课程有利于社会主义核心价值观教育的发展。同时，将国家观念、法治观念、社会责任、民族团结、国家安全、科学精神等内容融入职业院校思想政治课教学中。二是以社会主义核心价值观为指导，将其贯穿于理论教育和生活教育的全过程。要把社会主义核心价值观与学习、研究结合在一起，避免出现"两张皮"的现象。在教学中，要注重课堂教学的生动化、案例教学的适合化、国情教学的正确理解与把握。同时，要注意将社会主义核心价值观在日常生活、学习中体现出来，让学生在不知不觉中形成自己的行为规范，以增强实践教学的针对性和实效性。三是在教师和学生的教学行为规范中体现社会主义核心价值观。要加强对学生的考核，使学生对核心价值的理解、态度在行为中得到具体的体现。建立相关的考核指标，使学生学会学习，学会做事，学会做人。要加强对教学工作的监督，把社会主义核心价值观教育的实施情况作为教学监督的重要内容；要把社会主义核心价值观教育的实施情况作为评奖、评优、评职称、提职的重要依据。要切实做好职业院校的考核工作，树立以学校为主导、学生为主体的社会主义核心价值体系培育与弘扬的理念，建立健全职业院校德育工作的评价标准和评价机制，实现职业院校德育工作的主体性。

2. 坚持目标导向对职业院校思想政治工作的指导作用

思想政治教育目标是指思想政治教育工作者在一定的时间内，在一定的活动范围内，使学生的思想行为达到所期望的目的。现阶段学生思想政治教育的目的，就是要把职业院校学生培养成有理想、有道德、有文化、有纪律的"四有"青年，使学生成为建设有中国特色的社会主义事业的栋梁之材。网络时代给职业院校思想政治工作带来了多种意识形态的冲击，职业院校思想政治教育的目标定位是确保职业院校思想政治活动的主流性，促进职业院校学生的全面发展。

（1）创新教育理念，与时俱进。

与时俱进是马克思主义思想的基本特征，职业院校学生的思想政治工作，要体现与时俱进的工作理念。移动互联网的发展，为职业院校学生思想政治工作提供了一个全新的平台和途径，使职业院校学生思想政治工作更加多样化，更好地适应信息时代的需要，更加与时俱进。就拿思想政治教育内容来说，手机网络的共享性、即时性、便携性对传统的思想政治教育内容产生了冲击，使之暴露出单一、过时、过度等弊端，加之在手机网络的影响下，学生思想政治行为呈现出多元化、普遍性、分散性等特征，对思想政治教育的文化需求、价值取向也日益多样化。要想实现思想政治教育内容的与时俱进，就必须不断地丰富思想政治教育内容，保证思想政治教育内容的先进性。同样地，对学生进行思想政治工作的方法和途径也必须与时代保持一致。移动互联网技术冲击着思想政治课的传统教学方式。因此，要创新思想政治课的教学方式，实现与时俱进，避免纯灌输式教学。

（2）确立"以人为本"的教育思想。

学生是思想政治教育的主体。首先，通过对移动互联网环境下学生的思想行为和心理特点的分析和研究，在新时代的思想政治教育中要增加学生感兴趣的话题，以学生为主体，关注学生在学习、生活和交往中遇到的困难，要对他们给予应有的关怀和尊重，建立起师生之间的信任，要培养他们是非判断的能力和正确的价值观。其次，相对于单纯的说教，教师要重视学生表达的多样性，积极构建学生表达的多样性平台。因为学生的思维是活跃的，有较强的自主思考能力，对新事物有较强的兴趣，所以教师要针对他们的特点，对其进行有针对性的思想政治教育，同时要倾听学生的意见，根据他们的实际情况，及时调整思想政治教育的方法和内容，使学生在思想政治教育过程中真正成为主体。最后，要制定长远的、科学的、有利于学生全面发展的教育目标。

从根本上讲，思想政治教育就是以科学的理论知识和文化素质为基础，以科学的世界观、人生观和方法论为指导，以先进的思想理论为依托，以科学文化素质为支撑，使学生的积极性、主动性、创造性得到充分的发挥，使他们能够更好地认识世界、改造世界，从而使思想政治教育在促进人的全面发展中起到应有的作用。移动互联网给学生带来了大量的良莠不齐的信息，使他们的思想变得复杂，学校也很难为他们创造一个良好的学习环境。因此，要为学校的思想政治工作制定一个科学的长期目标，把移动互联网所带来的有利因素充分利用起来，为学生的全面发展服务。

（二）思想政治课智能移动课堂教学平台的构建

1.提高教育工作者使用移动互联网的能力

首先，要想提高教师对移动互联网的应用能力，必须提高教师的理论知识水平，包括马克思主义相关的理论知识、各学科基础理论知识、移动互联网相关理论知识等。教育工作者要坚持学习，才能使自己的知识体系跟上学科发展的步伐，才能成为学识渊博、业务熟练、深受学生欢迎的优秀教师。移动互联网时代的信息环境变得更加复杂，各种错误的思想、思潮不断冲击着人们的心灵，这就要求教育工作者要在加强理论研究的同时，也要加强对新技术的研究，既要提高自身的专业素质，在市场经济、法律、历史等方面积累一定的知识，又要加强对新技术的研究，提高自己在移动互联网领域运用新技术的能力。教育工作者应勇于面对技术障碍，战胜"本领恐慌"，充分认识到移动互联网对职业院校学生思想政治教育工作的重要意义，采取切实措施，提高手机网络知识和技能水平。

其次，对教师进行技术培训，使其在一定程度上掌握移动互联网的使用技巧。科学选择培训内容，掌握主流网络媒体和移动终端的上网、定位和娱乐等基础应用，掌握利用移动互联网更快、更广泛、更贴近学生的获取信息的方法。在内容选择上，应遵循以下原则。一是适用性原则。思想政治教育工作者在学习新技术的过程中，要保证学习内容的适用性，才能达到预期的教学目的。二是简洁原则。新技术作为一种新的教学手段，已成为思想政治教育工作者研究的热点。思想政治教育工作者在进行职业技能培训时，应明确对新技术的认识，以简明扼要、深入浅出为重点，注重对新技术的运用方法的培训，确保培训和学习的有效性。同时，要重视灵活的培训方式，加强培训管理与考核。针对不同的思想政治教育工作者对移动网络技术的掌握程度，要因材施教。学校可以采取设立专门的培训小组、举办专题讨论会等方式进行思想政治教育工作者的新技术培训。

2. 提高移动课堂教学的趣味

智能移动课堂是利用移动电话等便携式终端进行教学的一种新的教学模式，它通过对课件和教学视频的授权，使其能够在智能手机等便携式终端上进行播放。通过智能移动课堂，学生不受时间、空间、硬件设备、经费等因素的制约，可以在任何时间、任何地点进行学习。

智能移动课堂作为对传统课堂的扩展和补充，是向学生传授知识的一种内驱力。在移动互联网环境中，思想政治教育系统被划分为四个层级。第一级是基本服务架构，即为能够在移动终端上正常工作的思想政治教育提供诸如数据库和存储装置等的服务。第二级是平台服务，即为职业院校思想政治教育工作的正常开展和健康发展提供保障。第三级是系统的应用程序功能服务，它是智能移动课堂运作的核心。第四级为用户客户端接入层，即在什么样的移动终端上执行智能移动课堂。通过对移动互联网环境下的思想政治教育体系的研究，可以有效地促进思想政治教育与智能移动课堂实现有机结合。

（1）思想政治课合作学习的课堂建设及网上答疑的应用。

智能移动课堂的主要功能就是构建学习资源，移动互联网的特点就是共享、个性化、轻便。教育工作者可以通过移动互联网将教学资源共享到学习空间，让学生在学习的同时，能够与他人进行学习和交流，还可以通过移动互联网将教学中不能用语言表达的背景、视频等信息上传到学习空间，让学生能够更好地感受到学习的乐趣。并且，智能移动课堂的学习时间、学习地点、学习方式等都由学生自己掌握。因此，学习资源的建设是非常重要的，这样培养学生的自主、合作、探究的学习能力。还可以建立在线答疑系统，及时解答学生学习过程中遇到的问题，提高学生的学习效率，使学生和教师之间建立起良好的互动关系。

（2）虚拟课堂的建立与应用。

虚拟课堂的建立，为学生提供了一个良好的学习和交流的移动环境。学生在虚拟课堂上可以手持手机，畅所欲言，充分发挥了其聪明才智。在虚拟课堂上，要坚持正确的价值观，主动发言，既可以就课堂上的某个话题进行精彩的讨论，也可以就时政热点问题发表自己的见解。同时，在虚拟课堂教学中，教师要积极倡导社会主流思想，传播社会正能量，引导学生正确思考，树立正确舆论导向。

（3）改进同步实践与同步评价的辅助应用。

同步实践与同步评价的应用，是对以上两部分内容的验证与归纳。智能移动课堂的一大优势在于及时反馈信息，使教师能及时了解学生的学习状况。同步实践和同步评价两者都是高度互动的，并且可以由移动互联网的本地应用程序来执行。简而言之，本地应用程序意味着能够在移动装置中操作 Web 页面的应用。同步实践可以让学生了解自己对知识的掌握情况，同步评价可以让教师更好地了解学生的学习情况，而手机网络可以提供精确的定位服务，可以让教师及时地知道哪些学生没有做到这一点，从而更好地因材施教。

智能移动课堂有别于课堂教学，它突破了传统课堂教学的局限，使学生随时都能通过移动终端完成学习任务。智能移动课堂以其丰富的资源、有趣的授课方式、开放的互动环境，极大地调动了学生的学习积极性，提升了学生的学习效果。尽管智能移动课堂适应移动网络的发展需求，但仍不能替代传统的课堂教学模式。智能移动课堂不能满足学生个性教育、社会交往能力教育和实地调查等方面的需求，必须在坚持以传统课堂为主的前提下，实现两者的有机结合，两者互为补充、相得益彰，才能提高思想政治教育效果。

3. 虚拟现实技术在课堂教学中的应用

虚拟现实技术是当今信息技术发展的必然趋势，在思想政治教育中应用虚拟现实技术是一种切实可行的手段。虚拟现实技术是通过多传感器交互技术、多媒体技术、人工智能技术、人机界面技术、高分辨率显示技术等高科技手段来实现的三维真实虚拟环境的技术。

将虚拟现实技术应用于课堂教学中，通过虚拟现实技术构建虚拟现实环境，利用可视化设备将学生的视觉、听觉、触觉等积极地融入虚拟现实环境中，对虚拟现实环境中的场景、人物进行感知，使学生有一种身临其境的感觉，这是基于移动网络的一种全新的实践教学模式。

运用虚拟现实技术，将手机游戏和课堂教学相结合，是对学生进行思想政治教育的一种新方法。在游戏过程中，玩家要遵循游戏规则，在不知不觉中完成"知""情""意""行"的全过程。游戏中的正义与邪恶可以帮助学生辨别对与错，建立正确的道德规范。网络游戏在教育领域具有很高的应用价值。网络游戏在教学过程中不能单纯地以其自身的形式存在，而是要以实现教育目标为宗旨。

将网络游戏应用到实际教学当中，寓教于乐，做到趣味性与知识性的有机结合。比如，把"长征"作为一款网络游戏，让学生通过课堂上的可视化设备，在虚拟的游戏环境中学习。把长征中遇到的困难设定为一个个关卡，每通过一个关卡，都会有一段感人的故事在学生的脑海中回荡，让学生体会革命之路的艰辛，从而更懂得珍惜眼前的生活。从内容上讲，要把健康的、积极的红色文化思想融入游戏之中，弘扬正能量，提高学生的思想政治工作实效。

虚拟现实技术在职业院校思想政治课教学中的应用，将使职业院校思想政治课虚拟与现实相结合，激发学生的学习积极性，有效地提高思想政治课的教学效果。

（三）移动网络学习平台在思想政治教育中的创新

移动网络学习平台是一种课下自学的学习平台，它包含了海量的学习材料、各种职业信息、热门新闻等，也包含了学校组织的各种讲座、活动等。通过主题网页、移动数据库、思想政治 App 等学习平台的建设，促进了学生的自主学习，拓宽了学生的思想政治教育渠道。

1. 移动网络中思想政治教育专题网站的构建

思想政治教育网站是马克思主义理论传播和思想政治教育的重要载体，但目前一些思想政治教育网站仅仅是以找工作为目的的网站，其主要功能是发布信息，对学生的影响不大，很少有学生对其产生兴趣，因此，在移动互联网发展的今天，对职业院校思想政治教育主题网站进行改造是非常必要的。

首先，要改变网站形式，不能采用"思想政治教育网"这样直白的网站名，容易引起学生的反感，"思想政治教育网"的显性作用固然重要，但其潜移默化的作用更重要。学生朝气蓬勃，思维活跃，乐于接受新事物，勇于创新，因此，网站名要有时代感，网站界面也应该追求简洁、清新、雅致的风格，具有鲜明的主题和丰富的内涵。其次，在内容方面，也要重新构建。思想政治教育网站内容的编排不一定要遵循完整的思想政治教育内容编排模式，也可以通过对内容进行合理地分割、组合，添加一些对学生有吸引力的栏目，或者添加一些时事类栏目，从而达到更好的效果。此外，还应增加留言板、讨论区等，让学生就特定的思想政治问题展开讨论，激发他们的积极性。积极探索将思想政治教育内容渗透到主题网站中的途径，既可以通过电影、电视剧、歌曲等形式，将思想政治教育内容从抽象走向具象，从沉闷走向生动，又可以将学校的特色融入思想政治教育主题网站中，形成特色鲜明的思想政治教育主题网站。思想政治教育主题网站建设应与手机等移动终端的使用环境相适应，使其易于在移动终端上浏览。

2. 健全移动网络思想政治工作移动数据库

移动数据库是移动网络学习平台中的一个重要部分，它为教师提供了教学所需的主要信息资源和辅助材料，也为学生提供了个性化的学习资源，为学生的自主学习和研究提供了便利。在移动网络的帮助下，要不断完善移动数据库，及时更新数据库内容，使更多的学生和教师从中获益。

首先，可以科学地将移动数据库划分为两类：一类为教师使用的参考资料，如教师日常使用的课件、讲稿、录像、教学成果等；另一类为学生使用的学习资料。移动数据库的分类使学生能够轻松地浏览和查阅数据，节省时间。其次，要简化接入过程，利用移动终端实现简单的登录，一个人一个登录号，不需要反复验证身份。最后，能够提供便捷的下载通道。目前，从各种网站上下载文章是非常不方便的，因此，能够通过便捷的下载通道迅速地将数据下载到诸如移动电话之类的移动终端上，可以使学生更轻松地使用数据。

3. 开发手机网络思想政治教育应用软件

目前，移动终端上的应用层出不穷，学习类应用更是让人眼花缭乱，但是与思想政治教育相关的移动应用（App）却寥寥无几。因此，有必要在移动网络的帮助下，开发具有鲜明特点的思想政治教育移动应用。如"中成智慧课堂"App，是将职业院校思想政治课搬上手机的一个成功范例，它将课堂信息管理、师生互动等功能结合在一起，使教师、学生、家长共同参与课堂教学，提高课堂效率。

（四）健全职业院校思想政治工作信息化管理平台

移动网络管理平台通过移动网络终端进行管理。组建移动网络顾问专业团队，为管理平台提供人才支持。加强移动网络环境下的公共危机管理，是公共危机管理平台建设的一种环境保证。管理平台运行的机制保证完善了移动网络安全管理体系。

1. 建立"移动网络思想政治工作顾问"志愿者队伍

"移动网络思想政治工作顾问"志愿者团队在"移动网络管理平台"中发挥着管理和指导作用，其成员既可以是"移动网络思想政治指导员"，也可以是"移动网络学生""移动网络专业人员"。志愿者队伍不仅要在构建管理平台的过程中发挥重要的作用，而且要积极引导学生的上网行为，在构建和管理两个方面都发挥重要的作用。

"移动网络思想政治工作顾问"，首先是一个和学生一样的普通人，在手机网络管理平台上，他们的真实身份会被隐藏起来，这给"顾问"工作带来了一些便利，同时带来了一些保障。"工作顾问"要花时间和精力在校园网站等网络社会环境中，了解学生的心理状态；要积极参与学生之间的问题讨论；要以学生的身份，发表正面、积极的意见和言论；要引导学生之间的舆论走向主流的正确方向。"工作顾问"还应具备一定的手机上网知识，协助学生解决网络上的问题，及时向学生提供学习和生活所需的信息，及时解决学生遇到的网瘾、网恋等问题，并具有引导学生在网络上解决思想和心理问题的能力。"工作顾问"还要积极为网站的建设提供意见，解决网站存在的敏感问题，及时清理不良信息，杜绝恶性争议，指导主题讨论，规范网站布局，创造良好的网络环境。

2. 强化手机网络环境下的舆情危机管理

网络通信技术的飞速发展和移动终端的广泛应用，使校园信息的获取变得更加方便、渠道更加多样。信息的开放性使得信息的真假难辨，尤其是一些突发的社会重大事件、利益冲突等信息，很有可能被手机网络放大、强化，如果这些信息被别有用心的、恶意的舆论引导，就会给学生带来心理上的冲击和情绪上的起伏，甚至引发群体危机。

针对这一现象，职业院校教师在开展思想政治教育工作时，必须及时掌握舆论风向的变化情况，充分运用网络技术跟踪学生思想观念的变化情况，及时掌握职业院校学生思想状况。学校宣传部门要针对特殊情况，制定应对网络舆论危机的对策，健全和完善网络舆论危机管理体系，做到"信息采集—危机识别—发展预测—决策—处置"各环节有专人负责，及时处置，提高公众对校园舆论危机的警觉性，做到早发现、早处理。学校宣传部门要做好舆论控制和引导工作，对社会关注的热点、敏感问题要及时做出反应。对真实情况要通过多种渠道予以公布，对错误的观点要及时予以驳斥和解释，不能让学生在错误的言论中迷失方向。通过发布权威的官方信息，引导公众舆论朝着正确的方向发展，培养学生在不同的时政新闻上的沟通和互动，从而增强他们的是非判断能力。思想政治教育工作者要坚持进行引导，让学生有充分的机会和平台表达自己的观点和想法，掌握学生的思想动态，通过研究事件发展的全过程和学生的思维变化，找出深层的矛盾及其根源，然后针对这些矛盾的根源采取相应的措施，使学生在思想上、行为上得到健康发展。

3. 完善手机网络思想政治工作的安全管理体系

在移动互联网迅猛发展的今天，手机带来的不良信息正在侵蚀着人们的心灵，为了杜绝这一现象的发生，学校必须构建融检测、监控、预防为一体的手机网络安全管理体系。

首先，为了保护用户的合法权益，我国于2016年颁布了《移动互联网应用程序信息服务管理规定》。我们还应建立科学、规范的网络使用规则，对不良信息进行实时检测，对有害信息进行自动屏蔽，保证学生在使用移动电话等终端设备时的安全。其次，要完善手机终端的在线监测，对学生在网络上的言行举止进行规范，做到随机应变，主动应对。最后，构筑一道坚固的防火墙，将非法接入、高风险漏洞等带来的危险信息从源头切断，为网络的安全和文明建设创造良好的环境。

（五）手机网络新媒体素养的培养

新媒体素养教育内容包括：了解媒体基本知识及使用方法，学会判断和分析媒体中各类纷繁复杂的信息，懂得判断媒体中信息的意义和价值，懂得并掌握媒体的传播方式和技术，懂得如何以建设性的方式运用媒体，丰富自己，发展自己。

在职业院校学生思想政治教育中融入新媒体教育，可以促进学生思想政治教育目的的达成和内容的深化。新媒体素养教育可以使学生在新的社会环境中形成正确的世界观、人生观、价值观。当学生的道德修养和行为习惯形成后，就会促使他们在网络上形成规范的行为，从而成为一个合格的网络用户。因此，把新媒体素质教育与思想政治教育有机地结合起来，对当前的职业院校思想政治工作具有重要的现实意义。

1. 提高学生利用手机上网的能力

新媒体素养教育的重要内容之一是学生对移动互联网信息的使用，它通过对学生的法治观念、理想信念和网络道德的教育，培养学生自主识别、分析和判断的能力，最终使学生都能全面发展，成为适应社会主义现代化建设需要的合格人才。

（1）强化法律教育，增强学生利用手机上网的法律意识。

目前，我国虽已颁布和实施了一系列网络安全法规，并于2017年6月1日起正式施行了《中华人民共和国网络安全法》，但由于移动网络发展的客观现实以及学生参与的网络环境复杂多变等原因，导致我国现行的网络安全法律法规在具体的操作层面上仍然存在着不足，在网络安全立法方面也存在着一定的滞后。为此，一方面要积极配合社会，制定相关规定，加大宣传力度；另一方面，要加强对学生的法律、道德教育，提高学生对网络的法律意识和道德水平。首先，可以组织专业的网络培训，让学生更好地理解网络法律、法规知识，以及网络道德。其次，运用手机网络下的法律知识竞赛、演讲比赛和问卷调查等多种形式，了解职业院校学生掌握法律知识的情况，提高移动网络信息的使用质量。加强学生的法律、法规知识教育，增强学生的法治观念，从而达到全面提高的目的。

（2）强化学生的理想信念教育，培养学生正确的价值观念，提高学生的综合素质。

移动互联网的迅猛发展，改变了我们的生活方式，也改变了我们的工作方式。随着社会交往的变化，新型信息传播手段的不断更新和使用，以及各种移动通信终端的迅速普及，学生获得信息的途径越来越方便、越来越多样化，其价值观和道德观念也呈现出多样化发展的特征。信息时代的到来，对职业院校学生实施理想信念教育势在必行。首先，要提高学生对网络上不良信息的警觉性，对网络垃圾信息的甄别和筛选能力，对网络上不良信息的自我保护能力，对日常生活中所接触到的视听文化产品的意识导向和价值导向的正确认识，对社会主义核心价值观的信仰和坚持。其次，在思想政治课教学中，通过对学生的思想政治教育，确保学生坚持正确的理想信念，让学生清楚地认识到，在手机媒体的影响下，学生要树立正确的人生观、价值观取向，以适应中国特色社会主义的发展。学生要深化对社会主义核心价值观的理解，挖掘其真实含义，增强政治敏锐性和判断力，提高综合素质以应对价值观的冲击。

（3）强化网络伦理教育，提高职业院校学生网络自律性。

随着移动网络技术的发展，学生面临的网络信息越来越复杂，为了适应这一发展趋势，有必要对网络信息的伦理规范进行补充与完善，使之更容易为学生所接受。学校应该通过开设网络伦理课，加强对学生网络伦理意识、网络自律意识、网络安全意识和网络责任意识的培养。手机网络时代，学生和思想政治教育工作者的接触机会相对较少，如何提高学生运用新媒体的意识和能力，是当前职业院校思想政治教育工作亟待解决的问题。学校思想政治教育者要主动发现移动互联网发展的新动向，发现学生在网络环境下暴露出来的主要问题，采取有针对性的思想政治教育或案例分析等方式，加强学生道德自律、网络免疫、网络文化辨析等方面的教育。使学生在使用手机上网的过程中，了解手机上网的基本法律、法规及行为准则，能够对网上的信息进行独立、客观的分析，并形成独立的问题解决意识。

2.规范职业院校学生手机网络信息传输能力

在引导学生正确认识、积极享受网络信息资源的同时，也要规范学生的信息创造与传播行为，让学生充分利用网络信息资源，提升自身素质，积极参与社会的发展。移动终端，如手机，具有传输速度快、传输范围广、传输内容丰富等优点，使学生能够自由地创作和传播与社会主义核心价值相一致的内容。然而，学生能够熟练地运用新媒体并不意味着他们能科学理性地认识媒体，也不意味着他们具有良好的媒体素养；学生对新事物的接受能力强，并不意味着他们对新媒体的教育就没有需求。因此，职业院校应在强化自身素质的前提下，建立起一整套的媒体素养教育机制，从社会、学校、家庭三个方面充分发挥作用，汇聚各方力量，营造网络媒体素养教育的良好氛围。

（1）培养职业院校学生的自我教育能力。

在唯物辩证法中，外因是条件，内因是基础，所有的外因都要经过内因才能发挥作用。职业院校学生自我教育是指职业院校学生自觉地把自己作为认识、改造的客体，激发和引导其内在的积极性、自觉性、主动性、创造性，从而实现自我教育。移动互联网的特征要求学生具有自我教育意识，能够将"要我做"转变成"我要做"，从而在信息传播过程中自觉地约束自己的行为。

要学会"省察"和"克治"。"省察"是指通过自我反省，发现自身在传播信息过程中存在的思想、行为等方面的弊端，而"克治"则是指寻找解决问题的办法。以学生为信息传播主体进行的自我教育，对于推动移动互联网环境下社会的良性发展和运作具有重要的现实意义。自律在其中扮演着重要的角色。学生运用自律能力，对移动互联网环境下的行为进行阶段性的自我分析和反思，及时纠正网络信息传播中存在的问题，促使自己更好地遵守网络道德准则，提高自身的自律能力。也要学会积德行善。所谓"积善"，就是在传播信息的过程中，认真地培养自己的善行，使之不断地积淀、壮大，绝不能"见善不为善"，培养崇高的品德不是一朝一夕的事，而是一个长期的积累过程。只有让学生通过实际学习和思考，认清自身的道德义务和责任，通过反思，找出自身的不足，在传播信息的过程中，有针对性地自我监督和自我批判，才能真正从网络规范的外化中走出来，实现内在的自我完善，真正成为一个与时代精神相适应的人。

（2）构建媒体素养教育的全过程机制。

建立一整套的媒体素养教育机制，就是要充分调动学校、社会、家庭等各方面的力量，建立一个全面的媒体素养教育系统。在社会上，各类社会组织通过宣传、培训和倡议等方式，对职业院校学生进行了新媒体素养教育，如"传说中女网警"微博就发布了近4万条与网络安全有关的微博信息，并推出了《网警说安全：网络陷阱防范110招》这本涵盖了各类网络安全的图书。

在家庭环境中，媒体素养教育是家庭教育的重要内容，父母对孩子的行为起着引导和监督的作用，通过日常生活的耳濡目染，让孩子对媒体有一个正确的认识，对媒体的传播行为有一个正确的规范。学校应当成为媒体素养教育的主导，以课程培训和校园文化建设为切入点，对学生进行新媒体素养的培养和提升。把媒体素养教育引入课堂，需要校领导与教师团队齐心协力，开发媒体素养教育的相关教材，开展相关的师资培训，保证充足的经费投入，确保充足的课时，更重要的是要转变观念，关注媒体素养教育对学生产生的深刻影响，把媒体素养教育放在培养合格公民的位置上，把媒体素养教育放在终身教育的更高位置上。为此，社会、家庭、学校应根据学生发展的特点，采取相应的措施，加强对学生的媒体素养教育。未来的社会发展，需要的是能够熟练运用手机网络，具备较高媒体素养的人才，而这种人才的培养，除了自身的意识之外，更需要整个社会的共同努力和持续的投入，以营造一种良好的社会、家庭、学校媒体素养的教育氛围。

第三节　思想政治课程与信息技术深度整合创新教学案例

案例　全面深化改革——从家庭生活巨变看改革开放

课程名称：中国特色社会主义理论

课时：2课时（90分钟）

◆ 一、选题价值

选题题目：全面深化改革——从家庭生活巨变看改革开放

教学对象：职业院校一年级

（一）选题来源

1. 简介

本选题来源于思想政治课程"中国特色社会主义理论"，是针对本教材中第四章第六节中的第一个主题"全面深化改革"设计形成的。本选题主要学习改革开放的内涵、主要成就、增强政治认同、"两个一百年"奋斗目标及全面深化改革的要求，从而增强学生的民族自信心和自豪感，树立家国情怀，增强政治认同，坚定"四个自信"。

习近平总书记在《关于深化新时代学校思想政治理论课改革创新的若干意见》中明确提出，"不断增强思政课的思想性、理论性和亲和力、针对性"，

"实现知、情、意、行的统一"。根据以上精神，本选题紧扣"全面深化改革"这一主题，密切联系生活实际，创新设计教学策略，增强思想政治课程的思想性、理论性、亲和力和针对性，切实实现知、情、意、行的统一。

2.课程结构分析

"中国特色社会主义理论"是职业院校一年级德育必修课，本课程的主要目标是："以中国特色社会主义理论为指导，贯彻落实党的二十大精神和习近平总书记系列重要讲话精神，积极培育和践行社会主义核心价值观，形成正确的世界观、人生观和价值观，提升民族自信心、自豪感和政治素养，增强政治认同，坚定中国特色社会主义道路自信、理论自信、制度自信、文化自信，培养担当民族复兴大任的时代新人，培养德智体美劳全面发展的社会主义建设者和接班人。"

通过学习"全面深化改革"这一主题，实现培养学生民族自信心和自豪感、增强政治认同、坚定"四个自信"等课程目标。

（二）典型性分析

改革开放是时代主旋律。习近平总书记在庆祝改革开放40周年大会上的讲话中强调了改革开放的重要地位与作用，改革开放是党和人民大踏步赶上新时代的重要法宝，是坚持和发展中国特色社会主义的必由之路，是决定当代中国命运的关键一招，也是实现"两个一百年"奋斗目标、实现中华民族伟大复兴的关键一招。

（三）学习价值分析

1.政治素养的基本要求

本选题以小见大，从"接地气"的家庭生活切入，促进学生基本政治素养的养成。在学习过程中，通过讲故事、享成就、畅未来、说行动等活动，有利于学生深刻感受改革开放以来家庭生活翻天覆地的变化，感悟祖国的快速发展与强大；有利于树立家国情怀，增强政治认同；有利于强化责任和担当意识，从而坚定"四个自信"，更加爱党、爱国、爱社会主义，全面提升思想政治素养。

2.劳动教育的良好载体

本选题中重要的学习内容之一是改革开放的辉煌成就。学生在"享成就"

学习活动基础上，反思成就取得的原因，深刻认识到这些辉煌成就是全党、全国各族人民用勤劳、智慧、勇气创造出来的。该选题很好地承载并贯彻了"劳动创造历史、劳动创造价值、劳动创造美好生活"这一劳动价值观教育。

3. 有效提升综合素养

学生在访谈、小组讨论、成果展示、分享感受等学习活动中，有效训练了信息获取、语言表达、团队合作等综合素养，特别是在"畅想未来，我的行动"学习活动中，紧密联系本专业，为今后专业学习及职业生涯发展提供思想意识层面的助力。

◆ 二、学习目标

课前目标：通过访谈、查阅资料、观看视频等多种途径，收集改革开放前后的家庭故事及生活变化的照片，初步了解改革开放带来的生活巨变。

课中目标：① 能讲述个人家庭在改革开放中的故事，从家庭生活巨变中认识改革开放的内涵。

② 能从多角度列举改革开放的主要成就，感受祖国的快速、全面发展与强大，联系家庭生活巨变，深刻认识国家、家庭和个人休戚与共的关系，树立家国情怀，增强政治认同，坚定"四个自信"。

③ 学习"两个一百年"奋斗目标和全面深化改革的要求，抒发对未来美好生活的向往，说出个人行动愿景。

课后目标：能以小组合作形式制作改革开放主题墙报，展现对合作开放的认识和情怀，进一步坚定"四个自信"。

◆ 三、学情分析

本案例参与班级为计算机专业一年级1班，共计40名学生，学生学习基础较好，课堂氛围活跃，师生互动情况良好。课前教师通过问卷形式对学生的学习兴趣进行调查，在充分尊重学生学习兴趣的前提下结合学习基础调剂分组，分为"衣组""食组""用组""行组"四个学习小组，每组10名同学。

(一) 学习基础分析

在思想政治"中国特色社会主义"课程中，已学习过生产力和生产关系的概念，为改革开放内涵的学习提供了理论知识。在思想政治"中国特色社会主义"课程中已学习过"四个自信"的内涵，为改革开放成就的学习提供方向指引。

（二）学习特征分析

学生偏爱团队合作，喜欢展示自我；形象思维能力强于抽象思维能力；缺乏对改革开放切身的感受和情怀。教师的应对策略是充分运用访谈、展示、小组合作等方式进行教学；借助图片、视频等信息化技术使抽象知识形象化；教学全过程紧紧抓住情感共鸣，以情为基，实现知、情、意、行的统一；紧密联系生活实际，从家庭故事入手，激发情感共鸣；共同分享改革开放成就，进一步激发家国情怀，增强政治认同；畅想美好未来，抒发对未来美好生活的愿景。

◆ 四、学习内容及重难点

（一）学习内容

依据教材及课程标准确定本次课主要学习内容，同时结合习近平新时代中国特色社会主义思想，联系《在庆祝改革开放40周年大会上的讲话》及《关于深化新时代学校思想政治理论课改革创新的若干意见》等时政要求，紧密结合生活实际，扩充学习内容。

【课前学习】

改革开放前后家庭生活的变化。

【课中学习】

1. 改革开放的内涵

① 对内改革：改革不适应生产力发展的生产关系，以及不适应经济基础发展的上层建筑。

② 对外开放："引进来"和"走出去"。

2. 改革开放的主要成就

① 人民生活：从温饱不足到小康富裕。

② 经济：世界第二大经济体。

③ 政治：日益走近世界舞台中央。

④ 文化：文化软实力和影响力大幅提升。

⑤ 社会：世界最大的社会保障体系。

⑥ 生态：生态环境治理明显加强。

⑦ 科技：科技创新和重大工程捷报频传。

3.增强政治认同，坚定"四个自信"

4."两个一百年"奋斗目标及全面深化改革

（1）"两个一百年"奋斗目标

到建党一百年时，全面建成小康社会，基本实现社会主义现代化；到新中国成立一百年时，把我国建成富强民主文明和谐美丽的社会主义现代化强国。

（2）全面深化改革的要求

① 出发点和落脚点：促进社会公平正义、增进人民福祉。

② 改革方向：坚持社会主义市场经济。

【课后学习】

制作主题墙报，进一步坚定"四个自信"。

（二）重点和难点分析及应对策略

1.重点和难点内容：改革开放的主要成就

（1）确立依据。

① 本次课核心目标是增强政治认同，坚定"四个自信"，支撑该目标达成的主要内容是改革开放的主要成就，因此该内容是学习重点。

② 学生的成长历程决定其没有经历改革开放前后发生巨变的过程，难以切身体会和理解改革开放对中国的影响，难以体会生活、经济、政治等方面的成就，因此该内容也是学习难点。

（2）破解思路。

① 本次课设计课前、课中、课后教学环节，其中课中环节里的"享成就，感巨变"环节突出了改革开放成就的学习。

② 为了破解改革开放成就的学习这一难点，要紧紧抓住情感共鸣这一基线，为此设计如下6个学习活动：播放新闻—组内互讲成就—全班分享成就—师生梳理成就—观看成就视频—谈感受。紧密联系家庭生活收集改革开放前后家庭生活变化的照片，体现改革开放的主要成就，并由此上升到国家发展的主要方面，从而突破学习难点。

2.难点内容：增强政治认同，坚定"四个自信"

（1）确立依据。

学生的成长历程决定其没有经历改革开放前后发生巨变的过程，缺乏切身体验。难以理解改革开放对中国的影响，人的思想意识的认知培养是一个由浅入深、循序渐进的过程，因此，增强政治认同显得尤为必要。

（2）破解思路。

① 以学生为本，依据认知规律进行课程底层设计。思想政治课是以人为本的课程，其课程底层设计必须遵循认知规律。为了破解难点，根据"动之以情、晓之以理、践之以行"的规律进行设计，实现知、情、意、行的统一，以"知"为切入点，通过访谈、查阅资料，建立学生对改革开放的基本认知；以"情"为突破点，通过家庭生活巨变和伟大成就激发情感共鸣；以"意"为着力点，引导学生由情化意，增强政治认同，坚定"四个自信"；以"行"为落脚点，鼓励引导学生产生行动，增强政治认同，坚定"四个自信"。以学生为本，依据认知规律进行课程底层设计，实现知、情、意、行的统一。

② 以家庭为媒，关联国家和个人，进一步增强政治认同，坚定"四个自信"。通过课前收集家庭生活巨变的照片，到课中展示分享，至课后制作主题墙报，做足做精改革开放引起学生家庭巨变的功课，让学生从家庭生活的改革中体悟改革开放的伟大成就，进而引导学生由己及家，由家至国，关联个人—家庭—国家，树立家国情怀，增强政治认同，坚定"四个自信"。

③ 以资源为钥匙，通过多种手段助力政治认同的增强。为了使思政学习让学生乐于接受，教师选取了视频、照片、信息化平台、信息页等多种学习资源，让学生在听故事、看照片、观视频、说感受、读文字的过程中，全方位感悟改革开放对国家、家庭和个人的深远影响，通过全方位和现代化的资源设计，让思政内容入心入脑，助力政治认同的增强。

◆ 五、学习资源

① 本次课选用的教室是思政课程专用教室，教室环境布置便于学生查阅。

② 根据本次课学习主题，教室白板上专门布置了改革开放取得的辉煌成就的照片。

类型	资源形式	学习内容	作用	环节
学习资源设计	幻灯片PPT	改革开放的内涵、成就	明确学习要求，引导学习过程	所有环节（课前、课中、课后）
学习资源选取	学习通App	表现改革开放前后家庭生活变化的成就	发布资源，上传预习作业	课前环节
	思政教材	全面深化改革要求	体现学习的主要内容、依据	课中环节学理论
	收集的图片	反映改革开放以来生活场景的成就	使学生产生直观认识	课中环节享成就
	视频	反映小岗村改革及巨变	便于理解，激发情感	课中环节谈巨变
	学习通App	布置作业学生写体会	深化教学目标	课后环节

◆ 六、教学实施

（一）教学设计理念

思想政治课程学习遵循"动之以情、晓之以理、践之以行"的规律，本次课紧密联系家庭生活实际，以激发情感为基础，采取一明一暗两条主线，串联整个课程。明线为过去—现在—未来的时间线，暗线为国家—家庭—个人的主体线。学生通过查找过去、现在家庭生活变化的照片，感受家庭生活的巨变，以家庭为纽带，思考国家与个人之间的关系，借助现代化信息技术设计，树立家国情怀，增强政治认同，坚定"四个自信"，实现知、情、意、行的统一。

（二）教学实施过程

1. 课前学习：学生进行家庭调查，收集照片

（1）设计意图。

①学生没有亲身经历改革开放前后发生巨变的过程，因此，通过收集家庭故事，建立基本认知。

② 收集改革开放成就照片，同时采用混合式学习模式，为课中学习进行内容铺垫，同时培养学生的信息收集能力。

③ 及时了解学生作业情况并及时进行反馈，同时培养学生的团队合作意识。

④ 通过再次查找图片，进一步建立对改革开放的基本认知。培养学生精益求精的品质。

学习内容：改革开放前和改革开放后家庭生活的变化。

教学方法：访谈法、小组合作探究法。

教学手段：学习通 App、投影仪、幻灯片。

（2）学生活动。

① 对家里的长辈进行访谈，收集改革开放前后个人家庭生活变化的故事。

② 独立查阅资料、观看视频，收集改革开放前后变化的照片。

③ 以小组为单位，按时间顺序归类整理改革开放的成就照片，上传至学习平台。

（3）教师活动。

① 布置课前学习活动，提出活动要求。

a. 访谈故事。

·故事内容：收集改革开放前和改革开放后家庭生活的故事。

·故事情节：包含时间、人物、情境。故事情节能够触动自己。

b. 收集照片。

·照片内容：根据小组主题，查找不同时期生活场景的变化，经济、科技等方面举世瞩目的成就。

·查找途径：通过庆祝改革开放40周年大型展览网上展馆，纪录片《厉害了，我的国》等查找。

·上传作业：小组以时间为序，将收集的照片整理成相册，标识上图片查找者，上传至学习平台。

② 教师利用学习通平台检查学生课前作业完成情况，提出建议，组织各小组再次查找图片，对已有资料进行补充和完善。

③ 教师根据评价标准进行课前作业评价，并打印能够反映改革开放成就的生活场景变化的照片，包含不同时期生活方面的照片。改革开放取得成就的照片要包含生活、经济、科技等方面。

2.课中学习：组织合作小组

【环节1：讲故事】

设计意图：① 认真反馈课前作业完成情况。

② 讲述家庭故事，奠定情感基础，为改革开放内涵的学习进行内容铺垫。

学习内容：改革开放前和改革开放后家庭生活的变化。

教学方法：案例教学法。

教学手段：PPT演示。

学生活动：

① 看PPT，认真倾听教师讲解课前作业反馈情况。

② 讲故事：发言的同学，结合课前访谈内容，分享个人家庭生活故事，其他同学认真倾听讲解。

③ 谈感受：根据同学和教师讲解，分享自身感受。

教师活动：

① 根据课前作业要求，反馈作业情况。

② 组织学生分享"我和爷爷奶奶生活变化的故事"，教师讲述自己家庭生活的故事。

【环节2：知内涵】

学习内容：改革开放的内涵。

① 对内改革：改革不适应生产力发展的生产关系，以及不适应经济基础发展的上层建筑。

② 对外开放："引进来"和"走出去"。

教学方法：案例教学法。

教学手段：PPT演示视频。

学生活动：

① 学生结合上一环节的故事，分析生产力与生产关系的内涵，并记录笔记。

② 观看视频，查找小岗村改革前后的变化，倾听教师讲解。

教师活动：

① 教师引导学生根据上一环节的故事，回顾生产力与生产关系的内涵。

② 组织学生观看小岗村改革前后的变化的视频，讲解改革开放的内涵。

【环节3　享成就，感巨变】

设计意图：

①借助故事使抽象视频形象化。

②采用图片形式，增强直观感受，便于后续小组讨论与展示。

③联系自己家庭实际，易于产生情感基础。通过过去和现在的纵向对比，深刻认识家庭生活。

学习内容：改革开放的主要成就。

教学手段：视频、PPT演示、白板。

教学方法：案例教学法、讨论法。

学生活动：

①以小组为单位，粘贴改革开放以来生活、经济、科技等方面的成就的照片。

②组内互讲照片背后的故事，讲述改革开放的主要成就，形成组内共识。

③各组推选一名讲解员，讲解员根据要求，在全班分享改革开放的成就，其他同学认真倾听，并记录。

教师活动：

①组织学生以小组为单位，粘贴改革开放以来生活、经济、科技等方面成就的照片。

②组织学生组内讲述故事和成就，教师进行巡视，关注学生的参与度及观点的表达，及时进行指导。

③在全班分享改革开放的成就，明确要求。

a.各组推选一名讲解员，进行全班分享，限时3分钟，并记笔记。

b.其他同学认真倾听，进行记录。

c.讲解结束后根据评价标准投票选出最佳小组。

【环节4　谈认识】

设计意图：

①在情感共鸣基础上，通过深层次思考，增强政治认同，坚定"四个自信"。

②引导学生爱党，爱国，爱社会主义，认识劳动，创造历史，创造价值，创造美好生活，树立劳动光荣、劳动伟大的观念。

学习内容：对改革开放的认识。

教学手段：学习通App。

教学方法：启发式、讨论法。

学生活动：

① 结合学习内容，在学习通上分享对改革开放的认识，思考改革开放取得举世瞩目成就的原因。

② 被挑选的同学发言，其他同学认真听。

教师活动：

① 组织学生在班级分享对改革开放的认识，思考改革开放取得举世瞩目成就的原因。

② 根据学生的分享进行总结提升。提升要点包括坚持中国共产党领导，坚定"四个自信"，劳动价值观念。

【环节5：学理论】

设计意图：推动习近平新时代中国特色社会主义思想入脑入心。

学习内容："两个一百年"的奋斗目标和全面深化改革要求。

教学手段：教材、信息页。

教学方法：讲授法。

学生活动：

① 学习记忆"两个一百年"奋斗目标，并齐声朗读。

a. 第一个阶段，全面建成小康社会。

b. 第二个阶段，把我国建成富强民主文明和谐美丽的社会主义现代化强国。

② 阅读教材，查找全面深化改革的出发点、落脚点和改革方向。

a. 出发点和落脚点：促进社会公平、正义。

b. 改革方向：坚持社会主义市场经济。

教师活动：

① 组织学生根信息页及引导性问题，学习"两个一百年"奋斗目标。

② 组织学生阅读教材，查找全面深化改革的出发点、落脚点和改革方向，并进行讲解。

【环节6：畅未来，说行动】

设计意图：

① 充分发挥学生的主体作用，通过头脑风暴，畅想未来生活，激发学生对美好生活的憧憬和向往。

② 引导学生树立家国情怀，强化责任和担当，驱动学生产生实践行为，实现知、情、意、行的统一。

学习内容：全面深化改革要求。

教学手段：便笺纸。

教学方法：头脑风暴法。

学生活动：

① 结合专业角度，畅想本世纪中叶的美好生活，思考自己的行动，用关键词书写在便笺纸上。

② 组内进行交流汇总。

③ 四个学习小组分别选取一名同学，与全班同学分享本教学环节。

教师活动：

① 组织学生，结合专业角度，根据要求畅想未来。

a.独立畅想未来，思考自己的行动，用关键词书写在便笺纸上。

b.组内交流汇总。

c.以小组为单位进行全班分享。

② 教师监控小组成员的参与度以及小组的整体进度，写好便笺纸的同学以头脑风暴的方式进行点评活动内容。

【环节7：做小结】

设计意图：回顾总结，通过学生感悟以及共唱歌曲升华主题，再次增强政治认同，坚定"四个自信"。

学习内容：改革开放的主要成就；增强政治认同；"两个一百年"奋斗目标和全面深化改革的要求。

教学手段：PPT演示。

教学方法：混合式学习。

学生活动：

① 引导学生回顾学习内容。

② 谈自身学习感受。

③ 师生共唱一首歌——《我和我的祖国》。

教师活动：

① 回顾总结本学习活动的主要内容。

② 随机抽取学生谈学习感受，进行总结提升。

③ 倡议师生共唱一首歌——《我和我的祖国》。

3.课后练习：制作作品

设计意图：巩固学习成果。进一步增强政治认同，坚定"四个自信"，驱动实际行动，实现知、情、意、行的统一。

　　学习内容：制作改革开放主题墙报。

　　教学手段：学习通 APP

　　教学方法：混合式学习。

　　学生活动：根据要求，制作改革开放主题墙报。

　　教师活动：跟进学生课后作业完成情况，及时进行指导和评价。

◆ 七、学业评价

（一）评价说明

　　思想政治课程课堂学习重点体现在知、情、意、行的统一上。"知"相对显性，主要是对知识的掌握与事实的认知，可评可测。"情"和"意"相对隐性，主要体现在学生情感的变化、内心世界的感悟和意识上的认同，难以直接具体测评，可以通过情感表达、表情外显、一段时间内的态度行为变化等来反映，教师据此可做点评。"行"包括行动意愿、行动措施和行动实践，行动措施以及具体的行动实践是可评的，而行动意愿相对隐性，一般通过显性的措施与实践间接评测。

　　依据教学目标，考虑到学生的综合职业素养，充分厘清显性与隐性的内在逻辑关联，活动共设计 5 次评价，其中改革开放成就照片、列举主要成就体现学生的"知"，是显性的可评可测，因此，教师要设计相应的评价标准，在学习通平台上和课堂直接评价；树立家国情怀、坚定"四个自信"属于"情"和"意"，是隐性的，教师通过学生的表达进行点评，同时观察学生的表情来评估教学目标的达成情况。"畅未来，说行动"，侧重于激发学生对美好生活的愿景以及行动的意愿，是学生"行"的表现，因此教师采取了点评这一方式。

　　本学习活动评价设计遵循以下原则：思想政治课是有温度、有感情的课堂，不应该只是分数评价，更多地需要有温度、有力量的语言和点评进行评价，以评促学。因此，要采用有温度评价、多元评价，结果客观，学生自评、组内组间互评、教师评价，全过程评价，课前、课中、课后三个学习环节多维度评价，过程性与结果性评价相结合原则。

（二）评价细则

评价表	对应目标	评价者	评价手段
评价表1	课前目标：成就照片（显性）	学生、小组	小组间互评
评价表2	课中目标：树立家国情怀，坚定"四个自信"（隐性）	教师	课堂点评
评价表3	课中目标：谈感受、认识（显性）	教师	课堂点评
评价表4	课中目标：抒发向往和行动愿景（隐性）	教师	课堂点评
评价表5	课后目标：写体会，办墙报	教师、小组	教师评价 组间互评

（三）评价标准

1. 显性目标评价结果

（1）显性目标分数。

从学生的学习成绩来看，四个学习小组显性目标得分整体向好，教学目标较好达成，发挥了学生的主体作用。

（2）教师点评。

在"享成就"活动中，教师针对学生的发言进行点评，并提出相关建议。在"谈认识"环节，教师应用评价表重点点评了具有代表性的认识，学生明显了解了改革开放取得的巨大成就，达成课中目标的显性目标。

（3）素养点记录与评价。

整门课程教师注重学生综合素养的培养，重点关注了学生的团队合作能力、逻辑思维能力、语言表达能力，对于发言的同学进行评价，对小组活动中某方面较弱的同学进行记录，思想政治课程中学生素养的培养和评价是一个见微却难知著的过程，学生的变化难以在一个相对较短的时间段内观察到，但是蛛网图的记录与评价，能够将这种"日不见其增"的变化相对客观和翔实地记录下来，用于在更长的时间维度上帮助教师和学生记录审视综合素养方面的"终有所长"。

2. 隐性目标达成效果

教师针对树立家国情怀坚持"四个自信"等隐性目标做点评，学生对改革开放以来家庭生活发生的翻天覆地的变化，引发自觉感受，尤其是观看成就视频、利用信息技术手段，学生自主谈感受，学生专注的眼神以及真情实感的表达，充分流露出对当今幸福生活的欣喜，以及为国家快速发展的自豪，有效激发了学生的情感共鸣。接着教师针对抒发美好生活的愿景及行动意愿做点评，学生畅想美好生活引发思想共情，并积极抒发出对未来美好生活的憧憬和向往，以及个人积极行动的意愿，学生的情感得以升华。教学目标圆满达成，有效实现了知、情、意、行的统一。

附件1：本课程学习资源及实践清单

（一）本课程课外学习资源清单

1.《大国崛起》

《大国崛起》是中国电视人以电视传媒这一特别的载体来展现近现代世界发展的一次实践。对于正在进行现代化建设的中国，本片期许以开放的心态为国人打开视野；对于正处在全球化浪潮中的世界，本片期许能为人类共同的进步提供思考。聆听历史是一种深远的智慧，让历史照亮我们未来的行程。

2.《厉害了，我的国》

该片以习近平新时代中国特色社会主义思想为内在逻辑，展示了在创新、协调、绿色、开放和共享的新发展理念下中国2012—2017年这五年的伟大成就，展现了中国人民在全面建成小康社会征程上的伟大奋斗，彰显了以习近平同志为核心的党中央的正确领导。凝聚起全党全国人民的磅礴力量，为实现中华民族伟大复兴的中国梦不断前进。

3.《我们一起走过——致敬改革开放40周年》

该片以改革开放40年取得的历史性成就和发生的历史性变革为基础，通过选取我国经济社会各个领域发展变迁的故事，呈现改革开放40年来，靠着一次次解放思想，中国人突破了一道道难关险阻；靠着艰苦奋斗，勇于变革，勇于创新，中国人用双手书写了一部发展的壮丽史诗；沿着改革开放这条道路，中华民族实现了从站起来、富起来到强起来的伟大飞跃。

4.《辉煌中国》

该片以创新、协调、绿色、开放、共享的新发展理念为脉络，全面反映党的十八大以来，在以习近平同志为核心的党中央的带领下，全国各族人民砥砺奋进、真抓实干，中国经济社会发展取得的历史性成就，充分展示2012—2017年五年来中国人民更多的获得感、安全感、幸福感、自豪感，真实记录中华民族实现从站起来、富起来到强起来的历史性飞跃。

（二）本课程实践清单

1. 参观《庆祝改革开放40周年》大型展览

该大型展览以习近平新时代中国特色社会主义思想为指导，以改革开放40年光辉历程为主线，紧扣"坚持和发展中国特色社会主义"这个主题，聚焦大事要事喜事，多角度、全景式集中展示了改革开放40年的光辉历程、伟大成就和宝贵经验。

2. 参观《复兴之路》展览

《复兴之路》基本陈列通过回顾1840年鸦片战争以来，陷入半殖民地半封建社会深渊的中国各阶层人民在屈辱苦难中奋起抗争，为实现民族复兴进行的种种探索，特别是中国共产党领导全国各族人民争取民族独立、人民解放、国家富强、人民幸福的光辉历程，充分展示了历史和人民是怎样选择了马克思主义，选择了中国共产党，选择了社会主义道路，选择了改革开放，充分展示了历史和人民为什么必须始终坚持高举中国特色社会主义伟大旗帜不动摇，坚持中国特色社会主义理论体系不动摇。

3. 参加主题演讲比赛

以"改革开放所取得的成就"为题材组织小组演讲。

第四节　在思想政治课教学中培养学生创新思维能力

◆ 一、营造良好氛围，激发创新兴趣，创设问题情境

教育心理学家通过研究证明，压抑的教育环境不能调动学生学习的积极性，更谈不上创新。而宽松、民主的课堂氛围能使学生情绪高昂、精神饱满，有利于激发学生的创新动机。

因此，在课堂教学中要注意发扬民主，营造富有创造性的气氛，引导学生多思、多问，允许学生发表不同意见，充分发挥学生的主动性和独创性。并采用有利于培养学生创新思维能力，促进学生主动发展的"自主读书"的课堂教学模式。在这样宽松、民主的课堂气氛中，学生兴趣盎然，无拘无束，敢想敢说，畅所欲言，创新思维能力的培养就水到渠成了。

◆◇ 二、鼓励质疑问难，勇于探究

"学起于思，思源于疑。"常有疑点，常有问题，才能常有思考，常有探索，常有创新。创设良好的问题意识环境，让学生提出不同的看法、见解。教学活动应充分爱护和尊重学生的问题意识，同时在教学中鼓励学生对前人的理论和传统的观点进行大胆的质疑，对人类尚未揭示的事物敢于探究。教师要勇于和学生争论，学生在争辩中表露出的某些与众不同的见解、标新立异的构思以及别出心裁的想法，应该给予充分的肯定。

例如，在讲哲学问题"理想的实现需要艰苦奋斗"时，作为艰苦奋斗的典型，教师提到了"愚公移山"的故事。有的同学立刻提出：在新时代要赋予"艰苦奋斗"新的内涵，因为在市场经济条件下，我们要有质量意识和效率意识，"愚公"为什么不搬家？为什么不绕路？为什么要世世代代移山？在遇到这两种情况时，教师应鼓励学生展开讨论，答案未必是唯一的，同学们会受益匪浅。

◆◇ 三、打破思维定式，引导求异求新

1. 诱导求异思维

求异，就是不苟同于传统的或一般的答案或方法，常提出与众不同的设想。它是创新思维的一个重要特点。因此，教学中教师必须设法引导学生突破常规，沿着不同的方向思考，寻求多种解决问题的方法，找出最佳方案，让学生广开思路，各抒己见，然后让学生比一比，看哪个办法好，以此培养学生的求异思维。

2. 引导学生发散思维

发散思维在创造性思维中占主导地位，所以应该发展学生的发散思维。教

师在教学中要注意分析各种不同的观点形成的原因，引导学生发散思维，多方位地评价政治事件，多方法解释政治现象，多重思考政治规律，多层次得出政治结论，多角度考虑政治问题。

◆◇ 四、诱导学生的创造想象力

想象力与创新思维有密切的关系，它是人类创造活动中不可缺少的心理因素。想象是创新的翅膀。人类的想象过程，就是创造力发展的过程。在教学中，教师要非常重视对学生想象力的培养。

（1）要使学生从广度与深度两方面学好基础知识，用历史上一些具有丰富的想象力且做出重要贡献的政治人物的事迹教育学生。

（2）应根据教材的潜在因素，创设想象情境，提供想象材料，诱发学生进行创造性想象。教师要以培养学生的创新素质为己任。只要这样才能培养出一批具有创造力的人才。

例如，在讲"建立政治经济新秩序"这节课时，教师可以布置课前预习：现行的国际政治经济秩序是以美国为首的西方发达国家的价值观为主导建立起来的，其特点是霸权主义和强权政治。因为不合理，所以世界上大多数国家都呼吁建立国际新秩序。我国主张在和平共处五项原则的基础上建立公正合理的国际新秩序。请同学们预测和想象一下，一旦按照我国的主张建立起国际新秩序，未来的世界将会呈现什么样的景象？在教学中教师要鼓励学生大胆想象，善于想象，可以有效地培养学生的创新思维能力。

◆◇ 五、训练学生把握灵感和顿悟的能力

人们产生灵感和顿悟的前提是大量积累知识，把握已知规律，作出合理的分析，形成创造性的结果。灵感和顿悟是长期钻研研究对象之后的豁然开朗，但它绝非一时之功。

机遇总是偏爱富有创新思维能力的头脑。在联系实际分析解决问题时，教师要给学生充分的时间，鼓励他们解放思想、深入思考，从更深层次上寻找问题背后的共性和规律，一旦问题突破了，灵感也就随之产生了。

如以下几个问题是考查学生能力的：针对消费者的权利屡受伤害的现象，你认为应该怎样解决？职业院校学生喜欢上网，对互联网上存在的弊端，你应

该如何处理？其答案各不相同，但有的同学经过深入思考之后突然来了灵感，提出回答问题从几个角度切入：国家应该采取什么措施，社会应该形成什么氛围，个人应该如何提高素质。其实，培养学生的灵感和顿悟并不是一件很困难的事，学生在学习和生活中对于一些问题深思熟虑后豁然开朗，进而产生举一反三能力的过程就是培养灵感思维能力的过程。

◆〉六、开展课外活动，培养创新思维

实践是检验真理的唯一标准，也是发明创造的源泉。开展思想政治课外活动，无疑对于培养学生的创新思维具有重要的作用。例如，搞社会调查、举行知行统一演讲比赛、召开辩论会、演小品等，鼓励学生积极参与，激励他们在活动中有所创新。

培养学生的思想政治课创新思维能力，尊重学生主体性参与的地位，让思想政治课教学气氛活跃起来，对于改变目前思想政治课教学的窘境无疑是一个很好的良方。思想政治教师肩负着特殊的使命，要积极实践，深入思考，为培养新世纪的创新人才而努力奋斗。

以上是思想政治课培养学生具有创新思维的具体做法，而培养创新思维和创新精神则是思想政治课程与信息技术深度整合所要实现的目标，以创新教学模式和方法，培养德技并修，具有创新思维和创新精神的高素质人才。

第七章 思想政治课程与信息技术深度整合促进教师专业化发展

信息技术突飞猛进，其应用更是迅速渗透到社会的各个领域，教育也不例外。在大数据网络环境和人工智能环境下，要提高信息技术的应用能力，从而促进教师专业化发展。通过师资培训、自主学习、借助网络平台等实践活动，可以使每位教师的信息技术能力有很大的提升。在浩如烟海、漫无边际的信息中获取所需的有用信息，对有用信息进行有效的加工、处理，利用现代信息技术进行高效率、高质量的学习，成为影响教师、学生发展至关重要的问题。很显然，信息技术应用已成为每位教师必须具备的基本素质之一。

随着科学技术的发展、新课程改革的实施，信息技术已逐步深入到课堂教学中；想把信息技术融入课堂教学，为课堂教学带来质的变化，就离不开教师专业化发展。教师必须实现角色转换，提升自身素养；不断提高和完善专业精神、专业知识、专业能力、专业理论及专业意识等各方面的专业发展，多方面、多角度、多层次地进行教师素质和能力的培养。教师要不断地学习和反思，熟练地掌握信息技术，在信息技术环境下提升自己的素质和能力，以适应新形势下专业发展的要求，进而促进自身专业化发展。

第一节 思想政治课程教师职业素质的培养

"专业"是一个具有历史文化内涵的名词，是具有高度文化内涵的专门行业。要想成为一名专业人员，要有专业的知识和技术，还要有专业的道德素质。教师作为一种职业，其本质特征主要表现在以下三个方面。第一，教师是一种全职的职业；第二，教师的专业素养应当具有更深刻的内涵，这种内涵可以从教学和培训中得到；第三，教师要以无私的态度为社会大众服务，尤其是为学生服务。教师的职业素养应反映出这三个方面的特征，这是成为一名合格的教师应有的素质。

◆ 一、教师职业素养的培养

每一个职业都有自己的一套科学的职业知识，而这套科学的职业知识包含两个层次的系统：一是"与职业有关"，即职业"是什么专业"；二是对"这个职业"的了解，即了解"如何做"。对政治教育学专业而言，"本专业"指的是哲学、经济学、政治学、法学、伦理学、心理学、教育学等与教育相关的学科的全部知识。为实现这一"专业目标"所提供的知识能力大部分是作为一名思想政治教师必备的专业技能。

◆ 二、思想政治教师职业素养研究综述

思想政治教师的职业素养包括道德、知识、能力三个方面。思想政治教师应具有良好的职业操守、较丰富的专业知识和较高的教学水平。只有具有较强的职业素养，教师才能更好地做好思想政治工作。

（一）思想政治教师的职业道德素养——师德修养

思想政治教师的师德修养，可以概括为"教书育人"和"为人师表"。《中学教师专业标准（试行）》对思想政治教育工作者的专业观念和师德修养作了较为清晰的界定。

第一，在职业认知上，要坚持党的教育方针和政策，坚持依法治校；了解教学工作的重要性，对教学工作充满热情，具备专业理念和献身精神；认识到教师职业的特殊性，重视教师的职业发展；具有较强的专业素养；具有良好的团队意识，善于沟通和协调。

第二，从对待学生的态度和行为等方面看，对学生要关怀，关注他们的身心发展，保障他们的人身安全；尊重学生的独立个性，保障学生的权利，使每个学生都能得到公平的待遇。不对学生进行讽刺、挖苦和歧视，不对学生实施体罚；尊重学生的个性特点，积极理解和适应学生的各种需求；要充分相信和支持学生，为学生的自我发展创造良好的环境。

第三，在教育态度和行为上，确立以人为本、以德为先、知识学习和能力培养并举的教育思想；促进学生的好奇心和求知欲的发展，培养学生的学习兴趣，为学生的自由探索和创新创造良好的环境；引导学生自觉学习，自强自爱，养成独立思考的好习惯，增强与社会的接触面。

第四，在自身素质和行为上，要做到有爱心、负责任、有耐心、要细心；乐观，热情，开朗，有亲和力；有良好的心理素质，能调整自己的情绪，保持良好的心态；着装整齐，言语规范，身体健康，行为文明。

思想政治教师道德素养的核心是认识教育的必要性及社会责任。树立教育服务人民、服务学生的思想，树立学生第一、德育第一、能力第一、终身学习的思想，这是提高思想政治教师道德素养的重要途径。

（二）思想政治教师的学识修养

现代教育对教师的要求已不仅仅是具有一定职业技能的教书匠了，而是教育者，一种兼具职业技能、教育思想和教育技能的教育者。从这一点可以看出，作为一名教师，既要有对所教科目的专业知识，又要有对教育教学的理论知识，两者缺一不可。思想政治教师也是如此。

第一，思想政治教师的学识素养包括政治学、哲学、伦理学、法学和经济学等人文学科的素养，这不仅是思想政治教师学科素养的内容，也是对教学内容精确掌握的一种职业技能。这一部分所涉及的学科专业知识，是教师在教学过程中必须具备的、基本的、必要的专业知识体系，即教师所要教授的内容。

第二，作为一名思想政治教师，首先要具备一定的教育教学基础知识，即教育学、心理学、教学论等相关学科的基础知识。只有具有了这样的知识素质，教师才能懂得应该怎么教，以及为什么要这样教。这就是为受教育者提供的基础知识和基础理论，教师既要明白如何教知识，也要掌握学生如何学知识。

（三）思想政治教师的素质要求

教师知识渊博，但若不懂得教与学，即缺乏教师所必需的技能，便很难胜任教师的工作。因此，教师在教学中必须掌握一些基本的教学技能和技巧，才能更好地向学生传授知识。思想政治教师能力素养的主要内容包括：语言表达能力、课堂教学设计能力、开发利用课程资源能力、交际能力、教育机智等。

1. 语言表达能力

教师主要通过口头表达和板书两种形式，对学生进行知识的传授和教育。教师在课堂上的语言表达是口述和写作的综合。课堂语言有别于日常口语，它摒弃了日常口语的松散、杂乱、脱节等弊端，而保持了口语的活泼、生动、亲切和自然。课堂上的教学语言也与书面语不同，它避免了书面语的致命弱点，即缺乏有声语言强烈的表现力，但同时又保持了书面语的严谨和规范。它是一种特殊的语言，介于口头语与书面语之间。因此，教师应具有较强的口头语和书面语表达能力，能够将教材、教案等书面语言转换成口头语言，使之条理规范、清晰，从而将知识、信息以正确的方式传递给学生。

2. 课堂教学设计能力

课堂教学设计能力是教师根据教材内容对教学过程进行设计的能力，是教师实施课堂教学的具体手段。课堂教学设计是教师将教学内容转换成自己的知识与经验的过程，它反映了教师的教育观念与教育思想；同时，设计教学的过程也是教师将自身的经验、知识融入教学内容中，并将其有效地转换为学生学习的过程。因此，课堂教学设计能力是一种基本的教学技能，其本质是指教师在课堂教学过程中，多种方式、多种手段的综合运用，将教学内容、教学手段、教学方法等有机地融合在一起，形成一种新的教学模式。

3. 开发利用课程资源能力

思想政治课程标准规定，课程资源应包含学校内部的教育资源、学校外部的各种社会组织的教育资源、学校外部的各种教育渠道的教育资源，并将其纳入课程标准的范围。教师应树立课程资源的"融合""开放""发展"观念，对课程资源进行整合与优化，以实现课程资源在课程实施与教学中的作用。课程资源的开发是思想政治教育工作者必须具备的基本素质，思想政治教育工作者要善于利用课程资源的开发来实现思想政治教育的最优化。教师在教学过程中要注意对图书、报纸、杂志等文本资源的采集与利用；此外，还存在诸如电影、电视节目之类的音频和视频资源，以及图书馆、博物馆、纪念碑、人文景观等有形资源；人力资源包括学生和学生家长、教师和教师团队、社区成员和其他社会成员。教师可以根据课程内容的不同需求，选择相应的教学资源。总之，教师应树立更广泛的课程资源观念，对各种资源进行综合开发与利用，既要为课程教学服务，又要为学生的发展服务。

4. 交际能力

教育教学中教师的交际能力是指教师和学生之间的相互影响的能力，是教师和学生在教学过程中进行有效沟通和交流的能力，是保证教学质量的基础。有人说教学的实质是交流，就是教师要善于引导学生在教师与学生、学生与教材、教师与教材、学生与学生之间进行多种形式的沟通与互动，而这些沟通与互动的成功与否，对教学的成败起着决定性的作用。教师是教材与学生有效沟通的媒介主体和关键。因此，教师在课堂教学中应具备"两手"沟通能力，既要善于传授知识与经验，又要善于倾听与接受各种意见与观点，从而建立起科学的课堂教学流程，使课堂教学不仅仅是传道、授业、解惑的过程，也是师生之间思想意识的交流与分享的过程。

5. 教学机智

一般而言，机智是一种敏感，是一种全神贯注的审美感受。《韦氏大学英语词典》把机智定义为"为了保持与人的良好关系或避免得罪人而对自己的言谈举止敏感的人"。教师的教育机智就是教师在遇到紧急情况时能够灵活、敏捷地应对，在应对过程中所展现出的一种聪明才智，我们通常把这种聪明才智称为教育机智。在日常教育教学活动中，教师经常会遇到突发事件，有的是由于学生的原因，有的是由于教师的原因，还有的是由于其他原因。总之，教师会遇到很多意想不到的情况，这就需要教师有应对紧急情况的能力。也就是说，教师应该能够在第一时间就知道如何去做，并且能够在复杂的情况下迅速、准确、得体地采取行动。这种能力既是教师临场应变的智慧与能力，又是教师整体素质的重要体现。教育机智首先体现在克制上，教师要懂得什么时候克制，什么时候忽视，什么时候等待，什么时候不"注意"，什么时候退后，等等。教师的克制，一方面是出于对学生的关爱，另一方面也是出于对学生成长与发展的耐心与包容。其次体现在对学生经历的理解与尊重上。这意味着教师要坦诚地对待学生的经历，保持一种开放的态度，避免用一个标准和传统的方式来处理各种突发情况。要求教师"试着从学生的视角去看问题，去想问题"。这并不简单，但教师必须有一种态度：试着从学生的视角去看他们的经验和行为，而不要从成年人的视角去看。

思想政治教师的专业素养是其在长期的教育教学实践中，通过自身的努力和实践，逐步培养和提高的一种社会文化素质和职业素养，是思想政治教师专业素养的重要组成部分。

第二节　思想政治课程教师专业化发展

◈ 一、思想政治教师专业化发展综述

随着应试教育向素质教育转轨，教育课程改革已全面启动。思想政治教师素质与课程实施的不匹配，已成为当前教育课程改革的主要问题，也成为新世纪思想政治教育成败的关键问题。思想政治教师素质不高和数量的不足，对我们现行的教师培养模式提出了严峻挑战。立足教师专业化发展，改革教师培养模式，培养创新型的思想政治教师是当前思想政治教育专业教育改革的核心所在。

教师和教师教育历来是人们关注的话题。20世纪80年代以来，教师专业化发展日趋成为世界各国关注的焦点。教师专业化发展是由美国教育界在20世纪80年代提出来的，众所周知，1968年美国实行"新数运动"课程改革，历时十年，最终以失败告终。美国教育界一致认为，课改失败的根本原因在于中小学教师的素质低下。由此，美国霍尔姆斯教育学院提出教师专业化。时至今日，国外教师的专业化研究已由被动的专业化转向主动的、内在的教师专业发展研究。

（一）思想政治课程改革的主要特点和目标

思想政治课程改革是为了适应新时代发展和学生需求的举措。下面是关于思想政治课程改革的一些主要特点和目标。

（1）价值引领与立德树人。思想政治课程改革强调培养学生正确的世界观、人生观和价值观。通过系统的思想政治理论教育，引导学生树立正确的世界观、人生观和价值观，培养他们的社会责任感、公民意识和道德品质。

（2）开放与多元。思想政治课程改革倡导开放、多元、包容的教学内容和方法。引入国内外思想政治理论的先进成果，涵盖不同思想流派和理论观点，让学生了解和比较各种思想体系，培养他们的独立思考和批判思维能力。

（3）实践与案例教学。思想政治课程改革注重将思想政治理论与实际问题相结合。通过引入真实案例、社会热点和实践活动，让学生了解和分析当代社

会、政治和经济等领域的问题，培养他们的问题意识、分析能力和解决问题的能力。

（4）交互与讨论。思想政治课程改革鼓励学生之间的交流和互动。通过小组讨论、辩论赛、演讲等方式，激发学生的思辨能力和表达能力，培养他们的团队合作和沟通能力。

（5）现代技术支持。思想政治课程改革倡导利用现代技术手段来支持教学。通过网络教学平台、多媒体教材和在线资源等，提供更加丰富、灵活和个性化的学习方式，激发学生的学习兴趣和参与度。

（6）评价与反馈。思想政治课程改革强调对学生的全面评价和反馈。通过多种形式的评估和反馈方式，如作业、考试、讨论参与等，帮助学生了解自己的学习状况，发现和弥补不足，并为他们提供有效的学习指导和支持。

思想政治课程改革旨在培养具有中国特色社会主义理论素养、国际视野和创新精神的高素质人才。通过思想政治教育，可以提高学生的思辨能力、社会责任感和创新思维，为他们的未来发展和成长奠定坚实的思想基础。同时，改革还需要与时俱进，密切关注学生的需求和社会的发展，不断完善和创新教学内容和方法，使思想政治课程更加贴近实际、有针对性，为此，实现思想政治教师的专业化发展显得尤为必要。

（二）实现思想政治教师的专业化发展

如何实现思想政治教师的专业化发展，需要结合思想政治课程教学改革对思想政治教师的要求以及教师专业化发展的内在需求进行分析。以下是一些可能的考虑因素。

（1）提供系统的培训和研修机会。教师专业化发展需要不断学习、更新自己的知识和教学方法。教育主管部门可以提供针对思想政治课程教学的专业培训和研修机会，帮助思想政治教师深入了解相关理论和教育政策，并掌握有效的教学策略和评价方法。

（2）鼓励教师进行教学创新与实践。思想政治课程教学改革强调培养学生的创新精神和实践能力，因此教师也应该通过教学创新和实践来提升自身的专业水平。教育部门可以鼓励教师参与课程研发、教学设计和实践活动，提供支持和资源，促进教师的教学创新和实践能力的发展。

（3）建立专业化发展的评价体系。为了实现思想政治教师的专业化发展，需要建立科学有效的教师专业发展评价体系。这个评价体系应该包括对教师在思想政治课程教学方面的知识、能力和素养的评价，鼓励教师参与专业化发展的活动并提供相应的奖励机制。

（4）加强教师交流与合作。思想政治教师的专业化发展可以通过加强教师之间的交流与合作来实现。教育主管部门可以组织教师间的经验分享和研讨会，建立专业学习社群或研究团队，促进教师之间的互动与共同成长。

（5）注重教师职业道德建设。思想政治教师作为社会主义事业的栋梁，其专业化发展还需要注重职业道德建设。教育部门可以加强对思想政治教师的职业道德培养和引导，加强教师的师德师风教育，推动教师自觉履行职责，提高教学质量。

总之，思想政治教师的专业化发展是一个系统性工程，需要从多个方面来推动。通过提供培训机会、鼓励教学创新与实践、建立评价体系、加强教师交流与合作以及注重职业道德建设，可以有效促进思想政治教师的专业化发展，提高思想政治课程的教学质量。

◆◇ 二、教师专业化发展的模式

新课程改革浪潮正在逐步推进，思想政治教育专业的发展必须顺应时代发展的要求，加强师资队伍建设，为新课程下思想政治教育专业人才的培养打下坚实的基础。为了更好地推动思想政治教师的专业化发展，下面对思想政治教师的专业化发展模式进行分析。

（一）自主学习，不断充实、更新自己的知识

思想政治教师的专业化发展离不开知识结构的不断完善，知识结构的不断完善是思想政治教师专业发展的源泉。思想政治课教学是思想政治教育学、心理学等学科专业发展的重要环节，是提高思想政治教育课教学质量的重要手段。理论自主学习包括思想政治课的理论自主学习和教育理论课的理论自主学习。一是对思想政治教育专业知识进行更新和充实，使其知识结构更加完善；二是积极汲取新知识、新理念、新规律，关注思想政治科学的前沿知识和发展动态，掌握新技术、新发现、新成果；三是关注新技术在思想政治科学领域的应用状况，积极汲取新知识、新理念、新规律。

新的思想政治理论课在结构、内容、评价、开展等方面都有了较大的变

化，要适应新的教学要求，教师既要充实教育理论知识，又要完善教学行为，提高教学质量，还要认真阅读教育学和心理学等相关书籍，提高理论水平。教师要阅读有关教育的重要书籍，了解思想政治教育改革的最新动态，学习新的理论，提高自己的素质。

（二）从课堂教学看职业生涯发展中的实践智慧

思想政治课是运用理论知识，进行思想政治课教学的课堂。在新课程改革下，教师要坚持以学生为中心，因材施教，对教学内容、目标和方案进行认真分析，做好备课、授课和评价工作。重视第二课堂教学指导环节，在教学实践中不断提高自己的教学水平，积累经验，探索新途径。思想政治课教学应注重与其他学科的结合，注重与物理、化学和信息技术的结合。思想政治教师应具备学科整合的理念，拓宽学生的视野。要取得较好的教学效果，必须注重教学实践环节，并应注意以下几点：准确理解思想政治教育知识；准确把握思想政治课的教学目标；合理设计和应用教学策略；科学规划和实施思想政治教育活动；对教学效果进行正确的反馈、评估和分析等。让你的专业在课堂上不断地发展，让你的真知灼见在实践中增长，让你的智慧在课堂上不断地增长。

（三）开展校本研究，促进教学和研究的发展

校本研究是以学校为组织，以教师为对象，以教学实践为中心，以提高教师的科研能力和教学能力、促进教师的专业发展为目的的一种教学研究方式，是高校思想政治教育专业发展的重要保证。校本研究是开展课例研究、教育叙事、课题研究、教学研究等活动的良好平台。

（1）丰富和完善校本课程的教学内容，进行校本课程教材和教案的编写。教研组是以教学和研究相结合的学习型组织，根据学校的实际情况和学生的学习特点，积极开展校本教案和校本教材的编制工作，探索符合学校实际情况和学生特点的学习方式。

（2）对思想政治课教学的行为进行研究。为了提高教师的教学能力，推动教师的专业化发展，本研究以"诊断""规划""行动""观察""反思"为主要流程，对教师的教学行为进行调查，并对调查结果进行整理、分析、总结。

（3）对思想政治教育叙事的研究，主要从三个方面展开：一是对思想政治教育叙事的研究、二是通过描述和分析教学事件和行为，对教学过程中的意外

和冲突进行研究、反思和评价、三是对教学中学生的行为、效果和感悟进行研究、反思和评价，为科学的教学评价提供依据。

（4）开展内部和外部交流，提高专业发展水平

专家指导是教师职业发展的一种重要方式，它要求教师在理论与实践上都能得到专家的指导和帮助。专家是指职业院校思想政治课科研单位和职业院校的专家，也可以是职业院校内部和外部的一线专家和教师。专业指导实际上是专家和一线教师之间的理论和实践的交流，包括学术报告、现场教学指导、理论指导、协作研究等。现场教学指导员与教师共同备课、听课、评课、反思、总结，分析问题、反思问题，提出最优解决办法。学校应加强与其他学校和科研院所的交流和合作，建立实验基地和科研基地，加强对教学实践中存在的问题进行分析、研究和指导。同时，还应发挥本校师资队伍的主导作用，积极组织青年师资队伍的建设，推动青年师资队伍的专业化发展，逐步把青年教师培养成为专家。

总之，思想政治教师的专业发展模式应该是：立足现实，注重思想政治素质的提高，理论基础的不断充实，教学实践的不断加强，理论学习和教学实践的有机结合，理论学习对教学思想的完善，对教学行为的指导，教学实践中对理论与实践的差距的反思，从而探索出符合当前思想政治课程教学现状的教学模式。

第三节　思想政治课程教师专业化发展的思考

专业化发展就是个人在工作中积累专业知识，提高专业素质的一个过程。这是一个由个人自觉、主动地学习、反思，或由外部因素、压力导致的被动的职业成长与发展过程。教师专业化发展是新世纪教师发展的一个新课题，新课程改革对教师的角色定位和工作特点提出了更高要求，新的教育观念和教学模式要求教师在教学过程中不断地进行理论与实践的探索，不断地提高自己的教学水平和教学能力。教师专业化发展从内容到形式都发生了根本性改变，目前，为了促进教师专业化发展，我国已经形成了新教师入职前培训、在职培训、进修培训、骨干培训等多种教师培训形式。这些培训是一个有机整体，对教师专业化发展起着积极的推动作用。

◆ 一、思想政治教师专业化发展的基本特点

教师专业化发展经历了"初学者""合格教师""骨干教师""专家教师"四个时期。教师专业化发展的初始阶段是"门外汉"，然后是"入门者"，然后是"合格教师"。我们可以把这个阶段叫作职业教师。教师专业化发展是从教师胜任工作到教师能力发展、教师专业成长、教师专业发展的升华与超越的过程。教师专业化发展必然是一个综合的、实践的、循序渐进的、自我超越的发展过程。思想政治教师专业化发展也存在着这样的问题。

（一）思想政治教师专业化发展是实践能力与自主能力的有机统一

具体的教学实践是教师专业成长与发展的基础，也是教师专业成长与发展的关键。教师要对教材内容进行学习、设计和组织教学，在课堂上实施具体的教学计划，并在教学过程中不断总结和反思，不断提高，这一切都是在实践的基础上进行的。实践是教师专业化发展的基础和前提，没有实践，教师专业化发展就是无源之水、无本之木。实践能力是思想政治教育专业发展的基本属性和先决条件。

教师专业化发展的自主性是教师专业成长的过程，是教师自我选择、自我参与、自我建构的过程，是教师个体独特的教育和教学风格形成的过程。一方面，教师可以自主设计、选择合适的教学方法，进行教学设计、编写教案、实施教学；另一方面，教师也可以有自己的职业追求、职业目标、职业规划等，二者的结合使教师专业化发展的自主性更加突出，体现了教师的主观能动性。随着新课程改革的推进，教师的职业生涯将逐步走向自主性、自尊心、自信心和自豪感。教师专业化发展是大势所趋。

（二）思想政治教师专业化发展既有阶段性，又有持续性

思想政治教师的专业化发展是一个阶段性的过程，总体来说，大部分思想政治教师的专业化发展经历了以下阶段。

第一个阶段是所谓"生手"阶段，即模仿教学阶段。模仿教学是指教师根据教材内容和其他教师的教学实践，按照一定的规律进行教学的过程，是新教师培养过程中不可缺少的一部分。教师在教学过程中，总是会有一段模仿的过程，学习别人的教学方法、方式、语言、态度、过程，借鉴别人的成功经验，

这对新教师来说，无疑是一种很大的帮助，可以让他们在学习过程中吸取别人的经验教训，减少学习过程中所走的弯路，从而更好地适应教学工作。

第二阶段是"熟手"阶段，即熟练阶段。在模仿教学阶段后，教师在实践中积累了丰富的经验，能够根据自身的实际情况和需要，灵活地运用多种教学手段，逐步摆脱"模仿教学"的桎梏，将教材知识、他人经验、自己经验有机地融合在一起，使之成为一种融会贯通的教学手段。

第三阶段是创作阶段。创作期是教师在教学活动中根据自身的经验与能力进行创造性地组织与实施教学的阶段。具体而言，教师能够自觉地对课堂教学进行不断优化，能够根据学生身心发展的特点不断改变自己的教学方式和方法，能够进行多种形式的教学活动，能够不断更新自己的教学手段等。这种创新教学阶段，充分体现了教师独立探究、追求完美的人文精神。

第四阶段是教师教学风格的形成阶段。经过长期的自主探索和创新，教师在教学实践中形成了一整套具有鲜明个性特征的教学实践和经验，并在教学实践中得到了很好的体现，形成了鲜明的个性特征。这是教师职业发展的成熟时期，也是教师职业发展良性循环形成的时期。

总之，思想政治教育工作者的专业发展要以实践为基础，以形成自己的独特教学方式为目标。任何一位思想政治教师职业生涯的发展，都会经历"模仿—熟练—创新—再模仿—再创新—再熟练—再创新"的过程，这一过程既是一个有机的整体，又是一个螺旋式上升的过程，表现为职业生涯发展的延续性。"模仿"和"熟练"阶段，是思想政治教师个体风格形成和创新的基础与保障；"创新"和"再模仿"阶段，则是"模仿"与"创新"的延续与超越。

（三）思想政治教师专业化建设是思想政治教师全面提高自身素质，实现自身发展的过程

思想政治教师专业素质是指其所具有的知识、技能、道德等方面的综合素质。李婉玲选择了"门外汉"与"专家"两类教师，从四个方面进行了对比分析，认为教师的专业化成长是从对学生行为的管理到对学生学习方法、动机、态度等方面的管理的不断完善与提升。

教师专业化发展既有必要，又有可能从"门外汉"走向"专家"。其主要区别在于教师的关注点不同，在初任教师阶段，教师倾向于关注自己的需求和所教授的知识，同时也倾向于关注教学行为与外部的评估标准和体制要求相一致。然而，由于缺乏经验和专业的知识技能，使得新教师不能更多地关注教育

自身的价值，也不能更多地关注学生的内在需要。专家型教师从注重外部需求到注重学生内部需求，从注重教学自身价值的实现到注重对学生学习行为的观察，积极地调整自己的教学策略，以求达到因材施教的目的。思想政治教师专业化发展，是一个循序渐进的整体发展过程。

◆ 二、思想政治教师专业化发展的几点思考

思想政治教师的专业化发展取决于两个方面的因素。第一，政治教师自身的职业追求，这种职业追求是思想政治教师专业化发展过程中的一个重要方面。第二，教育行政部门和学校组织的教师培训与培养，这是对教师专业化发展起到一定促进作用的外部因素。如果说教师个人对职业的不懈追求是教师职业发展的根本动力的话，那么教育训练与培养则是教师职业发展的助推器，二者相辅相成，对教师职业发展起到了巨大的推动作用。思想政治教师的专业化发展应从内部和外部两个方面入手。

（一）思想政治教师自身发展的内在路径

教师专业化发展是教师自我完善、自我更新的过程，是教师自我发展的过程，是教师专业发展的过程。提高和完善教师的专业素质，要求教师在教育教学活动中不断地进行反思和批判，不断地获得新的知识，不断地提高自己的能力，使自己的专业素质得到全面的提高。这是一种螺旋式的循环上升。具体而言，教师的专业化发展可以从教师自身发展的角度出发，采取多种方式进行。

1.树立终身学习理念，贯彻教与学并重的方针。

终身学习是指思想政治教师要以"活到老、学到老"为理念，把学习作为一种生活方式、一种习惯。教师职业的特殊性要求教师必须广泛地涉猎各类知识，博采众长，不断地充实自我，发展自我。学习能力是教师专业化发展的首要环节，也是教师专业化发展的核心环节。我们甚至可以把教师的研究看作教学成果的基本保障。古语有云："教与学，相得益彰。"教师的教学首先是一种学习过程，既要掌握教材知识，又要掌握学生的生理、心理发展特征，还要掌握教学理论知识。其次，教师教学既是经验的积累、知识的增长和能力的提高，又是问题的发现与解决。因此，教师学习的目的是更好地教学，而教师的教学又是学生学习的动力，也是教师自身学习的动力。

2. 从教育教学实际出发，注重自身的生成性发展

"实践出真知"，教师的职业素质是在实践中培养和提高的。生成性发展指的是教师在教学实践中自然形成的素质和能力。有专家认为，教师专业化发展的真正内涵是"实践智慧"，而不是以行为主义为基础的能力本位发展。"实践智慧"是指教师在教学过程中不断地总结、反思自己的教学活动，并从中发现规律，进而形成自己的教学方式。或者说，"实践智慧"就是教师不断反思和改进自己的教学的过程。这种智慧并非来自理论，也非来自别人，而是来自实践，是一种自然的发展。

3. 教学反思的自觉性与教师的专业发展

反思是指教师对教学活动、教学目标、教学手段、教学过程、教学理念等方面的反思。教学反思既可以针对一堂课，也可以针对一段话，也可以针对一种方法，还可以针对一件事。教师通过对自身的反思，从中得到一定的启示，对今后的教学实践有一定的指导意义。教学反思既是教师对教育教学水平的认识过程，又是教师对自我意识的培养与提高过程。教学反思不仅是教师对自身的认识过程，也是教师的创新与超越过程。

通过教学反思，教师可以形成严谨的、优秀的专业素养，可以实现专业的自我发展，可以使教师的专业成长为一种常态，可以使教师在教学中始终保持一种积极的学习态度，可以使教师的专业素质得到全面的提高，可以更好地为教学服务。

因此，在新课程改革中，教师对教学反思能力的关注与日俱增，教学反思有助于教师的专业知识与能力结构的合理建构，促进教师综合素质的全面提高。

（二）思想政治教师专业成长的外部途径

第一，充分发挥教师团队的力量，通过集体备课、小组活动等方式，引导和促进教师个体的职业发展。

每个学校都会有一个集体备课系统，这个系统就是让同一学科的教师一起研究教科书的内容，一起制订教学计划，一起解决教学过程中遇到的问题。一般情况下，每个学科都会有特定的时间用于集体备课，集体备课能够发挥教师群体的优势，让新教师与老教师共同探讨、共同交流，既能促进新教师的成长与发展，又能帮助老教师更好地掌握新的教学方法与技巧，是一种新老结合、促进教师专业发展的有效形式。

第二，通过开展"公开课"活动和"优质课"评比，引导教师有计划、有目的地进行教学改革，并通过"公开课"活动和"优质课"评比，促进教师自身的发展。

第三，积极参加教育培训、继续教育等活动，提高理论水平。

《国家中长期教育改革和发展规划纲要（2010—2020年）》规定："加强师资队伍建设，加大师资队伍建设资金投入力度，实施五年一次的全员培训。加强少数民族地区双语师资的培养和培训。加强校长队伍建设，注重辅导员、班主任队伍建设。"加强师资队伍建设，要建立以高师院校为主，综合大学参与，开放、灵活的师资队伍建设机制。加强师资队伍建设，要加大师资队伍建设力度，不断创新师资队伍建设模式，加强实践环节建设，加强师德建设和教学能力培养，全面提高师资队伍建设水平。

教师的在职教育与每个教师的成长息息相关。即使是拥有合格教育背景、能够胜任教学工作的教师，如优秀的教师，在教学上也面临着要不断改进、不断完善的难题。教师在职培训是对教师进行终身教育的过程，是一项长期的工作。现代教育对教师素质的提高提出了新的要求，要求教师的素质从"自然生长"向"自觉提升"转变。在教育发达的国家，教师的继续教育是一项权利，也是一项义务，并以法律的形式对教师的继续教育进行了明确的规定。如在英国，所有教师都有权在七年内有一个学期的自由学习时间。我国大部分教师都是在师范院校中培养出来的，但从师范院校毕业后进入教师这个行业，并不代表着学习的结束。

目前，我国教师专业发展的途径主要有三种。一种是面向新教师的职前培训，通过对新教师的职前培训，使新教师迅速融入到教师的角色中来，并在此基础上进行有针对性的专业学习，使新教师迅速进入专业发展的初级阶段。二是以中青年教师为培养对象的骨干教师培养，培养目标是使中青年教师在教学实践中不断提高，逐步成为研究型教师。三是继续教育，它是对广大教师普遍适用的一种培训方式，有利于提高教师教育教学的理论素养。总之，教师应积极参与各类培训与学习活动，努力提高自身的教学能力与水平，使自身的整体素质得到全面提高。

◆ 三、教师专业化发展最大的障碍是职业倦怠

职业倦怠是指个体在工作过程中因情绪、行为等因素而导致的消极、疲惫

的身心状况，表现为情绪衰竭、非人性化、个人成就感低。情绪衰竭指的是个体情绪的枯竭和工作积极性的丧失，表现为工作倦怠的个体应激因素；非人性化是指个体对工作和他人的消极、漠不关心、麻木不仁的态度，把工作和他人看成毫无生气的"物"；个人成就感低是指个人感觉自己的工作表现和能力有所降低，这是一种自我评估因素，也是一种职业倦怠。教师是一种压力较大的职业，其压力来自学校、社会、家长、学生以及教师本身的性格特点等因素。教师的职业看起来是类似于简单的人际关系网，但实际工作中教师却要面对人际关系网中各种需求和角色的冲突，如课堂教学中的师生冲突；在学校方面，教师要面对因考试和测试而产生的冲突与矛盾；在社会方面，教师还面临着社会对其专业发展提出更高的要求等问题。教师职业倦怠是多种因素综合作用的结果。有研究结果表明，目前我国教师的职业倦怠已经达到50%以上。教师的职业倦怠不仅会对教学工作造成不良影响，还会给教师的身体和心理健康造成不良影响，是一个不容忽视的社会问题。影响教师工作倦怠的因素很多，主要有两大类。一是教师自身的因素，主要表现为教师的个性、工作态度、工作期望、自我认识等。过高的工作期望值会导致工作倦怠；自尊心、自信心强的教师更能感受到自己的成就。自信心、自尊心强的教师能更好地应对职业生涯中的各种挑战，降低教师的职业倦怠。二是教师的所在单位因素，如工作负荷过大、学生行为问题、角色冲突和角色模糊、自主能力的缺乏等，这些都是造成教师工作压力过大的原因。单位组织内的制度因素、文化因素、人际关系因素对教师职业倦怠的影响大于个人因素。

　　教师的职业倦怠是一种客观存在的现象，只有正视这种现象，才能战胜这种现象。教师的专业化发展，必须克服教师的职业倦怠，实现从"合格的、有能力的"教师向"专业的"教师转型，才能实现可持续发展。教师应对此有清醒的认识，以解决教师的职业倦怠，促进教师跨越式发展。

第四节　运用信息技术推动思想政治课程教师的专业成长

　　信息技术的应用，改变了传统教学与学习的模式，是促进教育发展的重要手段，也是促进教育发展的重要动力。信息技术在教育和教学中发挥着越来越大的作用。这就需要教师不断地学习新知识、新技能，不断地提高自己的专业素质，从而为教师的专业化发展、信息素养的提高带来新的机遇与挑战。

在信息化的大环境中，教师是实施素质教育的主体，教师的知识结构要与职业发展相适应，在教学过程中要掌握良好的信息技术手段，不断进行角色的更新与改造，提高专业技能与素养。在教学过程中教师要掌握现代化的信息技术手段与资源，能熟练地在网络上寻找教育信息，有能力设计与开发先进的教育资源，有能力在教学过程中充分利用各种资源，营造良好的学习环境。

◆ 一、教师信息素质的调查分析

（一）开展信息化与学科融合的问卷调查

教育信息化建设的核心是提高教师信息素养，了解教师信息素养与学校信息化建设的关系是提高教师信息素养的重要途径。本调查从教师对信息技术和思想政治课程整合的认识和实践两个方面，对思想政治课程与信息技术深度整合进行了调查研究。希望能为思想政治课程与信息技术整合的进一步深入提供一定的参考依据。

调查问卷的设计。

（1）你对信息技术使用的看法：A.非常积极　B.普通　C.讨厌

（2）你是否直接在电脑上准备课程？A.通常　B.有时　C.不会

（3）你在运用CAI的时候，通常会解决哪些问题？（注：字数上限200）

（4）信息化教学的设计能不能提高教学效率？A.完全可以做到　B.基本上可以

（5）你是否使用PPT、Word等软件在课堂上进行教学？A.经常用　B.偶尔用　C.不用

（6）除了办公软件，你经常使用的其他软件和平台是什么？

（7）你对多学科专业软件的应用情况：A.非常熟悉　B.偶尔用　C.不会

（8）在你的应用领域中，你在专业软件开发中遇到了哪些困难？（注：字数上限200）

（9）你在课堂上经常使用互动电子白板吗？A.经常用　B.偶尔用　C.不用

（10）在电子白板的使用过程中，有哪些常见的问题？（注：字数上限200）

（11）你对可视化的思考技术：（例如：思考引导图、概念图等）A.非常熟悉　B.一般熟悉　C.一无所知

（12）你对诸如 Moodle 这样的网络教学平台有多少了解？A.非常熟悉　B.大体上知道　C.知道一些　D.不清楚

（13）你对云技术的了解情况：（例如：云存储，百度，360）A.非常熟悉　B.一般熟悉　C.一无所知

（14）你有没有尝试过用网络进行团队学习和资源分享？A.通常用　B.有时用　C.不用

（15）学习已有信息技术的方法为：A.在教学实践中自学　B.在学校组织的专业IT培训中自学　C.学校提供的课程　D.特殊培训和进修　E.其他

（16）你认为现代教育技术训练效果受哪些因素的影响？A.训练方法不好　B.太多的理论与教学实践不相符　C.教学任务繁重，无暇全程参与　D.课时太紧了，来不及消化　E.其他

（17）你认为学校在整合信息技术和学科教学工作中迫切需要做到哪些？（注：字数上限200）

（18）你对思想政治课程与信息技术整合的意见有哪些？

（二）问卷调查结果的分析

某学校共有117位教师，其中5位是体育教师，他们都没有参加这次调查，参加问卷调查的教师人数为112人，有效问卷为112份。表7.1为教师对信息化的态度及使用频率和效果。

表7.1　教师对信息化的态度及使用频率和效果

项目	态度	使用频率	使用PPT、Word或其他软件的课堂教学	能有效地提高教学效率
经常用	68.7%	77%	88%	65.8%
偶尔用	30.3%	21.4%	6.3%	24.1%
不用	1.0%	1.6%	5.7%	10.1%

从表7.1可见，教师接受信息化程度较高，会利用信息技术积极备课，通常95%的课堂教学使用PPT、Word或其他教学软件。大部分教师都相信信息化可以改善课堂的效能。

表7.2 学科专用软件、电子白板、思维导图在教学中的应用

项目	使用学科专用软件	利用电子白板	利用思维导图
非常熟悉	22.1%	5.0%	18.2%
偶尔用	62.5%	24.6%	61.8%
不会	15.4%	70.4%	20.0%

如表7.2所示,许多教师对本学科专用的软件知识缺乏了解,学校缺乏相应的专业培训;对电子白板的功能不了解,只限于播放课件;思维导图是经过相关训练的,仅有部分教师已经开始使用,而且相当熟练,但80%左右的教师一般不用。

表7.3 教师信息技术学习途径

学习途径	比例
边教学实践边自学知识	75.5%
学校专门组织的信息技术培训	80.4%
网络培训	40.7%
上学时所开设的课程	16.0%
其他	9.3%

表7.4 影响教师信息化培训效果的因素

影响因素	比例
培训方式不太好	12.5%
理论过多,与自身教学实践联系少	22.4%
教学任务多,没有时间参加全程学习	65.1%

如表7.3、表7.4所示,在对教师的信息技术培训方式调查中,80%左右的教师是通过自学和学校专门组织的信息化培训学习的,还有40%左右的教师是通过网络培训学习。教师认为对培训效果影响最大的是学校教学任务繁重,没有时间参加全程学习,有少部分教师认为培训方式不太好。在调查中,大部分教师使用信息技术是用于课堂教学的演示,如情景再现、图片展示、视频播放。有些是为了突出重点、突破难点而设置的,有的是为了提高学生的学习兴趣,总之,信息技术的应用目的有很多。

除了使用Office办公软件以外，能用到学科专用教学软件的教师非常少，还有些教师开始对学校组织培训的软件进行了体验，但是人不多。教师在学科教学软件使用方面的困难主要是不熟悉、不熟练；有些是学校缺少学科专业软件；有些是教师缺少时间去制作课件，学习信息化知识。以上是教师信息素养调查现状，可见学科教师信息素养需要加强。

◆◇ 二、思想政治课教师的信息素养不高

要全面、深入地开展思想政治信息化教学，就必须使思想政治教师掌握信息技术，才能保障思想政治教师的信息化教学能力。基于信息技术教学理念的教育在职业教育中尚处于起步阶段，大多数思想政治教师不能从思想上完全接受信息化教学方式。他们中的一些人甚至对使用信息化教学工具嗤之以鼻，这是由于这些教师的教学时间较长，不能脱离传统的教育模式，不能深刻认识信息化教学，学习的缺乏使得思想政治课程不能有效地和信息技术深度整合。当然，目前职业教育的信息化建设还比较滞后，究其原因，一个是因为职业院校在信息技术教学中缺乏系统性，培训制度不健全，缺少相应的师资队伍建设机制，仅凭教师个人的力量发散式地接受信息技术教育，必然会耗费更多的时间。另一个原因，也有相当数量的教师对计算机辅助教学手段的需求应用不充分，由于长期采用传统的教学方法，教师对现代教育技术的掌握程度和学习能力都不高，学校应该对这一部分教师加强培训和指导，把信息化教学落实到思想政治教学实践中去。例如，教务处负责定期培训和指导思政教学教师，同时还通过校企互动，加速职业院校信息化带动思政教学过程的学习建构，才能确保思政学科的发展。

◆◇ 三、思想政治课程与信息技术相结合的若干对策

(一) 教师信息素养的提高

思想政治课程与信息技术相结合的教学效果，主要取决于教师的信息素养水平，而教师信息素养水平的高低又决定了思想政治课程与信息技术相结合的教学效果。首先，学校要提高对思想政治教师信息素养的重视，加强对思想政治教师的信息技术应用培训，使思想政治教师能够充分利用先进的教育资源和

现代化多媒体教学手段进行教学，使思想政治课教学达到较高信息化水平。此外，教师还应加强自身的学习，掌握现代化的智能教学设备及先进的教学软件的使用，并在此基础上进一步熟悉和掌握信息技术。同时，教师也要主动与学生进行沟通，了解最新的科技发展动向，以提升自己的资讯素养，缩短与学生的距离。

（二）加强基础设施建设，提高教育信息化水平

思想政治课信息化教学的实施，对教师运用多媒体技术提出了更高的要求。为了更好地实现思想政治课与信息技术教育的有机结合，中职院校应加大投入，改造校内基础设施。首先，学校要制定完善的装备改进方案，明确部门职责，实行专款专用，购置多媒体器材、设备。通过现代化教室的建设、先进教学资源的引进等措施，提高中职院校思想政治课教学现代化。其次，学校要定期派遣技术人员进行设备的维护和保养，以延长设备的使用年限。

（三）数字校园建设

在信息时代，中职院校应充分利用先进的网络技术，加快数字化校园建设的步伐。中职院校领导要充分认识到数字校园对中职教育的推动作用，引导中职院校教师积极参与数字校园建设。利用校园网平台，实现政府工作报告、国家思想政治理论课教学大纲等思想政治课教学资源的网上共享。通过这种方式，也能够使学生在校园网站上独立地学习。

◈ 四、建立以信息技术为支撑的专业化发展思路

随着我国社会和经济的发展，教育的发展将更加注重满足人民群众对优质教育的需求。发展教育是实现小康社会、加快社会主义现代化建设、振兴中华民族的根本出路。要全面推进素质教育、提高教育质量，就必须有一支数量充足、素质较高、专业水平较高的教师队伍。教育部提出的中小学校教师教育技能标准的目的在于提高中小学校教师对技能的认识和运用能力；提高教师的信息素养；使中小学教师逐渐掌握信息技术和学科教学进行有效结合的方法，并不断提高自身能力；加大科技服务于教育的力度。新世纪中职院校教师队伍建设目标的提出，对教师专业发展提出了新要求。

第一，教师专业发展以培养高素质的教师为重点；第二，教师职业发展的

根本理念是终身学习；第三，教师职业发展的目标是实现教师角色的转换；第四，教师的专业发展应体现在提高教师的育人责任感上。教师是课程的主导人，是课程的传授者和实施者，是信息技术和课程资源整合的主体。教师专业化发展的关键是要重视教师队伍的专业化程度，注重教师个人的专业化发展，使教育事业取得长足的发展。

近年来，教师专业化发展已成为教育领域的一个热点话题，人们日渐意识到不断推进教师专业化发展的重要性。教育部于2022年11月召开教育数字化专题座谈会，听取有关国家智慧教育平台建设应用情况，并对推进教育信息化重点工作作出部署。因此，信息技术的发展与应用更加迅速，尤其是网络技术和数字化技术的发展，更是为教师提供了丰富的信息资源。这就需要教师具备丰富的专业内涵，掌握相应的IT技能，掌握相关的教学方法和手段，具备一定的教学能力。因此，教师在职业生涯中，要不断地加强自身的业务学习、职业道德修养，充实专业知识，提高专业能力。

随着信息技术的更新与发展，在新一轮的课程改革中，教师应从以下几个方面着手：第一，注重外部环境的影响，把外部环境的影响转化为教师自身专业成长的过程；第二，关注自身，对自身专业水平有正确的认识，对自身专业发展各个阶段的主题进行分析，并不断超越；第三，注重生活，把日常生活与职业生活、职业发展融为一体；第四，注重职业发展，在职业发展过程中释放生命活力，体验职业成功，强化职业激情。在信息技术飞速发展的今天，知识的更新是一个倍增的过程，在这个过程中，教师的知识和技能需要不断地更新和提高，这就需要教师作为一个终身学习者去影响和改变学生。教师在教学过程中，不仅要注意自己所教的学科知识，而且要注意其他学科的发展趋势。关注科技资源的更新与应用，以及科技如何影响课堂与学生的学习结果。

◆ 五、信息化条件下教师专业化发展

教师专业化发展是教育事业的快速发展的支撑。作为思想政治教师，在接受新知识的过程中，要积极主动并且及时地接受新知识，不断地充实自己，认真研究，及时总结，不断更新自己的知识，改进自己的教学方法与手段，让自己丰富的学识和崭新的教学观念随着时代的进步而与时俱进，在教学实践中发挥出更大的作用。

教师可以深刻地体会到信息化是提高教师职业素养和专业素养的重要途

径。在新课程改革和信息化时代的大背景下，对教师专业素养结构的研究，以及在信息化环境下教师专业素养的提升，对于教师专业素养的提升和学校办学水平的提高具有重要的现实意义。教育信息化是教育改革的重要内容，也是提高教师专业素养的重要途径。教师在教学中既要发挥自身的优势，又要注意对信息资源的动态跟踪。注重对信息社会、网络环境中师生信息技术应用变化的了解，对提高教学质量具有重要的现实意义。

信息技术环境下的教师，在充分利用信息技术的基础上，以校本培训、实践探索为手段，对信息技术的功能进行了进一步的开发与优化。实现学校教育方式、手段和模式的革命性变化，拓展学校教育和教学空间，促进教师教育思想的转变、信息技术的运用、教学观念和模式的更新、教学效率和教学质量的提高，促进教师专业素质和能力的提高，促进教师专业发展的进程，是实现教师专业发展的必由之路。全面提升教师的专业素质，建立名师团队，提升学校的管理水平和办学质量，逐步形成以信息技术为主导的教育教学，强化多媒体教学软件的创新、制作和应用。

因此，教师应树立正确的信息技术使用意识与态度，充分认识信息时代信息资源的有效获取与利用，树立终身学习的理念，积极主动地运用信息资源促进自身与社会的发展。教师应具备一定的知识技能、科技基础知识、科技常用软件工具的运用、科技资讯获取的主要策略及技巧、资讯获取的合法性。同时，教师也要具备一定的信息技术应用能力和创新能力，并能自觉地开展课程与信息技术的整合实践。

◆◇ 六、将信息技术应用于思想政治课教学中，实现思想政治理论教师的专业化发展

信息技术的飞速发展对教育产生了深刻的影响，新型的教育信息媒介的出现使教育的方式和手段发生了翻天覆地的变化。教师要实现思想政治课程与信息技术的有效整合，就必须在教学模式和教学方法上有所突破，在教学技巧上有所创新，在教学能力上有所提高。教师在运用信息技术进行教学时，要善于运用信息化导入、媒体使用等技能，使其在教学中发挥更大的作用。一名好的教师应具备较强的教学技能、专业发展意识、信息技术应用能力。教师的教学能力随着教学观念和教学理论的不断发展而具有新的含义。在课堂教学中应用多媒体技术进行辅助教学，可以使教学更加直观、形象、生动，提高教学效

果，尤其是在课堂教学中应用多媒体技术进行辅助教学，可以将文字、图像、声音、动画等多种功能有机地结合起来，不受时间、空间的限制，具有很强的感染力，是一种很好的辅助教学手段。这就需要教师在实践中不断探索、创新，在自己的能力范围内，运用信息技术手段，创造出一种既能激发学生学习兴趣，又能培养其学习能力的教学环境，从而提升学生的认知、理解、动手和动脑能力，使学生和教师两个角色更好地融合在一起；它对学生学习兴趣的提高、能力的培养等方面都有很大的好处，有利于学生的全面发展。

教育的发展离不开教师，教师的专业素质必须不断提高，教师的信息素养必须不断提高，教师的终身学习能力必须不断提高。思想政治教育学是一个专业，思想政治教师作为教育教学专业人员，其发展过程是从"不成熟"到"相对成熟"的过程，"成熟"是相对的，"发展"是绝对的。思想政治教师的专业发展必须通过不断地学习、反思、探索，不断地充实专业内涵，提高专业水平，最终走向专业成熟。尤其是在信息化条件下的教师专业发展，以改革创新为主线，以顺应时代发展趋势为目标，以促进教师专业发展为重点，将思想政治课程与信息技术深度融合，以信息化教学为手段，构建多元化的、符合教师个体发展规律的教师专业发展平台。

第八章　思想政治课程与信息技术深度整合分析与总结

第一节　实验效果分析

◆ 一、思想政治课程与信息技术深度整合的实验研究

本实验的目的是通过对思想政治课程与信息技术整合的试验研究，分析实验前后实验班和对照班的学生之间在思想政治课程与信息技术整合学习效果上存在的差异，考查思想政治课程与信息技术深度整合的有效性。并通过在教学中有效地运用信息技术，达到改变学生的思维方式、促进学生各方面能力全面发展的目的。

对鞍山市职业学校计算机等专业的学生进行实验，由笔者提出实验方案并实施。

首先，对学校各专业学生进行有关信息技术和思想政治课程整合内容的问卷调查和前测（其中计算机专业两个班级为实验班，学前专业两个班级为对照班），了解学生的基本信息能力和信息意识情感，了解四个班学生对有关经济与政治基础知识掌握的基本情况。并在此基础上，根据学生的实际情况有针对性地设计思想政治课程与信息技术整合的教学模式的最佳实验。

其次，分析思想政治课程内容及其特点，探索实验期间信息技术环境下思想政治课程整合的教学模式和特点，运用信息技术围绕知识点进行有效的教学，开展课程整合。

再次，思想政治课程与信息技术整合的实施过程。在教学过程中，结合思想政治课程的特点，根据实际情况采用了基于课堂讲授的情境探究、基于网络的研究性、基于网络的主题探索三种教学模式，利用信息技术来提高学生自

主、探究和协作学习的能力，既提高了学生的政治思想素质，又培养了学生的信息技术意识。

最后，"整合"效果检测。实验结束后，对实验组学生进行第二次问卷调查，对部分学生进行访谈，及以考试测评形式来检测实验组的学生实验前后的变化，从而判断思想政治课程与信息技术深度整合的效果和实际的意义。

本实验采用对比性研究，通过对鞍山市职业学校计算机等专业的实验组进行第二次调查问卷，并将问卷结果对比研究。

表8.1　问卷结果对比研究

类别	选项	实验前比例	实验后比例
你对思想政治课的兴趣	感兴趣	22%	87.5%
	一般	25%	11%
	不感兴趣	53%	1.5%
学生对思想政治课的重视情况	重视	32%	86%
	一般	46%	13%
	不重视	22%	1%
在思想政治课中教师利用计算机、幻灯机等媒体吗	经常用	23%	98%
	有时用	35%	2%
	很少用	34%	0%
	根本不用	8%	0%
信息技术与思想政治课程整合后，你对该课的兴趣	感兴趣	49%	89%
	一般	8%	8%
	不感兴趣	43%	3%
你若上网，经常做什么	看新闻查材料	8%	82%
	打游戏	35%	12%
	上网聊天	57%	6%
思想政治课堂上，教师经常组织学生讨论问题吗	经常讨论	46%	89.8%
	有时讨论	39%	10%
	不讨论	15%	0.2%

表8.1（续）

类别	选项	实验前比例	实验后比例
思想政治课堂教学中教师利用现代媒体技术的效果如何	很好	89%	96.5%
	较好	9%	3%
	一般	2%	0.5%
思想政治课教学中，教师利用互联网的信息吗	经常利用	23%	89.5%
	有时利用	44%	10.3%
	根本不用	33%	0.2%
对于课堂教学的各个环节，你最喜欢的是哪一个	学生建构	12%	81%
	小组互评	30%	11%
	教师讲解	58%	8%

通过思想政治课程与信息技术深度整合的教学实践与传统教学手段的比较研究，揭示出不同教学手段对教育、教学过程的影响。实验中所采用的思想政治课程与信息技术整合教学模式中的信息技术主要是指在现代教育思想、教育理论的指导下，通过对中职思想政治课程教学设计，科学地运用多媒体计算机技术和网络技术等信息技术手段融于思想政治课堂教学之中，以达到提高教学质量的目的。传统教学的一本教材、一个黑板、一支粉笔、一台录音机与之是不可比的。

将信息技术融于思想政治课堂教学之中，学生的学习兴趣明显提高；学生的自主构建能力得到明显提升；而学生的学习效果也明显提升。以学生的期末考试成绩为例，优秀率达94%、及格率100%，这与实验前的优秀率15%、不及格率5%形成了鲜明的对比。可见，思想政治课程与信息技术整合的效果。

另外，通过部分学生访谈，了解实验后学生对思想政治课程与信息技术深度整合的态度和感受。计算机班马同学说：“通过思想政治老师讲授思想政治课程与信息技术深度整合课，使我明白整合不仅仅是计算机辅助教学，更重要的是教师使用信息技术，学生主动参与，自主构建知识，使信息技术成为我们学习经济与政治基础知识自主探究的工具。”

赵同学说：“通过参与思想政治课程与信息技术整合课，激发了我学习经济与政治基础知识的兴趣，而且我的计算机操作水平大大提高了，期末我的政治学科成绩也大幅度提高了。另外，业余时间我学会利用网络搜索引擎查找一些我所需要的材料，我自主学习的能力得到了提升。"

◆〉二、教学实验效果分析

（一）效果分析

笔者在职业院校所任教的各专业班级进行教学实验，即利用基于课堂讲授型教学的情境探究教学模式、基于网络的研究性教学模式、基于网络的探索合作教学模式来组织教学，充分发挥学生的自主建构能力。

1.利用思想政治课程与信息技术深度整合激发了学生学习思想政治课程的兴趣

兴趣是人的一种带有倾向性的心理特征，是在一定情境中产生的。把信息技术引进思想政治课堂，使教学呈现出情景交融、声形并茂的教学情境，符合职校学生的心理特点，充分调动了学生学习思想政治的积极性，使学生能利用所学的知识去分析当前的政治和经济现象；使学生正确认识我国建立社会主义市场经济的必要性和重要性；正确理解党的基本路线、国家的经济政策。

与传统的教学方法相比，同样的学习内容及学习时间，利用思想政治课程与信息技术深度整合的教学模式提高了学生对学习的兴趣，使教学质量及教学效率大幅度提升，使学生的知识目标、能力目标和情感目标有了大幅度提升。

通过问卷调查的实验结果数据以及部分学生的访谈实录可知，利用多媒体技术和网络技术增强课堂教学环境，注重学生主体参与，激发学生学习课程的兴趣，使学生在兴趣中学到了知识。

2.恰当地运用思想政治课程与信息技术深度整合，充分发挥学生的主体地位

课程整合，主要体现以学生为主体，教师为主导的基本思路，提升学生动手及分析问题的创造性思维能力。

以往的课上总是教师滔滔不绝地讲授知识，甚至一点小的细节也不放过，讲得再明白不过了，整节课教师占主导地位，学生只充当"听众"，学生不分析、不思考。时间一长，学生的动手能力和思维能力消失了，创造能力就更不用说了。现在的课程整合克服了上述缺点，上课占主体地位的不再是教师，而是学生。

教师事先准备好网络资料或网址，学生可以上网查找资料，整理资料，小组讨论，学生自主构建知识网络，总结评价学习结果。整节课学生响应非常积极，学生通过网络查找内容，发表自己的看法，既锻炼了学生的动手能力，又锻炼了学生的思维能力，体现了学生的主体作用。

另外，通过问卷调查的数据以及对部分学生的访谈也充分显示了信息技术的合理运用对学生主体作用的发挥起重大的作用。

3.利用信息技术突出思想政治课程的教学重点和难点

教师能否在教学过程中合理处理教材，是影响教学效果的重要因素之一，如何轻松的突出重点、突破难点，使学生轻松接受又是重中之重。以前的教学只是反复强调或利用简单的媒体演示一下，学生很难理解，难以接受。

课程整合就轻松的克服了上述的难点，可以把难以理解或是比较抽象的内容通过信息技术展示出来，充分调动学生的视觉神精及提升大脑的思维能力，使学生更加理解事物发展的逻辑顺序和相互关系，化难为易，从而突出重点、突破难点。

4.利用信息技术可以实现对学生的时时辅导及考评，可以进行分层分批指导

职业学校的思想政治课时并不多，学生的空余课节也寥寥无几，基于上述情况，老师讲完课后，没有时间给学生辅导。学生上课不明白的内容，得不到解决，这样老师很难了解学生的不足之处。思想政治课程与信息技术整合后，教师把电子教案存在校园网的服务器里，并建立试题库。试题分层次，呈阶梯难度，适合各层次的学生。学生利用网络随时可以调用，有不明白的知识点随时可以给教师发电子邮件。教师根据学生的答卷及学生发的电子邮件发现问题，才能分层，分批辅导，使各层次的学生成绩都有所提高，体现了师生互动，使教师的教学突破了时间和地域的阻隔，使信息传达的范围、速度和效率都产生了质的飞跃。

5.利用思想政治课程与信息技术深度整合，扩大了课程教学中的信息量，提升学生的综合运用能力

在课堂教学过程中，所有的工具和手段都是为教学服务的。合理地利用信息技术，对于扩大学生的信息量，提升学生的动手和思维等综合能力，起到至关重要的作用。

以往的单一学科的授课方式已经落伍，培养出的人才只具有单方面的才

能。而21世纪培养出的人才应具备信息处理技能、问题解决能力、自学能力、创造能力、独特思维能力、与他人合作能力，从而使人们对教师和学生的观念产生新的变化。随着教学模式进行相应的改革，信息技术为学校教育提供了许多新的潜在的可能性。

新的教学观要求教学有多方面的功能，既要教会学生知识，又要提升学生的综合能力，而要提升学生的各种能力，课程整合是关键，利用思想政治课程与信息技术整合就是很好的例子。

（二）实验中存在的问题

1. 信息基础设施问题

一定的信息基础设施是课程整合最基本的条件。在课程整合实验中，思政课老师经常是事先串好的上课场所，一些基础设施不达标的场所远远满足不了思政教学的需要。学校是国家级重点职业中专，学校的信息化程度相对较高，学校共有五个网络教室，三十个多媒体教室，一个电子阅览室，教师办公室配备电脑一台。由于我校有三个计算机专业、动漫专业的学生，他们的专业课大多在机房操作，没有专门的思政机房只有多媒体教室，课堂上学生不能保证每人一台电脑，在一定程度上也影响了"整合"的效果。

2. 加强数字化教学资源库的建设。

加强数字化教学资源库的建设是信息化环境下教师开展教学实践的基本前提，是一种重要的课程资源。学校的校园网教学资源不多，有许多只发布消息或新闻，而互联网的资源又分布杂乱。软件资源开发和利用率不高，尤其适合中职思想政治课程使用的软件、课件少之又少，即使有也只是简单的、片面的应用，自制软件成本高、费时多，购买的软件不适合中职教学，很难达到信息技术与课程整合。因此，必须加强数字化教学资源库的建设。

第二节　研究总结

构建思想政治课程与信息技术深度整合的教学模式改变了传统教学中教师、学生、教材三者之间的关系。传统的思想政治课程教学强调教学过程由教师、学生、教材三个基本要素组成。围绕这三个基本要素，往往形成以教师为中心、以书本为中心和以学生的直接经验为中心的教学模式。思想政治课程与信息技术整合，改变了传统的"三中心"教学模式，使组成教学的基本要素变为教师、学生、教材、信息技术环境以及教学手段五个要素。将传统意义上的教学要素扩充使其含有现代化的内涵。教师的角色由原来单纯的讲授知识转变为教学设计的组织者和学生学习的指导者；学生由原来单纯的接受知识转变为主动参与、发现、探究和自主建构知识；教学内容也不仅仅是传授课本的知识，更注重能力的训练和情感的培养，尤其是注重学习能力的提升和学习方法的培养；教学媒体由原来传统媒体到现代媒体的转变，其作用也由教师的讲解演示工具转变为学生的认知工具，从而使教师的主导作用和学生的主体作用更好地结合起来。

思想政治课程与信息技术整合教学模式，突出了信息技术在思想政治课程教学中的作用。首先，信息技术的交互性特征有利于激发学生学习的兴趣，使学生产生强烈的学习欲望，形成学习动机，使学生更好地发挥学生主体参与作用。学生学习的时间缩短，学习效率提高。其次，多媒体课件的灵活性和互联网等各种新闻媒体内容，有利于开阔学生的视野，拓宽学生的知识面，有利于学生对政治和经济知识的了解和掌握，增强学生的自身品行修养。再次，信息技术环境以超文本方式组织的电子教材实现图像、图形、文字、声音、动画等多种教学信息的组织和管理，使教学环节图文并用、声情并茂，有利于知识的获得，提高学生学习的积极性，增强学生思维的创造性。最后，计算机教学能较好地实现个性化教学和协作，有利于因材施教、优化教学过程、培养学生合作精神及促进学生高级认知能力发展，培养学生创新能力。

在信息技术和课程整合理念的指导下的课堂教学设计是依据现代教育思想和现代教育理论进行的。教师对教学活动进行规划、安排，是教师、学生、教学内容、教学媒体和教学方法等要素有机结合达到教学最优化的教学活动，这是开展教学活动的前提和基础。在现代教育理论指导下的教学设计是教学活动的灵魂。教师运用"学教并用"的教学设计理念进行课程整合的设计，教师通过创造性思维把课本知识与现代教育媒体技术加工处理，把以计算机为基础的信息技术由辅助教师的演示教具变为促进学生自主学习的认识工具及情感激励工具。

总之，新的教学模式中，教师的角色、学生的作用、教学形式和教学内容都发生了较大的转变，学生学习思想政治知识的兴趣得到了激发，学生的创新精神、信息技术操作能力得到了提升。思想政治课程与信息技术教学的整合，软硬件环境是保障、学生是主体、教师是关键、教学设计是灵魂。思想政治课程与信息技术教学的整合，促进了思想政治课程教学模式的改革，提高了教学质量。信息技术深入地运用于思想政治课程的教学改革，不仅丰富了教学内容，增强了思想政治课程的趣味性；而且更深刻地影响和改变了思想政治课程学科传统单一的"师讲生听"教学模式，增强了该教育教学的针对性和实效性。利用信息加工工具让学生进行知识重构，培养了学生的信息素养，提升了学生的实践能力和创新能力，因此，加强对思想政治课程与信息技术教学深度整合模式的研究，将有助于推动思想政治课程学科的教学改革。

综上所述，高效地开展思政课程的信息化教学，对思想政治课程开发尤为重要。它不仅是一种教学模式的变革，更可以提高教学质量，满足学生的需求，为学生的发展创造更为良好的学习环境。随着职业院校不断加大智慧课堂、网络教学等建设，以信息化技术为载体的职业院校思想政治课程教学一定会迈上更高的台阶！

第三节　展望

思想政治理论课与信息技术深度整合具有许多潜在的可能性。下面是对这种结合的详细阐述。

◆〉一、提供多样化的教学资源

结合信息技术，思想政治理论课可以提供丰富多样的教学资源，如在线教材、教学视频、互动课件等。这些资源可以帮助学生更好地理解和掌握复杂的理论概念，提供实例和案例分析，并通过图形和动画等形式呈现抽象概念，提高学习的趣味性和有效性。提供多样化的教学资源是思想政治理论课与信息技术整合的一项重要内容。通过信息技术，我们可以创造和提供各种形式的教学资源，为学生提供多样性和灵活性的学习体验。

（一）在线教材和电子资源

传统的纸质教材可以被数字化，转化为在线教材和电子资源。这些资源可以包括教科书、读物、参考书籍和相关论文等。学生可以通过在线平台随时访问和下载这些资源，方便复习和进一步研究。在线教材还可以与其他多媒体元素结合，例如，图像、音频和视频，以增强学习效果。

（二）教学视频和直播课程

通过录制和分享教学视频，教师可以将复杂的理论概念讲解得更加形象生动。学生可以在自己的节奏下观看这些视频，反复回放和消化内容。此外，直播课程也成为一种常见的教学形式，学生可以通过在线平台参与互动，提出问题，与教师进行实时交流。

（三）互动课件和模拟软件

信息技术可以支持互动和创造动态的课件，例如，PPT和其他展示工具。这些课件可以包含问题、练习和案例分析，通过互动元素激发学生的思考和参与度。此外，使用模拟软件可以为学生提供实践机会，模拟真实的情境和案例，让学生在虚拟环境中进行实际操作和决策。

（四）在线讨论和合作平台

在线平台可以提供讨论论坛和协作工具，以促进学生之间的交流和合作。学生可以在线上分享观点、互相评论和解答问题，从而拓宽视野和扩展思路。同时，教师也可以参与其中，引导讨论并提供反馈，建立起师生间、学生间的互动学习氛围。

（五）开放式课程和资源库

信息技术还促进了开放式教育资源的发展。一些高等院校和知名机构开设了免费的在线课程，学生可以自由选择感兴趣的课程进行学习。此外，开放式资源库还收集整理了大量相关的学术资源和研究成果，供学生参考和借鉴。

通过提供多样化的教学资源，思想政治理论课可以满足不同学生的学习需求和兴趣。学生可以根据自己的学习风格和节奏选择适合自己的学习资源，并且可以随时随地进行学习。这种灵活性和多样性有助于激发学生的学习动力和创造力，提升他们对思想政治理论的理解和应用能力。

◆◇ 二、创新的教学方法

信息技术可以为思想政治理论课提供创新的教学方法。例如，虚拟现实技术可以创建沉浸式的学习环境，让学生亲身体验历史事件或社会情境，加深理解和共鸣；协作工具和在线讨论平台可以促进学生之间的交流和合作，培养批判思维和团队合作能力。创新的教学方法是指采用新颖、独特的方式和策略来促进学生的学习。以下是几种创新的教学方法。

（一）问题导向学习（PBL）

问题导向学习是一种以问题为核心的学习方法，通过提出实际问题或挑战，激发学生的学习兴趣和主动性。学生在解决问题的过程中积极探索和构建知识，培养问题解决能力和团队合作精神。

（二）反转课堂（Flipped Classroom）

反转课堂将传统的课堂教学模式颠倒过来。学生在上课之前通过自主学习教师提供的教学资源，获得知识和基本概念。随后在课堂上，教师通过组织讨论、案例分析和实践活动引导学生运用所学知识解决问题和展开深入思考。

（三）合作学习（Collaborative Learning）

合作学习强调学生之间的合作和互动，通过小组活动、项目合作等形式，促进知识共享、交流和合作解决问题。学生在与他人合作中培养沟通技巧、团队合作能力和解决冲突的能力。

（四）游戏化学习（Gamification）

游戏化学习将游戏元素引入教学过程中，例如，竞赛、奖励机制、角色扮演等，提高学生的参与度和主动性。通过创造有趣的游戏情境，使学生在游戏中学习并享受学习的过程。

（五）投射式学习（Project-based Learning）

投射式学习通过让学生参与真实世界的项目，解决实际问题，培养学生的独立思考、解决问题和创新能力。学生通过实践项目，获得跨学科知识和技能，并将所学知识应用到实际情境中。

(六) 混合式学习 (Blended Learning)

混合式学习结合了传统面授教学与在线学习的优势。学生可以根据自己的节奏和需求，在线上自主学习，并通过课堂面授和实践活动加强理解和应用。

这些创新的教学方法强调学生的主动参与和实践，激发学生的学习动力和创造力。教师在其中起到引导和指导的作用，创设积极的学习环境，在学生学习的过程中扮演着合适的角色。通过创新的教学方法，可以提高学生的学习效果和满意度，培养他们的综合素养和应对未来挑战的能力。

◆◇ 三、个性化学习和评估

信息技术可以支持个性化学习和评估。通过智能化的学习管理系统，可以根据学生的学习需求和水平提供定制化的学习内容和推荐资源。同时，信息技术还可以通过自动化的评估和反馈系统，及时了解学生的学习进度和理解程度，帮助教师进行针对性的辅导和指导。个性化学习和评估是一种根据学生的个体特点和学习需求，提供定制化教学和评估方法的教育理念。它强调每个学生的差异性和个性化发展，以最大程度地促进学生的学习效果和兴趣。以下是对个性化学习和评估的阐述。

(一) 个性化学习

1. 个体差异的重视

通过个性化学习认识到每个学生在学习风格、兴趣、能力等方面存在差异，教师应根据学生的差异性来调整教学策略和内容。

2. 学习路径的定制

个性化学习允许学生根据自己的学习节奏和需求来选择学习内容和学习方式。教师可以提供多样化的学习资源和活动，让学生主动参与学习过程。

3. 老师的指导与支持

教师在个性化学习中扮演着导师和辅导员的角色。他们会与学生进行个别交流和指导，了解学生的学习需求，并提供个性化的学习建议和支持。

4. 技术的应用

个性化学习借助技术工具，例如，学习管理系统、智能化教育软件等，收集和分析学生的学习数据，为个性化学习提供支持和反馈。

（二）个性化评估

1. 多元的评估方法

个性化评估强调采用多种评估方法来全面了解学生的进步和学习成果。除了传统的考试和测验，还包括项目作业、口头报告、展示、实践活动等。

2. 贴近学生需求

个性化评估考虑到每个学生的不同发展阶段和学科特点，评估内容和方式要与学生的学习目标和兴趣相匹配。

3. 及时和有针对性地反馈

个性化评估注重给予学生及时和具体的反馈，指导他们进行自我评估和提高。教师可以通过一对一交流、评估报告等形式提供针对性的建议和反馈。

4. 学习过程的评估

个性化评估不仅关注学生的学习结果，也关注学生的学习过程。通过观察学生在学习中的表现和参与度，了解他们的学习策略和困难，以便更好地帮助他们提高。

个性化学习和评估可以使教师更加关注学生的个体需求和发展，提供更有针对性和有效的教学和评估方法。通过满足学生的差异化需求，激发他们的学习动力和兴趣，促进他们全面发展和开发个人潜能。

◆〉 四、拓展学习空间

信息技术使学习不再局限于传统的课堂教学。学生可以通过在线学习平台随时随地访问教学资源，并与教师和同学进行互动和交流。这种灵活性和便捷性拓展了学习空间，使学生能够根据自己的节奏和兴趣进行学习，促进了其自主学习和跨地域合作。

拓展学习空间是指在教育中提供多样化、跨学科和实践性的学习机会，超越传统的课堂教学，融合现实生活和社区环境，使学生能够在不同场景中获取应用知识。以下是对拓展学习空间的阐述。

（一）跨学科学习

拓展学习空间鼓励学科之间的融合与交叉。它超越了传统学科边界，通过跨学科的探索和学习，帮助学生建立综合性的知识体系，培养他们的综合思考和解决问题的能力。

（二）实践性学习

拓展学习空间注重将学习与实践相结合。学生通过参与实际项目、实地考察、实践操作等方式，将所学知识应用于现实生活中，提升他们的实际操作能力和问题解决能力。

（三）社区参与

拓展学习空间倡导与社区的互动和合作。学校与社区合作共建学习资源，学生参与社区服务和社会实践活动，通过与社区成员的互动，加深对社会问题的认识，培养社会责任感和公民意识。

（四）虚拟学习环境

拓展学习空间利用科技手段构建虚拟学习环境，提供在线学习平台和资源，使学生可以随时随地进行学习和交流。虚拟学习环境打破时间和空间限制，为学生提供灵活的学习机会。

（五）创新与创造

拓展学习空间鼓励学生进行创新与创造。学生通过项目制学习、设计思维等方式，解决实际问题并提出创意解决方案，培养创新精神和创造力。

（六）自主学习与合作学习

拓展学习空间倡导学生的主动学习和合作学习。学生在自主选择学习内容和学习方式的同时，也与他人合作、协商和交流，共同构建知识体系，培养团队合作能力和沟通技巧。

通过拓展学习空间，学生能够在丰富多样的学习环境中获取知识、培养能力，并且更好地理解和应用所学内容。它能够激发学生的学习兴趣和动力，提高学习的实效性和可持续性，培养学生的综合素养和创新思维能力。

◆〉五、强调信息素养和数字公民意识

思想政治课程与信息技术深度整合，还可以培养学生的信息素养和数字公民意识。在信息时代，学生需要具备有效获取、评估和应用信息的能力，同时要遵守网络安全和个人隐私保护的法律法规。结合信息技术的思想政治理论课可以为学生提供实践机会，培养他们的信息素养和数字公民意识。强调信息素养和数字公民意识是针对当今数字化时代的重要教育目标。它们的目的是培养学生在信息社会中有效获取、评估和利用信息的能力，以及正确、负责任地使用数字技术和互联网资源。以下是对信息素养和数字公民意识的阐述。

（一）信息素养

1. 信息获取与筛选

信息素养注重培养学生从多个来源获取信息的能力，并能够筛选和评估信息的可靠性、准确性和合法性。

2. 信息组织与管理

信息素养强调学生学会整理、归纳和管理所获取的信息，以便能够高效地存储和检索所需信息。

3. 信息评估与创新

信息素养培养学生具备批判性思维和判断力，能够评估信息的价值和可信度，并能够运用信息解决问题，培养学生创新和创造能力。

4. 信息交流与合作

信息素养鼓励学生运用各种工具和媒体进行信息交流和合作，培养良好的沟通和合作能力。

（二）数字公民意识

1. 数字权益与法律意识

数字公民意识引导学生了解和尊重他人的数字权益，包括隐私保护、知识产权等，并遵守数字法律。

2. 负责任的网络行为

数字公民意识要求学生在网络空间中以负责任的态度行事，遵守网络道德规范，加强网络安全意识，防止网络欺凌、诈骗等不良行为。

3. 数字身份管理

数字公民意识强调学生正确管理个人的数字身份，包括隐私设置、密码安全等，以保护自己免受网络威胁。

4. 信息可靠性与虚假信息识别

数字公民意识教育学生识别和辨别虚假信息，培养他们对信息的审慎和批判性思维。

5. 数字参与与社会责任

数字公民意识鼓励学生积极参与数字社区和公共事务，发挥数字技术对社会发展的积极作用，并关注数字鸿沟的存在，提倡数字包容性。

强调信息素养和数字公民意识的教育可以帮助学生适应和应对信息化、数字化时代的挑战。它们使学生具备处理信息和运用数字技术的能力，培养学生成为负责任、优秀的数字公民，为个人发展和社会进步做出积极贡献。

以上展望都是在结合思想政治课程与信息技术深度整合的基础上，在大数据和人工智能及数字化发展的背景下所能实现的思想政治课教育教学改革。总之，思想政治理论课与信息技术相结合具有许多展望，可以提供多样化的教学资源、创新的教学方法，支持个性化学习和评估，拓展学习空间，并培养学生的信息素养和数字公民意识。这种深度整合可以激发学生学习思想政治课程的兴趣和增强学习效果，促进思想政治教育的全面发展，从而实现立德树人的根本任务。

参考文献

[1]　孟庆男，马宝娟，谭咏梅．思想政治（品德）课程与教学论［M］．北京：北京师范大学出版社，2011.

[2]　刘强．思想政治学科教学新论［M］．北京：高等教育出版社，2003.

[3]　舒志定．教师教育哲学［M］．北京：北京大学出版社，2012.

[4]　何克抗．信息技术与课程深层次整合理论［M］．北京：北京师范大学出版社，2008.

[5]　马娥．教育本质研究的变革及反思［J］．当代教育科学，2011（21）：12-14.

[6]　刘颖．中等职业学校 Flash 教学的探索与体会［J］．中国校外教育，2014（5）：165.

[7]　教育部印发《教育信息化十年发展规划（2011—2020年）》［J］．中国教育信息化（基础教育），2012（4）：95.

[8]　黄艳雁．信息技术和职业课程的深度融合研究［J］．电镀与精饰，2020（2）：48.

[9]　许芳芳．信息技术与学科课程深度整合的研究［D］．兰州：兰州大学，2013.

[10]　李克东．数字化学习：信息技术与课程整合的核心［J］．电化教育研究，2001（9）：18-22.

[11]　解月光．基于整合理念的信息技术教学应用模式［J］．中小学信息技术教育，2002（6）：20.

[12]　李世红，黄永中．信息技术与课程整合问题探讨［J］．广西民族学院学报（自然科学版），2003（3）：65-67.

[13]　中华人民共和国教育部．中等职业学校思想政治课程标准：2020年版［M］．北京：高等教育出版社，2020.

[14] 韩震，陈建华. 中等职业学校思想政治课程标准（2020年版）解读 [M]. 北京：高等教育出版社，2020.

[15] 张可君，胡卫芳. 经济政治与社会教学参考 [M]. 北京：北京师范大学出版社，2009.

[16] 张文兰. 信息技术与课程整合 [M]. 西安：陕西师范大学出版社，2012.

[17] 罗越媚. 思想政治课程与教学论 [M]. 广州：广东高等教育出版社，2013.

[18] 杨维海. 高中数学课程与信息技术的整合 [M]. 北京：光明日报出版社，2018.

[19] 何克抗，吴娟. 信息技术与课程整合：信息技术与课程深度融合的理论与实践 [M]. 2版. 北京：高等教育出版社，2019.

[20] 张馨予. "互联网+"学生思想政治教育的路径建构研究 [D]. 长春：东北师范大学，2019.

[21] 李威娜. 互联网时代思想政治教育导向研究 [D]. 哈尔滨：哈尔滨理工大学，2019.

[22] 孙雪. 新媒体环境下大学生思想政治教育研究 [D]. 大连：辽宁师范大学，2019.

[23] 赵婷. 高校思想政治教育协同育人机制研究 [D]. 南昌：江西财经大学，2019.

[24] 王晓枫. 微信公众号在学生思想政治教育中的应用研究 [D]. 郑州：河南大学，2019.

[25] 时金柱，石翠华，陶玉成. 思想政治教育教学新模式研究 [M]. 哈尔滨：哈尔滨出版社，2020.

[26] 高军，战北利，王士熙. 课堂管理策略 [M]. 哈尔滨：东北林业大学出版社，2019.

[27] 魏建培. 教师学基础 [M]. 北京：清华大学出版社，2011.

[28] 王道俊，王汉澜. 教育学 [M]. 北京：人民教育出版社，1989.

[29] 汪缚天. 教师的语言修养及训练 [M]. 北京：高等教育出版社，1994.

[30] 马克斯·范梅南. 教学机智：教育智慧的意蕴 [M]. 李树英，译. 北京：教育科学出版社，2001.

[31] 赵亚锋，蔺志娟. 新时代混合式教学模式在高校思政课教学中的应用探析 [J]. 当代教育实践与教学研究，2020（2）：39-40.

［32］ 阚昌苓.新时代高校思想政治教育方法创新研究［D］.济南：山东师范大学，2019.

［33］ 余胜泉，吴娟.信息技术与课程整合：网络时代的教学模式与方法［M］.上海：上海教育出版社，2005.

［34］ 侯彬彬.职业院校思想政治课程与信息技术深度融合的对策研究［J］.吉林教育（党建与思政版），2020（6）：38-39.

［35］ 徐福荫，袁锐锷.现代教育技术基础［M］.北京：人民教育出版社，2005.

［36］ 朱旭东.教师专业发展理论研究［M］.北京：北京师范大学出版社，2011.

［37］ 何克抗，郑永柏，谢幼如.教学系统设计［M］.北京：北京师范大学出版社，2006.

［38］ 张筱兰.信息技术与课程整合的理论与方法［M］.北京：民族出版社，2004.

［39］ 吴晶，胡浩.习近平在全国高校思想政治工作会议上强调把思想政治工作贯穿教育教学全过程 开创我国高等教育事业发展新局面［J］.中国高等教育，2016（24）：5-7.

［40］ 李芒.论信息技术与课程整合的含义、意义及原则［J］.电化教育研究，2004（5）：58-62.

［41］ 李克东.教育技术学研究方法［M］.北京：北京师范大学出版社，2002.

［42］ 李健彪.多媒体技术与高一政治整合实验研究［J］.二十一世纪教育思想文献，2007（1）：777-779.

［43］ 孙杰远.信息技术与课程整合［M］.北京：北京大学出版社，2002.

［44］ 沈越，张可君.经济政治与社会［M］.北京：北京师范大学出版社，2018.

附件一：职业院校学生信息技术与课程深度整合的问卷调查（学生）

各位同学：

你们好！感谢你们对这次调查活动的支持。众所周知，日新月异的多媒体技术和网络通信技术极大地加速了教育现代化的进程，同时信息技术在教育领域广泛深入应用，这是一场深刻的教育改革，为此我们进行了此次问卷调查活动。

本调查旨在调查我校思想政治课程和信息技术深度整合的现状，希望同学们认真填写，这将为职业院校教学科研提供重要帮助，谢谢！

对学生现状的调查分析

类别	选项	所占比例
你的入学年龄	14—17岁	
	18岁以上	
你来自农村或城市	农村	
	城市	
你是否愿意到职校来学习	非常愿意	
	愿意	
	不愿意	
你是否参加过中考	参加过	
	没有参加	
你是否是初中应届生	应届	
	往届	
	社会青年	

对学生现状的调查分析（续）

类别	选项	所占比例
你对思想政治课的兴趣	感兴趣	
	一般	
	不感兴趣	
学生对思想政治课的重视情况	重视	
	一般	
	不重视	
在思想政治课中教师利用计算机、幻灯机等媒体吗	经常用	
	有时用	
	很少用	
	根本不用	
思想政治课程与信息技术整合后，你对该课的兴趣	感兴趣	
	一般	
	不感兴趣	
你若上网，经常做什么	看新闻，查材料	
	打游戏	
	上网聊天	
思想政治课堂上，教师经常组织学生讨论问题吗	经常讨论	
	有时讨论	
	不讨论	
思想政治课堂教学中教师利用现代媒体技术的效果如何	很好	
	较好	
	一般	
思想政治课教学中，教师利用互联网的信息吗	经常利用	
	有时利用	
	根本不用	

对学生现状的调查分析（续）

类别	选项	所占比例
对于课堂教学的各个环节，你最喜欢的是哪一个	教师讲解	
	播放录像	
	学生讨论	
	课堂练习	

附件二：部分访谈实录

通过思想政治课程与信息技术深度整合的实验，成效如何？学生有什么样的体会和感受？笔者对实验组的学生做了一次访谈，下面是部分访谈实录。

1. 与计算机班马同学的对话。

师：经过几个月的思想政治课程与信息技术的整合实践，你现在对整合是如何理解的？

生：通过思想政治老师讲授思想政治课程与信息技术整合课，使我明白整合不仅仅是计算机辅助教学，更重要的是教师使用信息技术，学生主动参与，自主构建知识，使信息技术成为我们自主探究思想政治知识的工具。

师：你认为信息技术对你学习思想政治课程确实有帮助吗？

生：确实有帮助，提高了我的学习兴趣。而且我的计算机操作水平也变得很熟练。

师：你是如何获取学习资源的？对所搜集的资料是如何进行归类整理的？

生：大多时候是利用网络获取学习资源的。有时也从图书馆借阅书籍。对所搜集的资料按一定的主题，将不同的资源整合到一起。

师：在平时的学习中，遇到不懂的问题，你是如何解决的？

生：大多是自己通过网络获取帮助，也经常和同学们进行讨论，有时也问老师。

2. 信息技术应用于思想政治课程教学，真的很棒！

通过思想政治课程与信息技术深度整合实践，提高了我学习思想政治知识的兴趣，而且我的计算机操作水平大大提高了，期末我的思想政治学科成绩也大幅度提高。另外，业余时间我学会利用网络搜索引擎查找一些我所需要的材料，我自主学习的能力也得到了提升。